U0532801

崇文国学经典

孟子

杨逢彬　杨柳岸　译注

微信/抖音扫码查看
☑ 国学大讲堂
☑ 经典名句摘抄
☑ 国学精粹解读

长江出版传媒　崇文书局

图书在版编目（CIP）数据

孟子 / 杨逢彬，杨柳岸译注. -- 武汉：崇文书局，2023.4
（崇文国学经典）
ISBN 978-7-5403-7132-6

Ⅰ. ①孟… Ⅱ. ①杨… ②杨… Ⅲ. ①《孟子》—译文 ②《孟子》—注释 Ⅳ. ①B222.5

中国国家版本馆CIP数据核字（2023）第042620号

出 品 人	韩　敏
丛书统筹	李慧娟
责任编辑	李利霞
责任校对	董　颖
装帧设计	甘淑媛
责任印制	李佳超

孟子
MENGZI

出版发行	长江出版传媒　崇文书局
地　　址	武汉市雄楚大街268号C座11层
电　　话	(027)87677133　邮政编码　430070
印　　刷	湖北新华印务有限公司
开　　本	880 mm×1230 mm　1/32
印　　张	12
字　　数	290千
版　　次	2023年4月第1版
印　　次	2023年4月第1次印刷
定　　价	58.00元

（如发现印装质量问题，影响阅读，由本社负责调换）

　　本作品之出版权（含电子版权）、发行权、改编权、翻译权等著作权以及本作品装帧设计的著作权均受我国著作权法及有关国际版权公约保护。任何非经我社许可的仿制、改编、转载、印刷、销售、传播之行为，我社将追究其法律责任。

崇 文 国 学 经 典

总　序

　　现代意义的"国学"概念,是在 19 世纪西学东渐的背景下,为了保存和弘扬中国优秀传统文化而提出来的。1935 年,王缁尘在世界书局出版了《国学讲话》一书,第 3 页有这样一段说明:"庚子义和团一役以后,西洋势力益膨胀于中国,士人之研究西学者日益众,翻译西书者亦日益多,而哲学、伦理、政治诸说,皆异于旧有之学术。于是概称此种书籍曰'新学',而称固有之学术曰'旧学'矣。另一方面,不屑以旧学之名称我固有之学术,于是有发行杂志,名之曰《国粹学报》,以与西来之学术相抗。'国粹'之名随之而起。继则有识之士,以为中国固有之学术,未必尽为精粹也,于是将'保存国粹'之称,改为'整理国故',研究此项学术者称为'国故学'……"从"旧学"到"国故学",再到"国学",名称的改变意味着褒贬的不同,反映出身处内忧外患之中的近代诸多有识之士对中国优秀传统文化失落的忧思和希望民族振兴的宏大志愿。
　　从学术的角度看,国学的文献载体是经、史、子、集。崇文书局的这一套国学经典，就是从传统的经、史、子、集中精选出来的。属于经部的，如《诗经》《论语》《孟子》《周易》《大学》《中庸》《左传》；属于史部的，如《史记》《三国志》《资治通鉴》《徐霞客游记》；属于子部的，如《道德经》《庄子》《孙子兵法》《山海经》《黄帝内经》《世说新语》《茶经》《容斋随笔》；属于集部的，如《楚辞》《古诗十九首》《乐府诗选》《古文观止》。这套书内容丰富，而分量适中。一个希望对中国优秀传统文化有所了解的人，读了这些书，一般说来，犯常识性错误的可能性就很小了。

崇文书局之所以出版这套国学经典，不只是为了普及国学常识，更重要的目的是，希望有助于国民素质的提高。在国学教育中，有一种倾向需要警惕，即把中国优秀的传统文化"博物馆化"。"博物馆化"是20世纪中叶美国学者列文森在《儒教中国及其现代命运》中提出的一个术语。列文森认为，中国传统文化在很多方面已经被博物馆化了。虽然中国传统的经典依然有人阅读，但这已不属于他们了。"不属于他们"的意思是说，这些东西没有生命力，在社会上没有起到提升我们生活品格的作用。很多人阅读古代经典，就像参观埃及文物一样。考古发掘出来的珍贵文物，和我们的生命没有多大的关系，和我们的生活没有多大关系，这就叫作博物馆化。"博物馆化"的国学经典是没有现实生命力的。要让国学经典恢复生命力，有效的方法是使之成为生活的一部分。崇文书局之所以坚持经典普及的出版思路，深意在此，期待读者在阅读这些经典时，努力用经典来指导自己的内外生活，努力做一个有高尚的人格境界的人。

国学经典的普及，既是当下国民教育的需要，也是中华民族健康发展的需要。章太炎曾指出，了解本民族文化的过程就是一个接受爱国主义教育的过程："仆以为民族主义如稼穑然，要以史籍所载人物制度、地理风俗之类为之灌溉，则蔚然以兴矣。不然，徒知主义之可贵，而不知民族之可爱，吾恐其渐就萎黄也。"（《答铁铮》）优秀的传统文化中,那些与维护民族的生存、发展和社会进步密切相关的思想、感情,构成了一个民族的核心价值观。我们经常表彰"中国的脊梁",一个毋庸置疑的事实是,近代以前,"中国的脊梁"都是在传统的国学经典的熏陶下成长起来的。所以,读崇文书局的这一套国学经典普及读本,虽然不必正襟危坐,也不必总是花大块的时间,更不必像备考那样一字一句锱铢必较,但保持一种敬重的心态是完全必要的。

期待读者诸君喜欢这套书,期待读者诸君与这套书成为形影相随的朋友。

陈文新

(教育部长江学者特聘教授,武汉大学杰出教授)

前　言

一

如同这套丛书中的《论语》是《论语新注新译》的简写本一样，读者手中的这本《孟子》，也是《孟子新注新译》的简写本。

本书固然是《孟子新注新译》的简写本，但首先，较之《孟子新注新译》，本书增加了"评鉴"部分。本书的"评鉴"，是在通观《孟子》，综合把握孟子思想的基础上作出的。它用平实的语言，对看似凌乱的《孟子》原文予以疏解，使之呈现出"一以贯之"的思想性格，使得相距遥远且不那么好理解的古代智慧变得亲切而富有启迪性。本书"评鉴"，以"章"为单位；即每一章写一"评鉴"。在每一章的"评鉴"中，我们对该章原文予以归纳总结，并加以阐发。一些重点的，能揭示孟子整个思想体系的至为关键的"章"，"评鉴"写得较为长些；反之，则较为短些。总之，有话则长，无话则短。全书"评鉴"部分，由杨柳岸撰写。

其次，必须强调，《孟子新注新译》出版后，经友人（如北大邵永海教授）多次提出书中存在一些错误的地方，作者（杨逢彬、杨柳岸）于是遍检全书，并参照邵永海先生《读古人书之〈孟子〉》，力图修正错误。也即，本书的注释和今译，较之《孟子新注新译》，实有过之。例如，《离娄上》"仁不可为众也"，《孟子译注》说"此句只能以意会，不便于逐字译出"，经两位作者讨论，认为应译为"人多势众，在'仁'面前简直不值一提"，并提供了较为有力的书证。

既然本书可视为《孟子新注新译》的简写本，就有必要介绍一下后者。

《孟子新注新译》主要想要做到的，就是怎样尽可能地使得它的注释的准确性、可靠性较之同类注本做得更好。

这里所说的"准确性、可靠性"，是指对"字面上"意义的把握，而字、词、句所蕴含的思想或哲理，是思想史家或哲学家的任务。字、词、句的释读，是语言学所管的；字面后所蕴藏的思想、哲理，是思想史或哲学所管的。这是两个步骤，不宜合二为一。

现在我们说说"做得更好"的依据何在。

一个词的多义，体现在字典词典里；在特定的上下文中它却是单义的。也即，上下文锁定了该词，让它只能呈现出一个意义。而且，每个词，以及每个词下面的每个意义，它的分布（通俗地解释，就是上下文条件，或"语境"）都是独一无二，而与其他词、其他意义是有所区别的；就像身份证号码和车牌，是和具体的人、车一一对应的。总之，分布限定了词义，分布就是特定词义的标志牌。考察分布，杨树达先生谓之"审句例"。《孟子新注新译》的著者对考察分布也即审句例，是"死死抓住不放"的。

历来认为考据古书疑难词句最为杰出的高邮王念孙、王引之父子，其典范之作，都是审句例得来的，也都符合分布的原理。例如他们解读《诗经·邶风·终风》,就是通过对"终温且惠""终窶且贫""终和且平""终善且有"等"终~且~"格式句子的归纳分析,确定了"终风且暴"的"终"的类似于"既"的意义。

更为重要的是,考察分布时,要对词汇、语音尤其是语法知识加以运用。

考察分布,其背后的逻辑是语言的社会性,用王引之的话来说,就是"揆之本文而协,验之他卷而通"。

古人考察分布,也即"审句例"要靠博闻强记,今人借助计算机及其软件,海量例句,转瞬即到眼前;但一条条例句还须逐一分析,从中总结规律。这仍需要坐冷板凳。考察分布,其结论的得出,全依审句例的结果而定,不是事先预设的。

王力先生主张,要重视故训,不要轻易推翻。许多审句例的结果证明,汉晋人的说法比清人的说法要可靠得多。

我们的具体做法,可归纳为"双突出"或"一个剥离,一根主轴"。

双突出,就是我们在求证古今见仁见智未臻一是的疑难字词句时,面临语言内部证据和语言外部证据时,以语言内部证据为主,即突出语言内部证据。这是第一个突出。在语言内部证据中,又突出考察分布,即考察关键词所处的上下文条件,也即杨树达先生所谓"审句例"。这是第二个突出。

一个剥离,一根主轴,是指将语言外证据从主要证据甚至唯一证据位置上剥离开来,同时将与词义存在一对一关系的分布树立为插入圆心的主轴;因为,语言系统外广阔无边,那里的"证据"多如牛毛;在语言系统内部,也存在无数的"点",在这无数点上,使用义训、形训、声训,乃至二重证据法等方法、手段展开论证,最后也可能有无数结论。只有圆心是独一无二的,而有资格插入圆心成为主轴的,是与词义存在一对一对应关系的"分布"。

但我们并未放弃任何诸如形训、义训、声训以及二重证据法等训诂方法、手段,只是区分了证据的主次,并主张当主次证据产生矛盾时应当放弃次要证据而服从主要证据。

如此做法,在出土文献作用日益重要的今天,在传统文献内部解决古书中的疑难问题依然大有可为。因为审句例即考察分布所得结论是可重复、可验证,因而是确切可信的。

读过了这篇《前言》,读者朋友中如有的依然感觉意犹未尽,还想深入了解《孟子新注新译》著者的理念,可读该书《导言》以及该书中的一百多例"考证"。本书由于体例所限,不能再充分展开了,读者谅之!

二

必须声明,从这里到本文末尾,除第二部分末及第三部分末少许文字之外,基本上是杨伯峻先生《孟子译注·导言》的缩写。

孟子名轲,邹国(故城在今山东邹城市)人。约生于周安王十七年(前385年),卒于周赧王十一年(前304年)前后。关于他的父母,我们知道得很少。西汉韩婴的《韩诗外传》载有他母亲"断织""买东家豚肉"及"不敢去妇"等故事,刘向的《列女传》还载有他母亲"三迁"和"去齐"等故事,可见他很得力于母亲的教导。

孟子出生时,孔子的孙子子思也已去世若干年了。他曾说:"予未得为孔子徒也,予私淑诸人也。"(《离娄下》)《荀子·非十二子篇》把子思、孟轲列为一派,《史记·孟荀列传》说他"受业子思之门人",是较为合理的。

关于孟子的生平,我们从《孟子》原书考察,孟子第一次到齐国正当齐威王之世。他在齐大概不甚得志,连威王所馈兼金百镒都谢绝了(《公孙丑下》)。威王三十年,宋王偃始称王,而且要行仁政(《滕文公下》),孟子便到了宋国。告戴不胜多荐贤士(《滕文公下》),答戴盈之问(同上),都在这个时期。

在孟子看来,宋王偃左右贤人大概不多;既不能使宋王偃为善,孟子也就在接受馈赠七十镒(《公孙丑下》)后离开了。

当他留在宋国的时候,滕文公还是太子,因去楚国,道经宋国国都彭城,而两次和孟子相见(《滕文公上》)。不久,孟子回到邹国,和邹穆公的问答(《梁惠王下》)大概在这个时候。或许由于孟子说话过于率直,引起了穆公的不满,便停止了馈赠,因而使得孟子绝粮(见应劭《风俗通·穷通篇》)。

滕定公死了,文公"使然友之邹问于孟子"(《滕文公上》)。鲁平公即位,将要使孟子学生乐正克为政(《告子下》),孟子便到了鲁国。可是因为臧仓的破坏,孟子便有"吾之不遇鲁侯,天也"(《梁惠王下》)的慨叹。滕文公嗣位,孟子便去了滕国。文公"问为国",又使"毕战问井地"(《滕文公上》)。齐人打算修建薛邑城池,文公害怕,又曾请教孟子(《梁惠王下》)。和许行的信徒陈相的辩论(《滕文公上》)也在这个时候。滕国究竟只是个方圆不到五十里的小国,孟子很难有所作为,当梁惠王后元十五年,便来到了梁国,这时,他已年近七十了。和梁惠王的问答(《梁惠王上》)应该都在这一时期。

第二年,惠王去世,襄王嗣位,孟子和他一相见,印象就很坏(《梁惠王上》)。这时,齐威王已死,宣王嗣位,孟子便由梁来齐。"加齐之卿相"(《公孙丑上》),"出吊于滕"(《公孙丑下》)都在这几年间。

宣王五年,齐国伐燕。两年之后,"诸侯将谋救燕"(《梁惠王下》),孟子劝宣王送回俘虏,归还重器,和燕国臣民商量立君,然后撤兵。可是宣王不听。第二年,燕国和诸侯的军队并力攻齐,齐国大败。齐宣王便说"吾甚惭于孟子"(《公孙丑下》),孟子因此辞职。

他一方面非常失望,一方面又因年岁已大,主张又不能实现,只得说道:"五百年必有王者兴,其间必有名世者。由周而来七百有余岁矣,以其数则过矣,以其时考之则可矣。夫天未欲平治天下也!"

(《公孙丑下》)孟子这时年已七十余,从此便不再出游,而和"万章之徒序《诗》《书》,述仲尼之志,作《孟子》七篇"(《史记·孟荀列传》)了。

关于《孟子》的作者,我们认为上面所引的太史公的这段话较为可信。这里,我们可以得到这样的概念:《孟子》一书的撰写,虽然有"万章之徒"参加,但主要作者还是孟子自己,而且是在孟子生前便基本上完成了。关于这一点,魏源在《孟子年表考》中有所体会:"又公都子、屋庐子、乐正子、徐子皆不书名,而万章、公孙丑独名,《史记》谓退而与万章之徒作七篇者,其为二人亲承口授而笔之书甚明(咸丘蒙、浩生不害、陈臻等偶见,或亦得预记述之列)。与《论语》成于有子、曾子门人故独称子者,殆同一间,此其可知者。"

太史公只是说"作《孟子》七篇";到应劭《风俗通·穷通篇》却说"退而与万章之徒序《诗》《书》、仲尼之意,作书中外十一篇";班固《汉书·艺文志》也说"《孟子》十一篇"。赵岐《孟子章句》便给这十一篇分列真伪,他说:"又存《外书》四篇——《性善辨》《文说》《孝经》《为政》——其文不能宏深,不与《内篇》相似,似非《孟子》本真,后世依放而托也。"因为赵岐肯定外书是赝品而不给它作注,以后读《孟子》的人便不读它,于是逐渐亡佚了。

赵岐又说:"孟子退自齐、梁,述尧舜之道而著作焉,此大贤拟圣而作者也。"又说:"《论语》者,五经之𫐐辖,六艺之喉衿也。孟子之书则而象之。"这些话,把《孟子》和《论语》相比,似乎有些道理,也确实代表了两汉人一般的看法。

《墨子》《庄子·内篇》《荀子》都是每篇各有主旨,而篇名也与主旨相应。《孟子》却不然,各章的篇幅虽然比《论语》长,但各章间的联系并没有一定的逻辑关系;积章而成篇,篇名也只是撮取第一句的几个字,并无所取义。这都是和《论语》相同,而和《墨子》《庄子》《荀子》相异的。所以赵岐说《孟子》是拟《论语》而作的。

《论语》既是"五经之辖辖,六艺之喉衿",《孟子》又是"拟圣而作",那《孟子》也成为经书的传记了。尽管《汉书·艺文志》把《孟子》放在《诸子略》中,视为子书,但汉人心目中却把它看成为辅翼"经书"的"传"。汉文帝将《论语》《孝经》《孟子》《尔雅》各置博士,便叫"传记博士"。王充《论衡·对作篇》说:"杨墨之学不乱传义,则《孟子》之传不造。"这便明明是把《孟子》视为传了。又如《汉书·刘向传》《后汉书·梁冀传》《说文解字》等书所引《孟子》都称"传曰"。可见把《孟子》和《论语》并列,不是赵岐"一人之私言",而是两汉人的公论。

到五代时,后蜀主孟昶命毋昭裔楷书《易》《书》《诗》《仪礼》《周礼》《礼记》《公羊》《穀梁》《左传》《论语》《孟子》十一经刻石,宋太宗又加翻刻,这恐怕是《孟子》列入经书的开始。到南宋孝宗的时候,朱熹从《礼记》中取出《大学》《中庸》两篇,与《论语》《孟子》合编为"四书",于是《孟子》的地位便更加提高了。到明清两朝,规定科举考试中八股文的题目从"四书"中选取,而且要"代圣人立言",于是当时的读书人便不得不把《孟子》读得烂熟了。

《孟子》的重要参考书,本文已经介绍了《孟子译注》《孟子新注新译》。如想进一步深入研究,可读东汉赵岐作注、北宋孙奭作疏并收入《十三经注疏》的《孟子注疏》、南宋朱熹《四书章句集注》中的《孟子集注》、清代焦循的《孟子正义》及当代董洪利的《孟子研究》等。

三

孟子自认为是孔子的忠实信徒,依他自己说:"乃所愿,则学孔子也。"因之,他极为推崇孔子,他引用孔门弟子宰我、子贡、有若的话,说:"自生民以来,未有盛于孔子也。"(《公孙丑上》)

《孟子》最后一章,即《尽心下》的第三十八章,提出了尧、舜、汤、文王、孔子,这是儒家"道统"的先声。他把这一章安排在全书之末,是有特殊意义的。孟子以接受孔子传统自居,却不明说,只暗示道:"由孔子而来至于今,百有余岁,去圣人之世若此其未远也,近圣人之居若此其甚也,然而无有乎尔,则亦无有乎尔。"

尽管如此,但因时代已相距百年,形势也已发生很大变化,孟子对孔子学说便不能不有所取舍,且有所发展。

首先,孟子和孔子之论"天"稍有不同。"天"的意义,一般有四种:一是自然之天,一是义理之天,一是主宰之天,一是命运之天。《孟子》讲"天",除"天子""天下"等双音节词外,连"天时""天位""天爵"等在内,不下八十多次。其中有自然之天,却没有主宰之天。在《孟子》中还有一种意义比较艰深的"天",其实也是义理之天,或者意义更深远些,如"天不言,以行与事示之而已矣"(《万章上》)。实质上,这种"天",就是民意。孟子说得明白:"《太誓》曰:'天视自我民视,天听自我民听。'"《孟子》中所谓"天吏""天位""天职""天禄""天爵",都是这种意义;而这种意义,是在《论语》中所没有的。《论语·尧曰》有"天禄"一词,和《孟子》"弗与食天禄也"(《万章下》)意义有所不同。《论语》的"天禄"是指帝位,《孟子》的"天禄"是指应该给予贤者的俸禄,依它们的上下文加以比较,便可看出其中的歧异。

孟子也讲"命",或者"天命"。他说:"天下有道,小德役大德,小贤役大贤;天下无道,小役大,弱役强。斯二者,天也。顺天者存,逆天者亡。"(《离娄上》)然而孟子绝不是宿命论者。他对命运的态度是:"莫非命也,顺受其正;是故知命者不立乎岩墙之下。尽其道而死者,正命也;桎梏死者,非正命也。"在孟子看来,无论命运有多么巨大的力量,但我还依我的"仁义"而行,不无故送死。只要"尽"我之"道",死也是"正命";如果胡作非为,触犯刑罚而死,便不是"正命"。

孔子重视祭祀,孟子便不大多讲祭祀。《论语》仅一万二千七百字,"祭"字出现十四次;《孟子》有三万五千三百七十余字,为《论语》二点七倍强,"祭"字仅出现九次,"祭祀"出现二次,总共不过十一次,而且都未作主要论题。

第二,孔子讲"仁",孟子则经常"仁义"并言。孔子重视人的生命,孟子更重视人民生存的权力。孔子因为周武王以伐纣而得天下,便认为武王的乐舞《武》"尽美矣,未尽善也"(《论语·八佾》)。孟子却不如此。齐宣王说武王伐纣是"臣弑其君",孟子却答道:"贼仁者谓之'贼',贼义者谓之'残'。残贼之人谓之'一夫'。闻诛一夫纣矣,未闻弑君也。"孟子不但主张"民为贵,社稷次之,君为轻"(《尽心下》),还主张"贵戚之卿"可以废掉坏君,改立好君。这种思想,是孔子"仁"学说的大发展,在先秦诸子中是绝无仅有的。

孟子看待君臣间的相互关系也比孔子有所前进。孔子只说"君使臣以礼,臣事君以忠"(《论语·八佾》),孟子却说:"君之视臣如手足,则臣视君如腹心;君之视臣如犬马,则臣视君如国人;君之视臣如土芥,则臣视君如寇雠。"(《离娄下》)这种思想比后代某些理学家所谓"君要臣死,不得不死"高明而先进不知多少倍!

第三,孟子"道性善"(《滕文公上》),并且说:"人皆有不忍人之心。""无恻隐之心,非人也;无羞恶之心,非人也;无辞让之心,非人也;无是非之心,非人也。"(《公孙丑上》)他还说:"万物皆备于我。"由于这类话,孟子便被某些人扣上了主观唯心主义的帽子,但这些人并未透彻了解孟子的思想。

我们应该了解,孟子所谓"性善",其实际意义是人人都可为善。用他自己的话说,"乃若其情,则可以为善矣,乃所谓善也。若夫为不善,非才之罪也"(《告子上》)。

最值得注意的,一是孟子承认环境可以改变人的思想意识。他说:"富岁,子弟多赖;凶岁,子弟多暴,非天之降才尔殊也,其所以陷溺其心者然也。"(《告子上》)二是他承认事物各有客观规律,而且应该依照客观规律办事。他说:"天下之言性也,则故而已矣。故者以利为本。所恶于智者,为其凿也。故智者若禹之行水也,则无恶于智矣。禹之行水也,行其所无事也。如智者亦行其所无事,则智亦大矣。天之高也,星辰之远也,苟求其故,千岁之日至,可坐而致也。"(《离娄下》)相传禹懂得水性,所以治水能成功。孟子认为一切都有各自的客观规律,依客观规律办事,便是"行其所无事"而不"凿"。即使天高得无限,星辰远得无涯,只要能推求其"故"(客观规律),就是千年之内的冬至日,也可以在房中推算出来。这种言论,难道是主观唯心主义者说得出来的吗?

判断唯心还是唯物,只有一个标准,即以思想意识为第一性的,还是以物质为第一性的。孟子只讲人有恻隐、羞恶、辞让、是非之心,这是仁、义、礼、智的四端。端就是萌芽,也可以说是可能性。说人有某种可能性,并不等于说人有某种思想意识。孟子说"矢人唯恐不伤人,函人唯恐伤人"(《公孙丑上》),这是由于他们职业的缘故,可见不一定人人都是仁人。孟子讲性,还涉及两件事,一曰"食色,性也"(《告子上》),一曰"形色,天性也"(《尽心上》)。求生存和求配偶,不但是人类的本能,也是其他动物的本能。每种动植物,都有各种形体容貌,这都是自然赋予的。因此,孟子的这些话并没有错。

至于"万物皆备于我",说的是自我修养。这一章之上,另有一章,全文如下:"求则得之,舍则失之,是求有益于得也,求在我者也。求之有道,得之有命,是求无益于得也,求在外者也。"由此可见,孟子认定仁义道德是"求则得之""在我"的东西,而富贵利达是"得之有命""在外"的东西。"万物皆备于我"的"万物",是最大的快乐,是自身本有的仁义道德,既不是主观的虚幻境界,也不是超现实的精神作用。这里谈不上唯心和唯物。

最后,孟子的政治主张,有保守的一面,如要滕文公行井田制

(《滕文公上》),事实上是行不通的。

　　孟子强调"仁义",而当时的七大雄国——秦、楚、齐、燕、韩、赵、魏(梁)——只讲富国强兵。孟子说:"故善战者服上刑,连诸侯者次之,辟草莱、任土地者次之。"不知这几项正是当时形势迫使各大国非这样做不可的。赵国有廉颇、赵奢、李牧,便能抵抗侵略;燕国有乐毅,便能收复全国,并深入齐境;齐国有田单,便收复全部失地。纵不侵犯别国,为了保卫自己,没有善战的大将也是不行的。一部《战国策》,讲的基本上是合纵连横之术。要打仗,便得多多联合同盟国家,哪能不"连诸侯"呢?至于开垦土地,发展农业,更是当时富国的最重要途径。商鞅为秦孝公"为田开阡陌封疆"(《史记·商君列传》),奠定了秦国富强的基础。司马迁评孟轲"则见以为迂远而阔于事情",似乎并没有冤枉他。但话又说回来,孟子的一些见解,因"迂阔"而不为当时人所接受,但时至今日,却愈发显示其辉光。难道"争地以战,杀人盈野;争城以战,杀人盈城"的"善战者"不该"服上刑"?我们深信,随着时间的推移和时代的进步,孟子的许多论述,将越来越彰显其生命力。

杨逢彬

2021 年 7 月

目录

梁惠王章句上 凡七章 ·················· 1

梁惠王章句下 凡十六章 ················ 27

公孙丑章句上 凡九章 ·················· 58

公孙丑章句下 凡十四章 ················ 86

滕文公章句上 凡五章 ·················· 111

滕文公章句下 凡十章 ·················· 133

离娄章句上 凡二十八章 ················ 157

离娄章句下 凡三十三章 ················ 185

万章章句上 凡九章 ···················· 211

万章章句下 凡九章 ···················· 235

告子章句上 凡二十章 ·················· 256

告子章句下 凡十六章 ·················· 280

尽心章句上 凡四十七章 ················ 304

尽心章句下 凡三十八章 ················ 336

梁惠王章句上 凡七章

1·1 孟子见梁惠王①。王曰:"叟不远千里而来②,亦将有以利吾国乎?"

孟子对曰:"王何必曰利?亦有仁义而已矣③。王曰:'何以利吾国?'大夫曰:'何以利吾家?'士庶人曰④:'何以利吾身?'上下交征利而国危矣⑤。万乘之国,弑其君者⑥,必千乘之家;千乘之国⑦,弑其君者,必百乘之家⑧。万取千焉,千取百焉,不为不多矣。苟为后义而先利⑨,不夺不餍⑩。未有仁而遗其亲者也,未有义而后其君者也。王亦曰仁义而已矣,何必曰利?"

【注释】

①梁惠王:即魏惠王,名䓨,"惠"是他的谥号。前362年,魏国都城由安邑迁往大梁(今河南开封市),所以又叫梁惠王。他在即位最初二十几年内,使魏国在战国诸雄中最为强大。本篇名为"梁惠王章句上",是因为《孟子》的篇名和《论语》一样,不过是择取每篇开头的一个重要的词或短语而已。"章句"是汉代经学家常用的术语,即分析古书章节句读的意思。在这里,用作训解古书的题名。这里"梁惠王章句上"是东汉赵岐所著《孟子章句》的旧题,他把《孟子》七篇各分为上下两卷,所以这里题为"章句上"。

②叟:音sǒu,老先生。

③亦:意义较虚,有"也不过是"的意义;这一意义似乎也可译为"只",但两者还是有所不同。

④庶人:平民;庶,音 shù。

⑤上下交征利:征,取。交,交互,互相。该词是由"交叉"义引申出交互、互相义,常用为状语。而"互相"义是双方(或多方)同时、一道(做某事),因此,训作"俱",也即"都",也差不离。在"上下交征利"这句中,译为"上上下下互相追逐私利"(杨伯峻先生《孟子译注》)无疑是较为准确的,而某书用"上下都追逐私利"来"纠正"《孟子译注》,则未免胶柱鼓瑟。

⑥弑:以下杀上,以卑杀尊。

⑦万乘之国,千乘之国:兵车一辆叫一乘;乘,音 shèng;春秋战国时以兵车的多少来衡量国家的大小强弱;战国七雄为万乘,宋、卫、中山、东周、西周为千乘。

⑧千乘之家,百乘之家:古代的执政大夫有一定的封邑,拥有这种封邑的大夫叫家。

⑨苟:假如,假设,如果。

⑩餍:音 yàn,饱,满足。

【译文】

孟子晋见梁惠王。惠王说:"老先生不辞千里长途的辛劳而来,是不是将给我国带来利益呢?"

孟子答道:"王何必非要说利呢?也要有仁义才行呢。如果王只是说:'怎样才有利于我的国家呢?'大夫也说:'怎样才有利于我的封地呢?'那一般士子和老百姓也都会说:'怎样才有利于我自己呢?'这样,上上下下都互相追逐私利,国家便危险了!在拥有一万辆兵车的国家里,杀掉它的国君的,一定是拥有一千辆兵车的大夫;在拥有一千辆兵车的国家里,杀掉它的国君的,一定是拥有一百辆兵车的大夫。在一万辆里头,他就拥有一千辆;在一千辆里头,他就拥有一百辆,这些大夫的产业不能不说是够多的了。假若他把'义'抛诸脑后而事事'利'字当先,那他不把国君的一切都剥夺,是不会满足的。从没有以'仁'存心的人会遗弃父母的,也没有以'义'存心的人会怠慢君上的。王只要讲仁义就可以了,为什么一定要讲'利'呢?"

【评鉴】

这《梁惠王上》第一章,也即《孟子》全书第一章;孟子开宗明义,说:"王何必曰利?亦有仁义而已矣。"本书《前言》已经讲到,"孔子讲'仁',孟子则经常'仁义'并言"。如同"仁"是《论语》和孔子的思想的核心一样,在双音节词已经勃兴的《孟子》一书中,"仁义"便是孟子其人和其书的思想核心了。"如果为政者念兹在兹的都是利,用现实利益号召和引导民众,致使整个社会疯狂逐利,欲望和贪婪成为社会发展的唯一动力,失去了更高的价值追求,这样的社会不会有长远的未来。"(邵永海《读古人书·孟子》,北京大学出版社2018年版,275-276页。)然而,从今天的观点来看,孟子用来警示梁惠王的"弑其君"其实也是动之以利(被弑对于君主而言是最不利的情况)。从这个角度来看,孟子并未摒弃功利,他所在意的是仁义是否被当作治国的基本原则,同时他坚信仁义必然(为君主、国家、人民)带来更长远的利益。

1·2 孟子见梁惠王。王立于沼上,顾鸿雁麋鹿①,曰:"贤者亦乐此乎?"

孟子对曰:"贤者而后乐此,不贤者虽有此,不乐也。《诗》云:'经始灵台,经之营之,庶民攻之②,不日成之③。经始勿亟④,庶民子来⑤。王在灵囿,麀鹿攸伏⑥,麀鹿濯濯⑦,白鸟鹤鹤⑧,王在灵沼,於牣鱼跃⑨。'文王以民力为台为沼,而民欢乐之,谓其台曰灵台,谓其沼曰灵沼,乐其有麋鹿鱼鳖。古之人与民偕乐,故能乐也。《汤誓》曰⑩:'时日害丧⑪,予及女偕亡。'民欲与之偕亡,虽有台池鸟兽,岂能独乐哉?"

【注释】

①顾:转动脖子看。
②攻:治,工作。
③不日:不设期限。
④经始勿亟:此四字是文王所说;亟,急。
⑤子:像儿子那样。
⑥麀鹿攸伏:麀,音 yōu,母鹿;攸,所。
⑦濯濯:白而无杂质貌;濯,音 zhuó。
⑧鹤鹤:羽毛洁白貌。
⑨於牣:於,音 wū,词的前缀,无实义;牣,音 rèn,满。
⑩《汤誓》:《尚书》中的一篇,为商汤伐桀誓师词。
⑪时日害丧:时,此;害,通"曷",何,何时。

【译文】

孟子晋见梁惠王。王站在池塘边,一边欣赏着鸟兽,一边说:"有德行的人也享受这种快乐吗?"

孟子答道:"只有有德行的人才能体会到这种快乐,没有德行的人即使有这一切,也没法享受。〔怎么这样说呢?我拿周文王和夏桀的史实为例来说说吧。〕《诗经·大雅·灵台》中说:'开始筑灵台,经营又经营。百姓都来做,慢慢就完成。王说才开始,不要太着急。百姓如儿子,都来出把力。王到鹿苑中,母鹿正栖息。母鹿肥又亮,白鸟毛如雪。王到灵沼上,满池鱼跳跃。'周文王虽然用了百姓的力量筑高台挖深池,但百姓乐意这样做,他们称此台为'灵台',称此池为'灵沼',还乐意那里有许多麋鹿和鱼鳖。古时候的圣君贤王因为能与老百姓同乐,才能得到真正的快乐。〔夏桀却恰恰相反,百姓诅咒他死,他却自比太阳:'太阳什么时候消灭,我才什么时候死亡。'〕《汤誓》中便记载着百姓的哀歌:'太阳啊,你什么时候灭亡呢?我宁肯和你一道去死!'老百姓恨不得与他同归于尽,即使有高台深池,珍禽异兽,他又如何能独自享受呢?"

【评鉴】

这一章讲君主应与民同乐的道理。君主的德行十分重要,贤明的君主自然懂得与民同乐。反之,如统治者将自己的快乐建立在人民痛苦的基础上,人民拼了命也要反抗,君主也就乐不成了。

1·3-1[①]　梁惠王曰:"寡人之于国也[②],尽心焉耳矣。河内凶[③],则移其民于河东[④],移其粟于河内[⑤];河东凶亦然。察邻国之政,无如寡人之用心者。邻国之民不加少[⑥],寡人之民不加多,何也?"

孟子对曰:"王好战,请以战喻[⑦]。填然鼓之[⑧],兵刃既接[⑨],弃甲曳兵而走[⑩]。或百步而后止[⑪],或五十步而后止。以五十步笑百步,则何如?"曰:"不可;直不百步耳[⑫],是亦走也[⑬]。"

【注释】

①1·3-1:由于《孟子》中有的章较长,为便于阅读,译注者将这些章分为二节以上;-1表示该章第一节,其余类推。

②寡人:寡德之人,古代王侯的自谦之辞;寡,少。

③凶:荒年。

④河内、河东:魏国的河内地,在今河南省济源市一带;河东地,在今山西省夏县西北一带。

⑤粟:粮食的通称。

⑥加少:更少。

⑦请:请您允许我……

⑧填然鼓之:填然,即"填填地(响)""咚咚地(响)";鼓,击鼓;之,这里指击鼓的事由,指发动进攻这件事儿。

⑨兵:兵器,武器。

⑩走:上古跑叫"走";这里指逃跑。

⑪或:有的人。
⑫直:只是,不过。
⑬是:此,这。

【译文】

梁惠王〔对孟子〕说:"我对于国家,可算是操心到家了。河内遭了灾,我便把那里的百姓迁到河东,还把河东的粮食运到河内。河东遭了灾也这么办。细察邻国的政治,没有一个国家能像我这样费尽心思的。尽管这样,邻国的百姓并不减少,我的百姓并不增多,这是为什么呢?"

孟子答道:"王喜欢战争,就请让我用战争来做比喻吧。战鼓咚咚一响,双方刀枪一碰,就扔掉盔甲拖着兵器逃跑。有的一口气跑了一百步停下,有的一口气跑了五十步停下。假设跑了五十步的耻笑跑了一百步的战士〔胆小〕,那又如何?"王说:"这不行,他只不过没跑到一百步罢了,但这也是逃跑了呀。"

1·3-2 曰:"王如知此,则无望民之多于邻国也①。不违农时,谷不可胜食也②;数罟不入洿池③,鱼鳖不可胜食也;斧斤以时入山林④,材木不可胜用也。谷与鱼鳖不可胜食,材木不可胜用,是使民养生丧死无憾也。养生丧死无憾,王道之始也。"

【注释】

①无:毋,不要。
②胜:旧读 shēng,尽。
③数罟不入洿池:数,音 shuò,密;罟,音 gǔ,渔网;洿,音 wū,不流动的水,池塘。
④以时:按一定的时间。

【译文】

孟子说:"王如果懂得这个道理,就不要指望老百姓比邻国多了。如果在农忙时,不去〔征兵征工,〕占用耕作的时间,那粮食便会吃不完了;不用太过细密的网到池塘去捕鱼,那鱼鳖也就吃不完了;砍伐树木有固定的时间,木材也就用不尽了。粮食和鱼鳖吃不完,木材用不尽,这样就使老百姓对生养死葬没有遗憾了。老百姓对生养死葬没有遗憾,这就是王道的基础。"

1·3-3 "五亩之宅,树之以桑,五十者可以衣帛矣①。鸡豚狗彘之畜②,无失其时,七十者可以食肉矣。百亩之田,勿夺其时,数口之家可以无饥矣。谨庠序之教③,申之以孝悌之义④,颁白者不负戴于道路矣⑤。七十者衣帛食肉,黎民不饥不寒,然而不王者⑥,未之有也。

"狗彘食人食而不知检⑦,途有饿莩而不知发⑧;人死则曰:'非我也,岁也。'是何异于刺人而杀之,曰:'非我也,兵也。'王无罪岁,斯天下之民至焉⑨。"

【注释】

①衣:音 yì,这里是穿的意思。
②鸡豚狗彘之畜:鸡、猪、狗的蓄养;畜,音 xù,蓄养,饲养,养育。
③庠序:古代的地方学校;庠,音 xiáng。
④申:一再,重复。
⑤颁白者不负戴于道路:颁白,须发半白,也写作"斑白";负,背负;戴,顶在头上。
⑥王:音 wàng,以仁义统一天下。
⑦狗彘食人食而不知检:这句中"检"当读为"敛"。这句话的意思是,丰年时,谷贱伤农,狗彘都能吃上人的食物,当政者却不平价收买,储藏之以备荒年。这样的解释,是颜师古对《汉书·食货志·赞》"孟子亦非'狗彘食人之食而不知敛'"所作的解释。《汉书·食货志》"检"也作"敛"。但《孟子》赵岐注却解释为"不知以法度检敛也",也就是不知以

法度约束的意思。我们之从颜师古,是因为"检"之有法度义最早见于《荀子》,至于在此基础上产生的约束、限制义更是晚见于《论衡》。赵岐注显然是用汉代才有的意义解读这段话了。相反,"敛"的收藏、收捡义,在《孟子》成书的年代则较为常见。

⑧途有饿莩而不知发:途,道路;莩,音 piǎo,通"殍",饿死;饿殍,饿死的人;发,打开,这里指打开粮仓赈济。

⑨斯:这就。

【译文】

"每家都有五亩地的宅院,院里种满桑树,五十岁以上的人就可以穿上丝绵袄了。鸡、猪和狗的蓄养,不要耽误繁殖的时机,七十岁以上的人就可以有肉吃了。一家人百亩的耕地,不要让他们失去耕种收割的时机,一家几口人就可以吃得饱饱的了。好好地办些学校,反复地用孝顺父母敬爱兄长的道理教育他们,那么,须发斑白的老人也就用不着背负、头顶着重物奔波于道路上了。七十岁以上的人有丝绵衣穿,有肉吃,平民百姓不受冻饿,这样还不能使天下归服的,是从未有过的事。

"〔丰收年份〕猪狗能吃上人吃的粮食,却不晓得及时收购以备荒年;道路上有饿死的人,也没想到要打开仓库赈济灾民。老百姓死了,就说'不怪我呀,怪年成不好'。这种说法和拿刀子杀了人,却说'不怪我呀,怪兵器吧'有什么不同呢?王假如不去怪罪年成,〔而切切实实地去改革政治,〕这样,天下的百姓都会来投奔了。"

【评鉴】

这一章是回应梁惠王说自己如何尽心尽意为国为民操劳的。梁惠王认为,按照孟子提出的王道与仁政的理念,自己躬行王道,别国的老百姓理应过来投奔自己,但是事实却并不如此。(1·7-6)孟子指出他做得还很不够,与那些不懂得体恤百姓的君主相比不过是"五十步笑百步"罢了,关键是要不夺民时去发动兼并战争,要让老百姓"养生丧死无憾"。孟子还教导惠王丰年要多收购粮食,灾荒年要开仓赈济。能做到这些,才是"王道之始"。用今天的话来总结,就是"权为民所用"。

1·4 梁惠王曰:"寡人愿安承教①。"

孟子对曰:"杀人以梃与刃②,有以异乎?"

曰:"无以异也。"

"以刃与政,有以异乎?"

曰:"无以异也。"

曰:"庖有肥肉③,厩有肥马④,民有饥色,野有饿莩,此率兽而食人也!兽相食,且人恶之;为民父母,行政,不免于率兽而食人,恶在其为民父母也⑤?仲尼曰⑥:'始作俑者,其无后乎!'为其象人而用之也⑦。如之何其使斯民饥而死也⑧?"

【注释】

①安:安心,安然。

②梃:音 tǐng,直的竹、木棒。

③肥肉:厚肉;肥,肉质丰满;肉,肌肉;可知那时的"肥肉"和现在的"肥肉"意义有所不同——不指脂肪,而指肌肉。

④厩有肥马:厩,音 jiù,马栏,马厩。由上一注解可知,肥马,不是"胖马",而是健壮的马。

⑤恶:音 wū,何。

⑥仲尼:孔子,字仲尼。

⑦象:模仿,效法。

⑧斯民:这些老百姓;斯,此。

【译文】

梁惠王〔对孟子〕说:"我愿意耐心地接受您的教诲。"

孟子答道:"杀人用棍子和用刀子,有什么不同吗?"

王说:"没有什么不同。"

"用刀子和用政治〔杀人〕,有什么不同吗?"

王说:"没有什么不同。"

孟子又说:"厨房里有厚实的肉,马厩里有壮硕的马,老百姓却面有菜色,郊野外也饿殍横陈,这就是率领着禽兽来吃人!野兽间弱肉强食,人尚且厌恶;身为老百姓的父母来管理政务,还不能避免率领着禽兽来吃人,这又怎么算是老百姓的父母呢?孔子曾说:'最开始制作人俑来陪葬的人,该会断子绝孙吧!'这是因为人俑是照着大活人做出来的,却用来陪葬。〔用人俑陪葬,尚且不可,〕又怎能让老百姓活活饿死呢?"

【评鉴】

这一章先展示出一幅可怖的场景:"庖有肥肉,厩有肥马,民有饥色,野有饿莩。"然后批判说:"此率兽而食人也!"统治者若如此,"恶在其为民父母也?"——这又怎么算是老百姓的父母呢?"《孟子》一书比较多地关注经济民生问题,所以孟子看待'民之父母'的提法时,始终围绕社会财富的分配造成的巨大的贫富悬殊,特别是君王在赋税方面的做法,因而看到了问题的本质,看破了这种提法的虚伪。"(《读古人书·孟子》127页)

1·5 梁惠王曰:"晋国①,天下莫强焉②,叟之所知也。及寡人之身,东败于齐,长子死焉③;西丧地于秦七百里④;南辱于楚⑤。寡人耻之,愿比死者壹洒之⑥。如之何则可?"

孟子对曰:"地方百里而可以王⑦。王如施仁政于民,省刑罚,薄税敛,深耕易耨⑧;壮者以暇日修其孝悌忠信⑨,入以事其父兄,出以事其长上,可使制梃以挞秦楚之坚甲利兵矣⑩。

"彼夺其民时⑪,使不得耕耨以养其父母。父母冻饿,兄弟妻子离散⑫。彼陷溺其民,王往而征之,夫谁与王敌?故曰:'仁者无敌。'王请勿疑!"

【注释】

①晋国:这里指魏国;韩、赵、魏三家瓜分晋国,魏国最为强大,所以用"晋国"指代魏国。

②天下莫强焉:天下没有哪个国家强于它(魏)。莫,没有谁,没有哪个地方,没有哪个国家,这里指后者。焉,于是,于斯,于此。

③东败于齐,长子死焉:指马陵(今河南范县西南)之役;魏伐韩,韩求救于齐,齐军袭魏,魏军败于马陵,主将庞涓自杀,魏太子申被俘;焉,于此。

④西丧地于秦七百里:马陵之役后,魏又屡败于秦,割河西之地及上郡之十五城。

⑤南辱于楚:梁惠王后元十一年(前324年),楚遣柱国(武官名)昭阳统兵攻魏,破之于襄陵(今河南睢县西),得八邑。

⑥愿比死者壹洒之:比,音 bì,替;壹,全;洒,音义均同"洗",洗雪,雪耻。

⑦地方百里:当理解为"地,方百里";方百里,意谓长宽各为百里。

⑧易耨:易,使……容易;耨,音 nòu,锄草。

⑨悌:音 tì,弟弟尊敬兄长。

⑩制:通"揭",举起。焦循读"制"为"掣",但"掣"意为拉牵,词义上解释不通。《孟子》时代的语言,持兵器所用动词为"执""持""抚"等,从不用"掣"。赵岐注:"制,作也。"因而《孟子译注》说:"当读如《诗·东山》'制彼裳衣'之'制',制作、制造之意。"这也有疑问。制,本义是裁衣,后引申为制礼、制法度等,在此基础上产生了制度、法度等名词义。终先秦之世,未见以"梃"或其他兵器、农具或其他器具作宾语者。且当时语言中,在"动词+兵器+以+谓语"格式中,"兵器"之前的动词多为手持武器(或器具)的动作,未见"造作武器(或器具)来干什么"之例。制,可能通"揭"。制梃,即"揭竿"。揭,是"举"的意思。制、揭古音相近。制梃,谓手举木棒。

⑪彼:远指代词,那,那人,那些人。按,先秦时代的"彼"不是第三人称代词。《尽心下》"在彼者,皆我所不为也;在我者,皆古之制也,吾何畏彼哉"的"彼"也如此。

⑫妻子:妻子和儿女;妻,妻子;子,子女。

【译文】

梁惠王〔对孟子〕说:"魏国的强大,天下没有比得上的,老先生是知道的。但到我在位的时候,先是东边败给齐国,长子都死在那儿;西边割让了七百里土地给秦国;南边又被楚国所羞辱,〔被夺去八个城池。〕我为此深感屈辱,希望为死难者报仇雪恨,要怎样办才好呢?"

孟子答道:"即使方圆百里的小国也可以行仁政使天下归服,〔何况像魏国呢?〕您如果向百姓施行仁政,减免刑罚,减轻赋税,让他们能够深翻土,勤除草;青壮年在闲暇时能讲求孝顺父母、敬爱兄长、为人忠心、诚实守信的德行,并用来在家里侍奉父兄,在朝廷服侍上级,这样,就是举着木棒也足以抗击披坚执锐的秦楚大军了。

"那秦国楚国〔却相反〕,侵夺了老百姓的生产时间,使他们不能耕种来养活父母,父母因此受冻挨饿,兄弟妻儿东逃西散。那秦王楚王让他们的百姓深陷痛苦的深渊,您去讨伐他们,那还有谁来与您为敌呢?所以说:'仁人无敌于天下。'请您不要疑虑了吧!"

【评鉴】

这一章面对梁惠王念念不忘报仇雪恨,孟子仍教导他要行仁政,与民休息,因为"仁者无敌"。原因有二:一是,只有轻徭薄赋,刑罚宽松,老百姓才能安心于生产,社会风气才可能良善和睦;二是,只有如此才能得到老百姓的爱戴,进而让他们作战才能无敌于天下。

1·6 孟子见梁襄王①,出,语人曰②:"望之不似人君,就之而不见所畏焉。卒然问曰③:'天下恶乎定④?'吾对曰:'定于一。''孰能一之⑤?'对曰:'不嗜杀人者能一之。''孰能与之⑥?'对曰:'天下莫不与也⑦。王知夫苗乎?七八月之间旱⑧,则苗槁矣。天油然作云,沛然下雨⑨,则苗浡然兴之矣⑩。其如是,孰能御之?今夫天下之人牧⑪,未有不嗜杀人者也。如有不嗜杀人者,则天下之民皆引领而望之矣⑫。诚如是也,民归之,由水之就下⑬,沛然谁能御之?'"

【注释】

①梁襄王:梁惠王之子,名嗣。

②语:音 yù,告诉。

③卒然:同"猝然"。

④恶乎:怎样。

⑤孰:谁。

⑥与:跟随。

⑦莫:没有谁。

⑧七八月:这是用的周代历法,相当于夏历的五六月,正是禾苗需要雨水的时候。

⑨油然、沛然:油然,自然产生的样子;沛然,雨大或水流浩大的样子。

⑩浡然:兴起貌;浡,音 bó。

⑪人牧:治理人民的人,指国君。

⑫引领:伸长脖子。

⑬由:通"犹"。

【译文】

孟子谒见了梁襄王,出来后告诉别人说:"远远望去,不像个国君的样子;挨近他,也看不出哪一点值得敬畏。猛一开口就问:'天下如何才安定?'我答道:'天下一统,才会安定。'他又问:'谁能一统天下?'我又答:'不好杀人的国君,就能一统天下。'他又问:'那有谁来跟随他呢?'

我又答:'普天之下没有不跟随他的。您熟悉那禾苗吗?七八月间天旱,禾苗就枯槁了。这时,乌云渐渐出现了,接着哗啦哗啦下起了大雨,禾苗又茁壮茂盛地生长起来。在这种情势下,谁能阻挡得住那茁壮的生长呢?当今各国的君主,没有不好杀人的。如有一位不好杀人的,那么,天下的老百姓都会伸长脖子来盼望他了。真这样的话,百姓归附他跟随他,就好像水向下奔流一般,汹涌澎湃,谁能阻挡?'"

【评鉴】

这一章教导梁襄王不要"嗜杀人"。西周建立之后,上天是"民"的代言人的认识已经逐渐成为共识;孟子尤其强调,作为君主,应当具有善待百姓的仁者之心——这是贯穿《孟子》全书的一条主线。孟子坚信实行仁政的国家一定能无敌于天下,因为这符合民众的期待。老百姓盼望仁政,如同久旱而望甘霖。如果哪位君主实行仁政,各国百姓都会如同水往下奔流一般归向于他;反之,百姓们也都会弃他而去。

1·7-1 齐宣王问曰[①]:"齐桓、晋文之事可得闻乎[②]?"

孟子对曰:"仲尼之徒无道桓文之事者,是以后世无传焉,臣未之闻也[③]。无以,则王乎[④]?"

曰:"德何如则可以王矣?"

曰:"保民而王[⑤],莫之能御也。"

曰:"若寡人者,可以保民乎哉?"

曰:"可。"

曰:"何由知吾可也?"

曰:"臣闻之胡龁曰[⑥],王坐于堂上,有牵牛而过堂下者,王见之,曰:'牛何之[⑦]?'对曰:'将以衅钟[⑧]。'王曰:'舍之!吾不忍其觳觫[⑨],若无罪而就死地。[⑩]'对曰:'然则废衅钟与?'曰:'何可废也,以羊易之!'不识有诸[⑪]?"

曰:"有之。"

【注释】

①齐宣王:威王之子,名辟疆。

②齐桓、晋文:齐桓公名小白,晋文公名重耳,在春秋时代先后称霸,均为五霸之一。

③臣未之闻:我没有听说这个;当时语言,如果是否定句,代词作宾语一般要放在谓语动词之前;其他篇章的"未之有""未之见""未之学""未之尽""未之知"等也是如此。

④无以:不得已;以,通"已"。《梁惠王下》十三章:"无已,则有一焉。"

⑤保:安。

⑥龁:音hé。

⑦之:往。

⑧衅:祭礼名,宰杀一件活物来祭某种新器物或宗庙。

⑨觳觫:音hú sù,惊恐战抖貌。

⑩吾不忍其觳觫若无罪而就死地:传统的断句为"吾不忍其觳觫,若无罪而就死地"。俞樾《孟子平议》在"若"字后断句。"觳觫若"为"害怕发抖的样子"。杨树达先生《古书句读释例》与俞书同。但表示"……的样子",《孟子》用"然"而不用"若"。先秦文献中只有《诗经》偶用"若"表示"……的样子"。郑子瑜从吴昌莹、王引之说,认为"若"训"其",指代"牛",也讲不通。因为与代词"其"类似的"若",与"其"一样,也处于定语位置,不处于主语位置。"若"在此句中,当然是"好比""好像"的意思。为什么要否定传统读法呢?因为许多人认为牛本无罪,何须用一"若"字?又有人认为杨伯峻先生译"无罪"为"无罪之人",乃是"增字解经"。其实,在《孟子》成书年代的语言中,"有罪""无罪"一定是指人或指人的社会单位如"国",因此应当译为"无罪之人";因为"无罪"指人不指牛,所以用一"若"字。

⑪诸:"之乎"的合音。

【译文】

齐宣王问孟子说:"齐桓公、晋文公的事迹,我能请您讲给我听吗?"

孟子答道:"孔子的门徒们没有谈到齐桓公、晋文公的事迹的,所以后世没有流传,我也没听说过。非要讲的话,就说说'王道'吧!"

宣王问道:"要多高的道德才能够实行王道呢?"

孟子说:"通过保养百姓去实现王道,便没有人能够阻挡。"

宣王说:"像我这样的人,可以保养百姓吗?"

孟子说:"能够。"

宣王说:"根据什么晓得我能够做到呢?"

孟子说:"我听胡龁说,王坐在殿堂上,有人牵着牛从殿下走过,王看见了,便问:'牵牛到哪里去?'那人答道:'准备杀它来衅钟。'王便说:'放了它吧!我实在不忍心看到它那哆哆嗦嗦的样子,好像没罪的人,却被押送刑场!'那人说:'那么,就不衅钟了吗?'王又说:'这怎么可以废弃呢?用只羊来代替吧!'——有这么回事吗?"

宣王说:"有的。"

1·7-2 曰:"是心足以王矣。百姓皆以王为爱也①,臣固知王之不忍也。"

王曰:"然;诚有百姓者。齐国虽褊小②,吾何爱一牛?即不忍其觳觫,若无罪而就死地,故以羊易之也。"

曰:"王无异于百姓之以王为爱也③。以小易大,彼恶知之?王若隐其无罪而就死地④,则牛羊何择焉?"

王笑曰:"是诚何心哉?我非爱其财而易之以羊也。宜乎百姓之谓我爱也。"

【注释】

①爱:吝啬,舍不得。

②褊:音 biǎn,小。
③异:惊异,奇怪。
④隐:怜悯。

【译文】

孟子说:"有这样的想法足以实行王道了。老百姓都以为王是舍不得,我早就知道王是不忍心哪。"

宣王说:"对呀,确实有这样想的百姓。齐国虽狭小,我又何至于舍不得一头牛?我只是不忍心看到它不停地哆嗦,就像没犯罪的人,却被押去斩决,所以才用羊来替换它。"

孟子说:"百姓以为王舍不得,王也不必奇怪。您用小的来换大的,那些人怎么会清楚王的想法呢?如果说可怜它'像没犯罪的人却被押去斩决',那么牛和羊又有什么好选择的呢?"

宣王笑着说:"这到底是一种什么心理呀?我确实不是吝惜钱财才用羊来代替牛。〔您这么一解释,〕百姓说我舍不得真是理所当然的了。"

1·7-3 曰:"无伤也,是乃仁术也①,见牛未见羊也。君子之于禽兽也,见其生,不忍见其死;闻其声,不忍食其肉。是以君子远庖厨也②。"

王说曰③:"《诗》云④:'他人有心,予忖度之⑤。'夫子之谓也。夫我乃行之,反而求之,不得吾心。夫子言之,于我心有戚戚焉⑥。此心之所以合于王者,何也?"

曰:"有复于王者曰:'吾力足以举百钧⑦,而不足以举一羽;明足以察秋毫之末⑧,而不见舆薪⑨,则王许之乎⑩?'"

曰:"否。"

【注释】

①术:途径,方法。

②远:使……远离。
③说:"悦"的古字。
④《诗》云:见《诗经·小雅·巧言》。
⑤忖度:音 cǔn duó,揣测。
⑥戚戚:心动的样子。
⑦钧:三十斤。
⑧秋毫之末:鸟尾上的细毛,指极细小的东西。
⑨舆薪:一车薪柴。
⑩许:同意。

【译文】

孟子说:"这也没什么关系。这种怜悯心正是通向仁爱的途径啊。因为王只看见了牛可怜,却没有看见羊可怜。君子对于飞禽走兽,看见它们活着的可爱,便不再忍心看到它们死去;听到它们的啼叫,便不再忍心吃它们的肉。君子总是远离厨房,就是这个道理。"

宣王高兴地说:"有两句诗说:'别人想的啥,我能猜到它。'原来就是说的您哪!我只是这样做了,再反躬自问,却想不出个所以然来。经您老这么一说,我的心便豁然开朗了。但我的这种想法合于王道,又是为什么呢?"

孟子说:"假如有个人向王报告说:'我的臂力能够举起三千斤,却拿不起一根羽毛;我的眼力能够把鸟儿秋天生的毫毛的末端看得一清二楚,却看不见眼前的一车柴火。'您会同意这话吗?"

宣王说:"不会。"

1·7-3 "今恩足以及禽兽,而功不至于百姓者,独何与?然则一羽之不举,为不用力焉;舆薪之不见,为不用明焉;百姓之不见保,为不用恩焉。故王之不王,不为也,非不能也。"

曰:"不为者与不能者之形何以异?"

曰:"挟太山以超北海①,语人曰,'我不能',是诚不能也。为长者折枝②,语人曰,'我不能',是不为也,非不能也。故王之不王,非挟太山以超北海之类也;王之不王,是折枝之类也。"

【注释】

①挟太山以超北海:挟,音 xié,夹持;太山,即泰山;北海,即渤海。

②折枝:按摩肢体。枝,通"肢"。杨伯峻先生注此句说:"古来有三种解释:甲、折取树枝;乙、弯腰行礼;丙、按摩搔痒。译文取第一义。"我们取丙说。这主要因为甲乙二说除晚起外,均与当时语言实际不符。先看甲说。1.宾语或受事主语为人、兽或人兽身体一部分时,该"折"的"折断"义带有伤害性。2.宾语或受事主语为树木或物体时,该"折"的"折断"不是人类的自主行为,例如为风所摧折。"折取树枝"说显然与此不符。再看乙说。其说为"磬折腰枝,盖犹今拜揖也"。"腰肢"若为定中结构,指腰,其意义甚晚起,《孟子》时代无此义。若为并列结构,则原文为"折枝",并无"腰"或其古字"要",且当时"枝"也无"腰肢"义。丙说甚早,且古人多理解"折枝"为按摩,故从之。

【译文】

孟子马上接着说:"如今王的好心好意足以扩展到禽兽,却不能扩展到百姓,这是为什么呢?这样看来,一根羽毛都拿不起,只是不肯下力气的缘故;一车子柴火都看不见,只是不肯用眼睛的缘故;老百姓不被保养,只是不肯施恩的缘故。所以,王的未曾实行王道,只是不肯干,不是不能干。"

宣王说:"不肯干和不能干的样子有何不同呢?"

孟子说:"把泰山夹在胳膊下跳过北海,告诉别人说:'这个我办不到。'这是真的不能。替老年人按摩肢体,告诉别人说:'这个我办不到。'这是不肯干,不是不能干。王的不行仁政不是属于把泰山夹在胳膊下跳过北海一类,而是属于替老年人按摩肢体一类的。"

1·7-4 "老吾老,以及人之老;幼吾幼,以及人之幼①。天下可运于掌。《诗》云,'刑于寡妻②,至于兄弟③,以御于家邦④。'言举斯心加诸彼而已。故推恩足以保四海,不推恩无以保妻子。古之人所以大过人者,无他焉⑤,善推其所为而已矣。今恩足以及禽兽,而功不至于百姓者,独何与?

"权⑥,然后知轻重;度⑦,然后知长短。物皆然,心为甚。王请度之!

"抑王兴甲兵⑧,危士臣,构怨于诸侯,然后快于心与?"

【注释】

①老吾老,以及人之老:尊敬自己的长辈,并把这尊敬延及到他人的长辈;第一个"老"活用为动词,尊敬的意思;及,推及、延及;人,别人,他人;下句第一个"幼"也是动词活用,慈爱、爱护之意。

②刑于寡妻:"《诗》云"以下三句见《诗经·大雅·思齐》;刑,同"型",示范;寡妻,嫡妻。

③至于:扩展到,推广到。

④家:指卿大夫之有采(cài)邑者。

⑤他:别的,其他的。

⑥权:称量。

⑦度:音duó,丈量。

⑧抑:还是,表示选择。

【译文】

"敬重我家里的长辈,并把这敬重之心推广到别人家的长辈;呵护我家里的儿女,并把这呵护推广到别人家的儿女。〔如果一切施政措施都基于这一点,〕治理天下就如同在手心转动小球一样了。《诗经》上说:'先给妻子做榜样,扩展到兄弟,进而推广到封邑和国家。'就是说把这样的好想法扩展到其他方面就行了。所以由近及远地把恩惠推展开,便足以保有天下;不这样,甚至连自己的妻子儿女都保护不了。古代的圣贤之所以远远地超过一般人,没有别的诀窍,只是他们善于扩展他们的好行为罢了。如今您的恩情足以扩展到动物,百姓却得不到好处,这是为什么呢?

"称一称,才晓得轻重;量一量,才知道短长。什么东西都如此,人的心更是这样。王考虑一下吧!

"难道说,动员全国军队,让将士冒着危险,去和别国结仇构怨,这样做您心里才痛快吗?"

1·7-5 王曰:"否;吾何快于是?将以求吾所大欲也。"

曰:"王之所大欲可得闻与?"王笑而不言。

曰:"为肥甘不足于口与?轻暖不足于体与?抑为采色不足视于目与①?声音不足听于耳与?便嬖不足使令于前与②?王之诸臣皆足以供之,而王岂为是哉?"

曰:"否;吾不为是也。"

曰:"然则王之所大欲可知已,欲辟土地③,朝秦楚④,莅中国而抚四夷也⑤。以若所为求若所欲⑥,犹缘木而求鱼也。"

王曰:"若是其甚与?"

曰:"殆有甚焉⑦。缘木求鱼,虽不得鱼,无后灾。以若所为求若所欲,尽心力而为之,后必有灾。"

【注释】

①采色:即"彩色"。

②便嬖:音 pián bì,得到王的宠幸且朝夕相伴者。

③辟:开辟。

④朝:使其朝觐。

⑤莅:音 lì,临。

⑥若:如此,后来写作"偌"。

⑦殆有甚焉:殆,可能。《孟子译注》注此句云:"有,同又。"不确。1.周秦典籍中未见"殆又",而其他"殆有"之"有"均本字。2.此句为孟子回答王所言"若是其甚与"所说,"有甚"作谓语。当时语言中,"有甚"常见,"甚"是"有"的宾语。

【译文】

宣王说:"不,我为什么非要这样做才快活呢?这样做,不过是追求满足我最大愿望啊。"

孟子说:"我可以听听王的最大愿望吗?"宣王只是笑,不做声。

孟子接着说:"是为了肥美的食物不够吃吗?是为了轻暖的衣服不够穿吗?或者是为了鲜艳的色彩不够看吗?是为了曼妙的音乐不够听吗?是为了贴身的小臣不够您使唤吗?这些,您的臣下都能尽量供给,但是王真的是为了这些吗?"

宣王说:"不,我不是为了这些。"

孟子说:"那么,您的最大愿望可以知道了。您是想要广辟疆土,您是想要秦楚来朝,您是想要治理华夏而抚有四夷;不过,以您这样的作为来满足您这样的愿望,就好比爬到树上去抓鱼一样。"

宣王说:"有这样严重吗?"

孟子说:"恐怕比这更严重呢!爬上树去抓鱼,虽然抓不到,却没有灾祸。以您这样的作为去满足您这样的欲望,殚精竭虑去干了,〔不但达不到目的,〕还一定有灾祸在后头。"

1·7-6 曰:"可得闻与?"

曰:"邹人与楚人战①,则王以为孰胜?"

曰:"楚人胜。"

曰:"然则小固不可以敌大,寡固不可以敌众,弱固不可以敌强。海内之地,方千里者九,齐集有其一②。以一服八,何以

22

异于邹敌楚哉?盖亦反其本矣③。今王发政施仁,使天下仕者皆欲立于王之朝,耕者皆欲耕于王之野,商贾皆欲藏于王之市,行旅皆欲出于王之途,天下之欲疾其君者皆欲赴愬于王④。其若是,孰能御之?"

王曰:"吾昏,不能进于是矣。愿夫子辅吾志,明以教我。我虽不敏,请尝试之。"

【注释】

①邹:国名,就是邾国,国土极小。

②集:会集;这里是说对不规则的领土用截长补短的办法计算其面积。

③盖亦反其本矣:盖,通"盍","何不"的合音;反,返,返回;本,根本,基本。

④愬:音 sù,告诉,诉说。

【译文】

宣王说:"[这是什么道理呢?]可以让我听听吗?"

孟子说:"假设邹国和楚国打仗,王以为谁会胜利呢?"

宣王说:"楚国会胜。"

孟子说:"这样看来,小国本来就不可以抗拒大国,人少的国家也不可以抗拒人多的国家,弱国不可以抗拒强国。现在华夏的土地,有九个纵横各一千里那么大,齐国不过占有它的九分之一。凭九分之一想叫九分之八归服,这跟邹国抗拒楚国有什么不同呢?[既然这条路根本行不通,那么,]为什么不从根基着手呢?现在王如果能改良政治,广施仁德,使天下的士大夫都想站立在齐国的朝廷,庄稼汉都想耕种在齐国的田野,行商坐贾都想把货物囤积在齐国的市场,来往旅客都想奔走在齐国的路途,各国痛恨本国君主的人也都想到王这儿来一吐苦水。若能做到这样,又有谁能抵挡得住呢?"

宣王说:"我头脑昏乱,不能达到这样的高度了;但希望您老人家辅导我达到目的,明明白白地教导我。我虽不聪明,也不妨试它一试。"

1·7-7 曰:"无恒产而有恒心者,惟士为能。若民①,则无恒产,因无恒心。苟无恒心,放辟邪侈,无不为已。及陷于罪,然后从而刑之,是罔民也②。焉有仁人在位罔民而可为也?是故明君制民之产③,必使仰足以事父母,俯足以畜妻子,乐岁终身饱,凶年免于死亡④;然后驱而之善,故民之从之也轻⑤。今也制民之产,仰不足以事父母,俯不足以畜妻子;乐岁终身苦,凶年不免于死亡。此惟救死而恐不赡⑥,奚暇治礼义哉⑦?"

【注释】

①若:至于。
②罔:同"网",网罗,陷害。
③制:制订法度。
④死亡:《孟子》时代,"死亡"是一个短语,意为死去和逃亡,不是意为"死掉"的一个词。
⑤轻:轻易,容易。
⑥赡:音shàn,足够。
⑦奚:何。

【译文】

孟子说:"没有固定的产业而有恒定的信念,只有士人才能够做到。如果是一般人,就没有固定的产业,因而也没有恒定的信念。若没有恒定的信念,就会胡作非为,违法乱纪,什么事都干得出来。等到他犯了法,然后再处以刑罚,这等于陷害。哪有仁爱的人坐了朝廷却做出陷害老百姓的事呢?所以贤明的君主规定人们的产业,一定要使他们上足以赡养父母,下足以抚养妻儿;好年成,一年到头吃得饱;坏年成,也不至于饿死或逃亡；然后督促他们往善良的路上走，这样老百姓要听从教导也容易。现在呢，规定人民的产业，上不足以赡养父母，下不足以抚养妻儿；好年成，一年到头困苦；坏年成，要么死要么逃。这样，每个人要活一口气都怕做不到，哪有闲工夫学习礼义呢？"

1·7-8 "王欲行之，则盍反其本矣①：五亩之宅，树之以桑，五十者可以衣帛矣。鸡豚狗彘之畜，无失其时，七十者可以食肉矣。百亩之田，勿夺其时，八口之家可以无饥矣。谨庠序之教，申之以孝悌之义②，颁白者不负戴于道路矣③。老者衣帛食肉，黎民不饥不寒，然而不王者，未之有也。"

【注释】

①盍："何不"的合音。
②申：重申，一再地说。
③颁白者不负戴于道路：颁白者，须发花白的老者；负戴，背负和用头顶着。

【译文】

"王如果要施行仁政，那为什么不从根基着手呢？每家都有五亩地的宅院，院里种满桑树，五十岁以上的人就可以穿上丝绵袄了。鸡、狗和猪的蓄养，不要耽误繁殖的时机，七十岁以上的人就可以有肉吃了。每家都有百亩田地，不耽误他的农时，八口之家就可以吃饱肚子了。好好地办些学校，反复地用孝顺父母敬爱兄长的道理教育他们，那么，须发斑白的老人也就用不着背负、头顶着重物奔波于道路上了。七十岁以上的人有丝绵袄穿，有肉吃，平民百姓不受冻饿，这样还不能使天下归服的，是从未有过的事。"

【评鉴】

这一章循循善诱，孟子首先通过齐宣王的"以羊易牛"，指出这就是

"仁术";然后话锋一转:"今恩足以及禽兽,而功不至于百姓者,独何与?然则一羽之不举,为不用力焉;舆薪之不见,为不用明焉;百姓之不见保,为不用恩焉。故王之不王,不为也,非不能也。"孟子认为,齐王的确有仁心,但是能把仁心用于禽兽却用不到百姓身上,是因为他没有用心去做,而不是做不到,问题在于齐王不懂得"用恩"。那么应该怎么做呢?孟子说要从最基本的地方做起,那就是"老吾老,以及人之老;幼吾幼,以及人之幼"。于是,话题就又被带回到了仁政的问题上。

以往,常有人说,儒家思想是麻醉人民的精神鸦片。我们看这整个《梁惠王上》,都是教导统治者要爱护人民,不要与人民为敌的。不与人民为敌,这在当时应该是很进步的观点。《论语·颜渊》中鲁哀公问孔子的学生有若说,年成不好,国家用度不足,该怎么办?有若建议实行十分抽一的税率。哀公竟然表示不理解,反问说,十分抽二,还觉得不够用,怎么能十分抽一呢?可见在春秋末年,统治者把自己放到人民的对立面,还觉得是理所当然的。这样的立场和观点,当然是为孔孟所坚决反对的。

我们可以归纳总结《梁惠王上》是给诸侯王定下的行为准则和行为规范。这一准则和规范的总基调,我们在《梁惠王下》的最后一章的评鉴中,将用四个字给予回答。

梁惠王章句下 凡十六章

2·1-1 庄暴见孟子,曰:"暴见于王①,王语暴以好乐②,暴未有以对也。"曰③:"好乐何如?"

孟子曰:"王之好乐甚,则齐国其庶几乎④!"

他日,见于王曰:"王尝语庄子以好乐,有诸?"

王变乎色,曰:"寡人未能好先王之乐也,直好世俗之乐耳。"

曰:"王之好乐甚,则齐其庶几乎!今之乐由古之乐也。"

曰:"可得闻与?"

曰:"独乐乐,与人乐乐,孰乐?"

曰:"不若与人。"

曰:"与少乐乐,与众乐乐,孰乐?"

曰:"不若与众。"

【注释】

①暴见于王:庄暴被王接见。庄暴,齐宣王的臣子。暴,音 pù。

②乐:音 yuè,音乐。

③曰:一个人的话中间又加一"曰"字,表示讲话人有所停顿后又说。

④庶几:差不多。

【译文】

〔齐国的大臣〕庄暴来见孟子,说:"我去朝见王,王告诉我,他爱好音乐,我不知道该怎样回答。"又说:"爱好音乐好不好?"

孟子说:"王如果爱好音乐很厉害,那齐国便会不错了。"

过了些时,孟子谒见齐王,问道:"您曾经告诉庄先生,说您爱好音乐,有这回事吗?"

齐王变得严肃起来,说:"我没能爱好先王的雅乐,只是爱好流行音乐罢了。"

孟子说:"只要您爱好音乐很投入,那齐国便会不错了。现代音乐和古代音乐都是一样的。"

齐王说:"这道理我可以听听吗?"

孟子说:"一个人欣赏音乐快乐,和别人一道欣赏音乐也快乐,哪一种更快乐呢?"

齐王说:"跟别人一道欣赏更快乐。"

孟子说:"跟少数人欣赏音乐快乐,跟多数人欣赏音乐也快乐,哪一种更快乐呢?"

齐王说:"跟多数人一起欣赏更快乐。"

2·1-2 "臣请为王言乐①。今王鼓乐于此,百姓闻王钟鼓之声,管籥之音②,举疾首蹙頞而相告曰③:'吾王之好鼓乐,夫何使我至于此极也?父子不相见,兄弟妻子离散。'今王田猎于此④,百姓闻王车马之音,见羽旄之美⑤,举疾首蹙頞而相告曰:'吾王之好田猎,夫何使我至于此极也?父子不相见,兄弟妻子离散。'此无他,不与民同乐也。

"今王鼓乐于此,百姓闻王钟鼓之声,管籥之音,举欣欣然有喜色而相告曰:'吾王庶几无疾病与,何以能鼓乐也?'今王田猎于此,百姓闻王车马之音,见羽旄之美,举欣欣然有喜色而相告曰:'吾王庶几无疾病与,何以能田猎也?'此无他,与民同乐也。今王与百姓同乐,则王矣。"

【注释】

①乐:音乐。
②管籥:古代吹奏乐器,类似今之箫笙;籥,音 yuè。
③举疾首蹙頞:举,全都;蹙,音 cù,皱着;頞,音 è,鼻梁。
④田猎:打猎。
⑤羽旄:旗帜。

【译文】

孟子马上说:"请让我为王谈谈音乐。如果王在这里奏乐,老百姓听到敲钟打鼓的声音,听到吹奏箫管的声音,大家全都头痛而皱着眉头奔走相告:'我们的王这样爱好音乐,那为什么使我困苦到这样极端的境地呢?父子不能相见,兄弟妻儿东逃西散?'如果王在这里打猎,老百姓听到车马的声音,看到仪仗的华丽,大家全都头痛而皱着眉头奔走相告:'我们的王这样爱好打猎,为什么使我困苦到这样极端的境地呢?父子不能相见,兄弟妻儿东逃西散?'这没有别的原因,就因为王〔只图自己快活而〕不和大家一道娱乐的缘故。

"如果王在这里奏乐,老百姓听到敲钟打鼓的声音,听到吹奏箫管的声音,全都眉开眼笑奔走相告:'我们的王大概很健康吧,要不怎么能够奏乐呢?'如果王在这里打猎,老百姓听到车马的声音,看到仪仗的华丽,全都眉开眼笑奔走相告:'我们的王大概很健康吧,要不怎么能够打猎呢?'这没有别的原因,只是因为王跟百姓一道娱乐罢了。如果王跟百姓一道娱乐,就可以使天下归服了。"

【评鉴】

见本篇第四章的评鉴。

2·2　齐宣王问曰:"文王之囿方七十里①,有诸?"

孟子对曰:"于传有之②。"

曰:"若是其大乎?"

曰:"民犹以为小也。"

曰:"寡人之囿方四十里,民犹以为大,何也?"

曰:"文王之囿方七十里,刍荛者往焉③,雉兔者往焉④,与民同之。民以为小,不亦宜乎?臣始至于境,问国之大禁⑤,然后敢入。臣闻郊关之内有囿方四十里⑥,杀其麋鹿者如杀人之罪,则是方四十里为阱于国中⑦。民以为大,不亦宜乎?"

【注释】

①囿:没围墙的猎场叫"囿"。

②传:音 zhuàn,典籍文献。

③刍荛:刍,音 chú,草;荛,音 ráo,柴;这里指打草砍柴。

④雉兔:雉,音 zhì,野鸡;雉兔,名词活用为动词,狩猎之意。

⑤国之大禁:《孟子译注》将"国之大禁"译为"齐国最严重的禁令",我们认为"大禁"义为"严厉禁止"或"大禁忌"。例如:"凡言而不可复,行而不可再者,有国者之大禁也。"(《管子·形势》)"斗者……君上之所恶也,刑法之所大禁也,然且为之,是忘其君也。"(《荀子·荣辱》)"行辟而坚,饰非而好,玩奸而泽,言辩而逆,古之大禁也。"(《非十二子》)以上"大禁"的,都是某种行为;这些行为是应当严厉禁止的,或者说干这些事是个大禁忌、大忌讳;这些行为本身,却不是大禁令。所以我们译"国之大禁"为"齐国的大禁忌"。

⑥郊关:四郊之门——古代城邑四郊起拱卫防御作用的关门。

⑦国中:国都(包括四郊)之中。

【译文】

齐宣王〔问孟子〕说:"听说周文王有一处猎场,纵横各七十里,有这回事吗?"

孟子答道:"文献上记载着呢。"

宣王说:"竟然这么大吗?"

孟子说:"老百姓还嫌小呢。"

宣王说:"我的猎场纵横只有四十里,老百姓还嫌大了,为什么呢?"

孟子说:"文王的猎场纵横各七十里,割草打柴的去,打鸟捕兽的也去,和老百姓一道用。老百姓以为太小,不是很自然吗?〔而您恰恰相反。〕我刚到边界,就打听齐国的大禁忌,然后才敢入境。我听说首都郊外有一处猎场,纵横各四十里,谁要宰了里头的麋鹿,就如同犯了杀人之罪。那么,这等于在国都之中挖了一个纵横四十里的大陷阱。百姓认为太大了,不是应当的吗?"

【评鉴】

见本篇第四章的评鉴。

2·3-1 齐宣王问曰:"交邻国有道乎?"

孟子对曰:"有。惟仁者为能以大事小,是故汤事葛①,文王事昆夷②。惟智者为能以小事大,故太王事獯鬻③,勾践事吴④。以大事小者,乐天者也;以小事大者,畏天者也。乐天者保天下,畏天者保其国。《诗》云:'畏天之威,于时保之⑤。'"

王曰:"大哉言矣⑥!寡人有疾,寡人好勇。"

对曰:"王请无好小勇。夫抚剑疾视曰:'彼恶敢当我哉!'此匹夫之勇,敌一人者也。王请大之!"

【注释】

①汤事葛:《滕文公下》第五章论之较详,可参。

②昆夷:亦作"混夷",周朝初年的西戎国名。

③太王事獯鬻:太王即古公亶父(dǎn fǔ);獯鬻(xūn yù)即猃狁

(xiǎn yǔn),当时北方的少数民族。

④勾践事吴:越王勾践惨败于吴,卑辞厚礼求和,勾践替吴王当马夫;后返国,十年生聚,十年教训,终于兴国灭吴。

⑤"畏天"两句:见《诗经·周颂·我将》;保,安定。

⑥大哉言矣:意谓,这话真伟大呀! 这是一句赞美的话,而不是说这话太夸大其词了(有的书是这样解释的);许多书证可以证明这点:"林放问礼之本。子曰:'大哉问!'"(《论语·八佾》)"大哉尧之为君也!"(《论语·泰伯》)"大哉孔子! 博学而无所成名。"(《论语·子罕》)"居移气,养移体,大哉居乎!"(《孟子·尽心上》)"大哉乾元,万物资始,乃统天。"(《周易·乾》)"大哉死乎! 君子息焉,小人休焉。"(《荀子·大略》)

【译文】

齐宣王问道:"和邻国打交道有什么方法途径吗?"

孟子答道:"有的。只有仁爱的人才能够以大国的身份服侍小国,所以商汤服侍葛伯,文王服侍昆夷。只有聪明的人才能够以小国的身份服侍大国,所以太王服侍獯鬻,勾践服侍夫差。以大国身份服侍小国的,是乐行天道的人;以小国身份服侍大国的,是敬畏天道的人。乐行天道者能保有天下,敬畏天道者能保有本国。《诗经》说得好:'敬畏上天的威灵,〔因此谨慎又小心,〕文王之道能安定。'"

宣王说:"这话真伟大! 不过,我有个小毛病,就是太喜爱勇武。"

孟子答道:"那么,请王不要喜好这小勇。有种人,只会手按着剑柄圆睁双眼说:'那人怎么敢抵挡我呢?'这只是凡夫俗子的勇武,只能镇得住一个人。希望王能把它扩大。"

2·3-2 "《诗》云:'王赫斯怒①,爰整其旅②,以遏徂莒③,以笃周祜④,以对于天下。'此文王之勇也。文王一怒而安天下之民。

"《书》曰⑤:'天降下民,作之君,作之师⑥,惟曰其助上帝宠之。四方有罪无罪惟我在,天下曷敢有越厥志⑦?'一人衡行于天下⑧,武王耻之。此武王之勇也。而武王亦一怒而安天下之民。今王亦一怒而安天下之民,民惟恐王之不好勇也。"

【注释】

①赫斯:勃然大怒的样子;此诗见《诗经·大雅·皇矣》。
②爰:句首语气词,可译为"于是"。
③以遏徂莒:遏,阻止;徂,前往;莒,国名。徂莒,指前往莒国的侵略者。
④以笃周祜:笃,厚;祜,音hù,福。
⑤《书》曰:以下为《尚书》逸文,《伪古文尚书》采入《泰誓》上篇。
⑥作之君,作之师:为他们造作君主,为他们造作师长。
⑦厥:代词,意义略同"其"。
⑧一人衡行于天下:一人,指商纣王;衡,同"横"。

【译文】

"《诗经》说:'我王赫然一发怒,整肃军阵如猛虎,阻止侵莒的敌人,增添周室的福禄,报答天下的拥护。'这便是文王的勇武。文王一发怒便使天下的百姓生活安定。

"《书经》说:'天降生了众民,也为他们降生了君主,也为他们降生了师傅,这些君主和师傅的唯一职责,就是帮助上帝来爱护人民。因此,四面八方的人无论有罪或无罪,都由我一人来承担责任。普天之下有谁敢忽略这一想法呢?'当时有个人在世上横行霸道,武王便认为是奇耻大辱。这便是武王的勇。武王也一发怒而使天下的百姓生活安定。如今王若是也一怒而安定天下的百姓,那么,百姓还生怕王不喜爱勇武呢。"

【评鉴】

这一章先是提出了大国小国相交的准则:"以大事小者,乐天者也;

以小事大者,畏天者也。乐天者保天下,畏天者保其国。"以大国服侍小国自然有它的道理,小国服侍大国也有它的道理,这些道理即是天道。孟子认为,懂得奉行天道、敬畏天道,则上可以得天下,下可以保一国。其次,面对齐宣王"寡人有疾,寡人好勇"的遁词,孟子巧妙地回敬他:"王请无好小勇……王请大之!"——要学周文王、周武王的好勇,"一怒而安天下之民",如果"王亦一怒而安天下之民,民惟恐王之不好勇也"。这种因势利导借力打力的回答,是十分巧妙的。

2·4-1 齐宣王见孟子于雪宫①。王曰:"贤者亦有此乐乎?"

孟子对曰:"有。人不得,则非其上矣。不得而非其上者,非也;为民上而不与民同乐者,亦非也。乐民之乐者,民亦乐其乐;忧民之忧者,民亦忧其忧。乐以天下,忧以天下②,然而不王者,未之有也。

【注释】

①雪宫:齐宣王的离宫(别墅)。
②乐以天下,忧以天下:乐,以天下(民之乐),忧,以天下(民之忧);也即,以天下民之乐为乐,以天下民之忧为忧。

【译文】

齐宣王在他的别墅雪宫里接见孟子。宣王问道:"贤人也有这种快乐吗?"

孟子答道:"有的,他们要是得不到这种快乐,就会非议他们的统治者的。得不到快乐就讲统治者的坏话,固然不对;作为老百姓的统治者有快乐而不与老百姓一同享受,也是不对的。把老百姓的快乐当作他自己的快乐的,老百姓也会把他的快乐当作自己的快乐;把老百姓的忧愁当作他自己的忧愁的,老百姓也会把他的忧愁当作自己的忧愁。以天下万民之乐为乐,以天下万民之忧为忧,这样还不能使天下归服于他的,是从来不曾有的事。

2·4-2 "昔者齐景公问于晏子曰①:'吾欲观于转附朝儛②,遵海而南③,放于琅邪④,吾何修而可以比于先王观也?'晏子对曰:'善哉问也!天子适诸侯曰巡狩。巡狩者,巡所守也。诸侯朝于天子曰述职。述职者,述所职也。无非事者。春省耕而补不足,秋省敛而助不给。夏谚曰:"吾王不游,吾何以休?吾王不豫⑤,吾何以助?一游一豫,为诸侯度。"今也不然:师行而粮食⑥,饥者弗食⑦,劳者弗息。睊睊胥谗⑧,民乃作慝⑨。方命虐民⑩,饮食若流。流连荒亡,为诸侯忧。从流下而忘反谓之流,从流上而忘反谓之连,从兽无厌谓之荒,乐酒无厌谓之亡。先王无流连之乐,荒亡之行。惟君所行也。'

【注释】

①昔者齐景公问于晏子曰:齐景公,春秋时齐国之君,姓姜名杵臼;晏子,齐国贤臣,名婴。

②观于转附朝儛:转附疑即今之芝罘(fú)山(即芝罘岛);朝儛(cháo wǔ),疑即今山东荣城东之召石山。

③遵海而南:沿着海岸往南行;遵,循,沿着。

④放于琅邪:放于,至于;放,音 fǎng;琅邪(láng yá),山名,在今山东诸城市东南。

⑤豫:出巡,巡游。

⑥粮食:这里是筹措粮食的意思。

⑦饥者弗食:受饿者吃不上饭;弗,不;"弗"修饰的动词一般不带宾语。

⑧睊睊胥谗:睊睊,因忿恨侧目而视的样子;睊,音 juàn;胥,都;谗,毁谤。

⑨慝:音 tè,恶。
⑩方命:抗命;命,指上帝意旨。

【译文】

"当年齐景公问晏子说:'我想到转附山和朝儛山去视察,然后沿着海岸南行,一直到琅邪,我该如何修为才能够比得上过往圣王贤君的巡游呢?'晏子答道:'问得好哇!天子到诸侯国去叫作巡狩。巡狩,就是巡视诸侯职守的意思。诸侯去朝见天子叫作述职。述职就是报告份内工作的意思。这一切都是工作。春天巡视耕种,补助贫穷农户;秋天考察收获,补助缺粮农户。夏朝的谚语说:"我王不出来走,我便劳作不休;我王不出来游,我的补助哪有?我王不歇脚步,给诸侯设立法度。"如今就不同了:国王仪仗还没动,官吏四处筹粮米。饿汉越发没饭吃,苦力累死难休息。大家切齿又骂娘,铤而走险揭竿起。既违天命又害民,成天大摆流水席。流连荒亡无节制,诸侯如何不着急!〔流连荒亡是什么意思呢?〕顺流而下地游玩,乐而忘返叫作流;溯流而上地游玩,乐而忘返叫作连;打猎从不厌倦叫作荒;喝酒不知节制叫作亡。过去的圣王贤君没有这种流连的乐趣、荒亡的行为。〔视察工作的出巡和只知自己快乐的流连荒亡,〕您从事哪一种,您自己选择吧!'

2·4-3 "景公悦,大戒于国①,出舍于郊。于是始兴发补不足②。召大师曰③:'为我作君臣相说之乐!'盖《徵招》《角招》是也④。其诗曰:'畜君何尤⑤?'畜君者,好君也。"

【注释】

①大戒于国:谓将更始决心遍告于国都。戒,告诫,发布命令。《逸周书·周书序》:"周公陈武王之言及,以赞己言,戒乎成王,作《大戒》。"《国语·吴语》:"吴王夫差既许越成,乃大戒师徒,将以伐齐。""戒乎成王",谓告诫成王;"大戒师徒",相当于今日的誓师;主要内容是对师徒训话。

36

②兴发:就是《墨子·节用上》的"发令兴事"。
③大师:即"太师",古代乐官之长。
④《徵招》《角招》:徵(zhǐ)和角是古代五音(宫、商、角、徵、羽)中的两个;招,通"韶"。
⑤尤:错误,过失。

【译文】

"景公听了,大为高兴。先在都城发布命令,然后驻扎郊外。这时便发布补助贫户的命令,并付诸实施。景公又把乐官长叫来,对他说:'给我创作君臣同乐的乐曲!'这篇乐曲就是《徵招》《角招》,歌词说:'畜君有什么不对呢?'畜君,就是喜爱国君的意思。"

【评鉴】

这一章和第一、第二章都是教导齐王要与民同乐,也就是说要与老百姓共享利益与福祉。本章说:"乐民之乐者,民亦乐其乐;忧民之忧者,民亦忧其忧。乐以天下,忧以天下……"范仲淹"先天下之忧而忧,后天下之乐而乐"大约是化用了这段话。

2·5-1　齐宣王问曰:"人皆谓我毁明堂①,毁诸?已乎②?"

孟子对曰:"夫明堂者,王者之堂也。王欲行王政,则勿毁之矣。"

王曰:"王政可得闻与?"

对曰:"昔者文王之治岐也③,耕者九一④,仕者世禄,关市讥而不征⑤,泽梁无禁⑥,罪人不孥⑦。老而无妻曰鳏⑧,老而无夫曰寡,老而无子曰独,幼而无父曰孤。此四者,天下之穷民而无告者。文王发政施仁,必先斯四者。《诗》云:'哿矣富人,哀此茕独⑨。'"

王曰:"善哉言乎!"

曰:"王如善之,则何为不行?"

【注释】

①明堂:明堂是天子召见诸侯的处所,此处之明堂在齐国境内,可能是准备天子东巡召见诸侯时用的。

②已:止。

③岐:在今陕西岐山县一带。

④耕者九一:这话可能是指孟子理想的土地制度井田制而言。

⑤讥:稽查,查问。

⑥泽梁:在流水中拦鱼的一种装置。

⑦孥:音 nú,妻室儿女;这里指不株连妻室儿女。

⑧鳏:音 guān,老而无妻者。

⑨哿矣富人,哀此茕独:哿,音 gě,可;茕,音 qióng,单独;这两句诗见《诗经·小雅·正月》。

【译文】

齐宣王问道:"别人都劝我拆掉明堂,到底是拆了呢,还是不拆?"

孟子答道:"那明堂呢,是凭道德一统天下的王者的殿堂。您如果要实行王政,就不要把它给拆了。"

王说:"实行王政的事,我可以听听吗?"

答道:"从前周文王治理岐地,对农夫九分抽一征税;做官的人能世袭俸禄;关卡和市场只稽查,不征税;湖泊任意捕鱼,没有禁令;罪犯只惩罚本人,不株连家属。老了没妻子的叫鳏夫,老了没丈夫的叫寡妇,没有儿女的老人叫孤独者,死了父亲的儿童叫孤儿——这四种人是世上最穷苦无依的人。周文王实行仁政,一定最先照顾这四种人。《诗经》说:'那有钱人生活真美好,可怜这些人无依无靠!'"

宣王说:"这话说得真好!"

孟子说:"您如果认为这话好,那为什么不实行呢?"

2·5-2 王曰:"寡人有疾,寡人好货。"

对曰:"昔者公刘好货①,《诗》云②:'乃积乃仓③,乃裹糇粮④,于橐于囊⑤。思戢用光⑥。弓矢斯张,干戈戚扬⑦,爰方启行⑧。'故居者有积仓,行者有裹囊也。然后可以'爰方启行'。王如好货,与百姓同之,于王何有⑨?"

王曰:"寡人有疾,寡人好色。"

对曰:"昔者太王好色,爱厥妃。《诗》云⑩:'古公亶父,来朝走马,率西水浒⑪,至于岐下,爰及姜女⑫,聿来胥宇⑬。'当是时也,内无怨女,外无旷夫⑭。王如好色,与百姓同之,于王何有?"

【注释】

①公刘:后稷的后代,周朝创业的始祖。

②《诗》云:以下引诗见《诗经·大雅·公刘》。

③仓:装满仓。

④糇粮:干粮;糇,音hóu。

⑤橐、囊:两种口袋。橐(tuó)两端有底,旁边开口;囊则无底,物件盛于两头。

⑥思戢用光:思,语助词,无实义;戢,音jí,和,安;光,发扬光大。

⑦弓矢斯张,干戈戚扬:矢,箭;干、戈、戚、扬,都是兵器;干,一般说是盾牌,杨树达先生说是一种两头开叉的进攻性武器;戈,一种长柄的顶端像镰刀的进攻性武器;戚,类似斧头的武器;扬,大斧。

⑧爰:音yuán,句首语气词。

⑨何有:"何难之有"的意思。

⑩《诗》云:以下见《诗经·大雅·绵》。

⑪率西水浒:率,沿着;浒,水涯,指漆水沿岸。

⑫爰及姜女:爰,句首语气词,无实义;姜女,即太姜,太王之妃。

⑬聿来胥宇:聿,语气助词,音yù;胥,省视,视察,音xū;宇,屋宇。

⑭内无怨女,外无旷夫:古代以女子居内,男子居外。

【译文】

宣王说:"我有个毛病,我喜爱财物〔,实行王政怕有困难〕。"

孟子说:"从前公刘也喜爱财物,《诗经》说:'粮食堆满仓,用来做干粮,还装满橐囊。百姓安居国威扬。箭上弦,弓开张,刀叉大斧都上场,于是出发向前方。'留在家里的人都有存粮,行军的人都有干粮,这样才是'于是出发向前方'。王如果喜爱财物,能跟百姓一道,对您实行王政有什么困难呢?"

王又说:"我有个毛病,我喜爱女色〔,实行王政怕有困难〕。"

孟子答道:"从前太王也喜爱女色,十分娇宠他那个妃子。《诗经》说:'古公亶父清早骑着马,沿着漆水西,来到岐山下。视察民众的住宅,姜女始终跟着他。'这一时代,家中没有老处女,野外也找不到单身汉。王如果喜爱女人,能跟老百姓一道,对您实行王政有什么困难呢?"

【评鉴】

这一章提出了孟子的"王政"——王天下——的理想。面对齐宣王"寡人好货""寡人好色"的推诿,如同本篇第三章那样,孟子因势利导,用古圣贤公刘好货、太王好色而"居者有积仓,行者有裹囊""内无怨女,外无旷夫"的事迹开导宣王。说到底,这依然是阐述"与民同乐"的道理。至于章首有关"毁明堂"的讨论,可以参看著名的《子产不毁乡校》。

2·6 孟子谓齐宣王曰:"王之臣有托其妻子于其友而之楚游者①,比其反也②,则冻馁其妻子③,则如之何?"

王曰:"弃之。"

曰:"士师不能治士④,则如之何?"

王曰:"已之。"

曰:"四境之内不治,则如之何?"

王顾左右而言他⑤。

【注释】

①之:到……去。
②比其反也:比,音 bì,及,至,等到;反,同"返"。
③馁:音 něi,饥饿。
④士师:古代的司法官。
⑤顾左右而言他:往左看看,往右看看,说些别的话;他,其他的,别的。

【译文】

孟子对齐宣王说:"您有一个臣子把老婆孩子托付给朋友照顾,自己前往楚国了。等他回来的时候,他的老婆孩子却在挨饿受冻。这样的朋友,该拿他怎么办?"

王说:"和他一刀两断。"

孟子说:"司法长官不能约束他的下级,该拿他怎么办?"

王说:"撤他的职!"

孟子说:"国内治理得不好,那该怎么办?"

齐王一边扭头东张西望,一边转移话题东拉西扯。

【评鉴】

这一章采用层层推进请君入瓮的办法,最后弄得齐宣王"顾左右而言他",狼狈不堪,可发一噱。这一章吐露出了孟子关于政权归属问题的看法,即"民本",或也可以说是"民主"。孟子委婉地表达了一个观点——"四境之内"并非为君主所有,而只是人民托管给君主的,君主如果不能好好治理,就如同"冻馁其妻子"的友人一般,是应当被放弃的。齐宣王正是嗅到了话题在向对自己不利的方向发展,才"顾左右而言他"。孟子的这一看法,在之后两章也有所涉及。

2·7 孟子见齐宣王,曰:"所谓故国者,非谓有乔木之谓也①,有世臣之谓也。王无亲臣矣,昔者所进,今日不知其亡也②。"王曰:"吾何以识其不才而舍之?"

曰:"国君进贤,如不得已,将使卑逾尊,疏逾戚,可不慎与?左右皆曰贤,未可也;诸大夫皆曰贤,未可也;国人皆曰贤,然后察之;见贤焉,然后用之。左右皆曰不可,勿听;诸大夫皆曰不可,勿听;国人皆曰不可,然后察之;见不可焉,然后去之。左右皆曰可杀,勿听;诸大夫皆曰可杀,勿听;国人皆曰可杀,然后察之;见可杀焉,然后杀之。故曰,国人杀之也。如此,然后可以为民父母。"

【注释】

①乔木:大树;乔,高。
②亡:去位、去国之意。

【译文】

孟子谒见齐宣王,说:"我们所说的'故国',并不是说该国有高大树木的意思,而是有世代功勋的老臣的意思。您现在没有亲信的臣子了,过去所进用的,今天都不知到哪儿去了。"王问:"我怎样去识别那些没才能的人从而放弃他呢?"

孟子答道:"国君选拔贤人,如不得已要起用新人,就不得不把卑贱者提拔到尊贵者之上,把疏远的人提拔到亲近者之上,这种事能不慎重吗?因此,周围亲近的人都说某人好,还不行;各位大夫都说某人好,还不行;全国的人都说某人好,然后考察他;发现他真的不错,然后起用他。周围亲近的人都说某人不可用,不要听;各位大夫都说某人不可用,也不要听信;全国的人都说某人不可用,然后考察他;发现他真的不可用,再罢免他。周围亲近的人都说某人可杀,不要听信;各位大夫都说某人可杀,也不要听信;全国的人都说某人可杀,然后考察他;发现他真的该杀,再杀他。所以说,他是全国人杀的。这样,才能做百姓的父母。"

【评鉴】

这一章一方面是在讲"兼听则明"的道理。大家耳熟能详的"所谓大学者,非谓有大楼之谓也,有大师之谓也"的名句,分明是化用本章"所谓故国者,非谓有乔木之谓也,有世臣之谓也"。"兼听则明"的道理,看似简单,许多人却并没有弄明白。在一个相对封闭的环境中,老听着一个人不停地唠叨,又听不到别人说的,日久必定接受那人的观点。自己以为很客观,实际上脑袋已经不是自己的了。孟子主张兼听,但是主意还是要自己拿。

另一方面,也是在讲统治者听取民意、尊重民意的重要意义。听取民意之后再做决定,用某人、杀某人才不是出于君主的私意,而可以说是出于民意。经过这样的程序做出的决定才有合法性(因为国家本就是人民的),才不会惹麻烦。《万章上》第五、六、七章也谈到了尊重民意,并履行相应程序的意义。

2·8 齐宣王问曰:"汤放桀①,武王伐纣②,有诸③?"

孟子对曰:"于传有之。"

曰:"臣弑其君④,可乎?"

曰:"贼仁者谓之'贼',贼义者谓之'残'。残贼之人谓之'一夫'⑤。闻诛一夫纣矣⑥,未闻弑君也。"

【注释】

①汤放桀:汤,商代开国之君;夏桀暴虐,汤兴兵讨伐他,把桀流放到南巢(今安徽巢湖市)。

②武王伐纣:商纣王无道,周武王伐之;纣王兵败,自焚而死。

③有诸:有之乎;诸,"之乎"的合音字。

④弑:臣下无理地杀死君主,儿女杀死父母都叫作"弑"。

⑤一夫:"独夫"的意思。

⑥诛:合乎正义地讨杀罪犯叫作"诛"。

【译文】

齐宣王问道:"商汤流放夏桀,周武王讨伐商纣王,有这回事吧?"

孟子答道:"文献上有这样的记载。"

宣王说:"做臣子的弑他的君主,可以吗?"

孟子说:"破坏仁爱的人叫作'贼',破坏道义的人叫作'残'。残贼俱全的人,叫作'一夫'。我只听说过武王诛杀了一夫殷纣,没有听说过他是以臣弑君的。"

【评鉴】

这一章提出,对独夫民贼,可以讨伐,并非以下犯上。因为破坏义的"残贼之人",已经失去执政的正当性了。虽然自周初以来,"吊民伐罪"已渐具正当性,但"以下克上"对于传统儒家来说,总是难以接受的。因此孟子的这一观点,乃是全书中的一大闪光点。另外,我们也应当注意到,孟子的仁义与爱护百姓乃至于履行天道是具有对应关系的。

2·9 孟子见齐宣王,曰:"为巨室,则必使工师求大木①,工师得大木,则王喜,以为能胜其任也。匠人斫而小之②,则王怒,以为不胜其任矣。夫人幼而学之,壮而欲行之,王曰,'姑舍女所学而从我',则何如?今有璞玉于此③,虽万镒④,必使玉人雕琢之。至于治国家,则曰,'姑舍女所学而从我',则何以异于教玉人雕琢玉哉?"

【注释】

①工师求大木:工师,古代官名,主管各种工匠;大木,大树,不能理解为大木料。

②斫:音 zhuó,砍削。
③璞玉:玉之在石中者;璞,音 pú。
④万镒:表示极为贵重;二十两为一镒。

【译文】

孟子谒见齐宣王,说:"建筑一幢大屋,就一定要派工师去寻找大树。工师找到了大树,王就高兴,认为他能够尽到他的责任。如果木匠把木料砍小了,王就会生气,认为他担负不了他的责任。〔可见要学好一门手艺是很难的。〕比如某人从小学习一门手艺,长大了便想要运用它。可是王却对他说:'暂时放下你所学的,听从我的话吧!'那将如何呢?假如这里有一块没雕琢过的玉石,即使它非常值钱,也一定要请玉工来雕琢它。可是一到了治国理政,您却〔对政治家〕说:'暂时放下你所学的,听从我的话吧!'这跟您要教导玉工雕琢玉石,又有何不同呢?"

【评鉴】

这一章提出治国理政要用专业人士,君主不能越俎代庖。这一理念至今仍极具现实意义。一则,外行领导内行,必定坏事;二则,君主独断专行,不懂得分享治权,良好的政治必然无从开展。

2·10 齐人伐燕,胜之①。宣王问曰:"或谓寡人勿取,或谓寡人取之。以万乘之国伐万乘之国,五旬而举之,人力不至于此。不取,必有天殃②。取之,何如?"

孟子对曰:"取之而燕民悦,则取之——古之人有行之者,武王是也。取之而燕民不悦,则勿取——古之人有行之者,文王是也③。以万乘之国伐万乘之国,箪食壶浆以迎王师④,岂有他哉?避水火也。如水益深,如火益热⑤,亦运而已矣⑥。"

【注释】

①齐人伐燕,胜之:事在齐宣王五年(前315年),因燕王哙把燕国让

给他的相国子之,国人不服,将军市被、太子平攻子之,子之反攻,杀市被、太子平;齐宣王派匡章乘机攻打燕国;燕士卒不战,城门不闭,燕君哙死,齐因而速胜。

②不取,必有天殃:类似文字常见于先秦古籍,应是当时流行的观念。

③文王是也:《论语·泰伯》说周文王三分天下有其二,仍服事殷商。

④箪食壶浆:箪(dān),古代盛饭的竹筐;食(shí),饭;浆,用米熬成的酸汁,古人用以代酒。

⑤如水益深,如火益热:这两句的"如",是"好像……那样"的意思,不是"如果"的意思。表示"好像……那样"的"如",其后通常接名词或名词短语,如:"如金如锡,如圭如璧。"(《诗经·卫风·淇奥》)当表示这个意义的"如"后面所接的是一主谓结构时,主谓之间通常有一"之"字:"如川之流,绵绵翼翼。"(《诗经·大雅·常武》)但也不尽然:"诛其君,吊其民,如时雨降。"(《孟子·滕文公下》)"如水益深,如火益热"就属于后面这一类。若"如"表示"如果",则为"如+(非主谓结构的)谓词性成分"。

⑥运:徙,奔走逃避。

【译文】

齐国攻打燕国,战胜了它。齐宣王问道:"有些人劝我别兼并燕国,也有人劝我兼并它。〔我想:〕以一个万乘之国去讨伐另一个万乘之国,五十天便打下来了,光靠人力达不到这一目的〔,一定是天意如此〕。如果不去兼并,上天会〔认为我们违反了他的旨意而〕降下灾害来。兼并它,怎么样?"

孟子答道:"如果兼并它,燕国百姓高兴,便兼并它——古人有这样做的,周武王就是个例子。如果兼并它,燕国百姓不高兴,就不要兼并它——古人有这样做的,周文王就是个例子。以一个万乘之国去讨伐燕国这个万乘之国,燕国的百姓却用筐盛着饭,用壶盛着饮料来欢迎王的军队,难道会有别的意思吗?只不过想躲开那水深火热之苦罢了。假设反而是像水越深,像火越大,那燕国百姓也只会奔走逃避而去的。"

【评鉴】

孟子曾说:"民为贵,社稷次之,君为轻。"孟子认为,当某国百姓处于水深火热中盼望解救时,外国是可以出兵来"拯民于水火之中"的。在各国互相兼并已蔚然成风的当时,似乎兼并某国未尝不可,但孟子给出的前提是实行仁政,否则就没有合法性,不过是以新的暴政代替了以前的暴政而已。

2·11 齐人伐燕,取之。诸侯将谋救燕。宣王曰:"诸侯将谋伐寡人者,何以待之?"

孟子对曰:"臣闻七十里为政于天下者,汤是也。未闻以千里畏人者也。《书》曰:'汤一征,自葛始①。'天下信之,东面而征,西夷怨;南面而征,北狄怨,曰:'奚为后我?'民望之,若大旱之望云霓也②。归市者不止,耕者不变,诛其君而吊其民③,若时雨降。民大悦。《书》曰:'徯我后④,后来其苏⑤。'

"今燕虐其民,王往而征之,民以为将拯己于水火之中也,箪食壶浆以迎王师。若杀其父兄,系累其子弟⑥,毁其宗庙,迁其重器⑦,如之何其可也?天下固畏齐之强也,今又倍地而不行仁政,是动天下之兵也。王速出令,反其旄倪⑧,止其重器,谋于燕众,置君然后去之,则犹可及止也。"

【注释】

①汤一征,自葛始:《滕文公下》引作"汤始征,自葛载";载,也是"始"的意思。

②云霓:霓,虹;虹出是下雨的兆头。

③吊:抚恤,慰问。

④徯我后:徯,音 xī,等待;后,王;这一"后"的繁体字不能写成"後"。

⑤苏:苏醒,复活。

⑥系累:束缚,捆绑。

⑦重器:宝器,鼎鼐。

⑧旄倪:旄,通"耄"(mào),八九十岁的老人;倪,就是"儿"。

【译文】

齐国讨伐燕国,占领了它。别的国家在酝酿救助燕国。宣王问道:"许多国家正在酝酿要讨伐我,要怎样对待呢?"

孟子答道:"我听说过,凭着方圆七十里土地最终号令天下的,商汤就是,还没听说过拥有方圆一千里土地而害怕别国的。《书经》说过:'商汤第一次征伐,从葛国开始。'天下人都相信他,因此,出征东面,西方国家的百姓便不高兴;出征南面,北方国家的老百姓便不高兴,都说:'为什么把我们放到后面呢?'人们盼望他,就好像久旱以后盼望乌云和虹霓一样。〔汤征伐时,〕做买卖的依然熙来攘往,种庄稼的照样埋头耕耘,因为他们知道这军队是来诛杀那暴虐的国君,是来抚慰那被残害的百姓的。真像降了场及时雨呀,所以十分高兴。《书经》又说:'盼望我王,他来了,我们才重获新生!'

"如今燕国的君主虐待百姓,王去征伐他,那里的百姓认为您是要把他们从水深火热中拯救出来,因此都提着饭筐和酒壶来欢迎王的军队。如果您杀掉他们的父兄,掳掠他们的子弟,毁坏他们的宗庙祠堂,搬走他们的传世宝器,这又怎么可以呢?天下各国本来就害怕齐国的强大,如今它的土地又扩大了一倍,而且还暴虐无道,这等于引发各国兴兵动武。您赶快发出命令,遣送回俘房中的老幼者,停止搬运燕国的宝器,再与燕国人士商量,择立一位君主,然后撤军。这样做,要让各国停止兴兵,还是来得及的。"

【评鉴】

上一章的评鉴曾说,孟子主张,当某国百姓处于水深火热中时,外国是可以出兵来解救的;即使兼并该国也未尝不可,但前提是实行仁政。但齐宣王似乎没有重视孟子的劝说,而是像别的国家兼并他国一样"杀其父兄,系累其子弟,毁其宗庙,迁其重器",以致引起各诸侯国酝酿进行干涉。孟子一面重申"拯民于水火之中"的道理,一面劝王"速出令,反其旄倪,止其重器,谋于燕众,置君然后去之"。这两章主张都是,干涉别国时,要以"救民"为原则,兼并领土不是目的。

2·12 邹与鲁哄①。穆公问曰②:"吾有司死者三十三人③,而民莫之死也④。诛之,则不可胜诛;不诛,则疾视其长上之死而不救⑤,如之何则可也?"

孟子对曰:"凶年饥岁,君之民老弱转乎沟壑⑥,壮者散而之四方者,几千人矣⑦;而君之仓廪实,府库充,有司莫以告⑧,是上慢而残下也。曾子曰⑨:'戒之戒之!出乎尔者,反乎尔者也。'夫民今而后得反之也。君无尤焉⑩!君行仁政,斯民亲其上,死其长矣。"

【注释】

①哄:音 hòng,争斗。
②穆公:当是邹穆公;孟子是邹人,所以穆公问他。
③有司:有关部门。
④莫之死:可理解为"莫死之",意为"没有人为他们牺牲"。
⑤疾视其长上之死而不救:"疾"是主要动词,痛恨的意思;其他则为"疾"的宾语。
⑥转:弃尸。

⑦几:几乎。

⑧有司莫以告:有司莫以之告,有关部门没有谁把以上情况上报;介词"以"的宾语经常省略,这里省略的宾语"之"指"凶年饥岁,君之民老弱转乎沟壑,壮者散而之四方者,几千人矣;而君之仓廪实,府库充"等情形。

⑨曾子:孔子弟子曾参。

⑩君无尤焉:无,通"毋",不要;尤,责备,怪罪。杨伯峻先生《孟子译注》注云:"尤,动词,责备,归罪之意。"他译为:"您不要责备他们吧!"但中华书局焦循《孟子正义》沈文倬先生点校本作"君无尤焉?",然则,此句当译为"您难道没有过错吗?"。我们认为此处标问号欠妥,因为句末语气词"焉"之出现于疑问句,须有"何""奚"等疑问代词伴随出现。例如:"王若隐其无罪而就死地,则牛羊何择焉?"(《孟子·梁惠王上》)也有例外:"善郑以劝来者,犹惧不暨,况不礼焉?"(《左传·隐公六年》)这句是用"况"来表反问。以上条件,"君无尤焉"都不具备。

【译文】

邹国和鲁国发生了争斗。邹穆公问孟子说:"这一次冲突,我的官员死难了三十三人,老百姓却没有一人为这事儿而死的。惩罚他们吧,又惩罚不了那么多;不惩罚吧,又憎恨他们瞪着两眼看着长官被杀却不去救。该怎么办才好呢?"

孟子答道:"灾荒年岁,您的百姓,年老的弃尸于沟壑之中,年轻力壮的便四处逃难,这样的几乎有一千人了。而您的谷仓里堆满了粮食,库房里装满了财宝。这种情形,您的官员们谁也不来报告,这就是在上位的人对百姓漠然视之,甚至还残害他们。曾子说过:'当心呀,当心呀!你做了什么,会有报应回到你身上哪!'那百姓从今往后可逮着报复的机会了。您不要责备他们吧!您如果实行仁政,您的百姓自然就会爱护他们的上级,情愿为他们的长官牺牲了。"

【评鉴】

　　这一章提出当民众"老弱转乎沟壑,壮者散而之四方""而君之仓廪实,府库充,有司莫以告"的时候,君主以及官吏,没理由责怪百姓对上级感情淡漠,因为"出乎尔者,反乎尔者也"。也即,民众对君主及官吏的漠视,是有正当理由的。这从反面进一步说明了执政的正当性在于"执政为民"。

　　2·13　滕文公问曰①:"滕,小国也,间于齐、楚。事齐乎?事楚乎?"

　　孟子对曰:"是谋非吾所能及也。无已,则有一焉:凿斯池也②,筑斯城也③,与民守之,效死而民弗去④,则是可为也⑤。"

【注释】

　　①滕:周朝一小国,故城在今山东滕州市西南。
　　②池:护城河。
　　③城:城墙;"长城"的"城"就是"城墙"的意思。
　　④效:献。
　　⑤则是可为也:可为,还可以有所作为,还可以试一试。不可为,不可有所作为。前者如:"且《志》曰:'枉尺而直寻。'宜若可为也。"(《孟子·滕文公下》)"令尹子西喜曰:'乃今可为矣。'"(《左传·定公六年》)后者如:"医至,曰:'疾不可为也。在肓之上,膏之下,攻之不可,达之不及,药不至焉,不可为也。'"(《左传·成公十年》)"国多宠而王弱,国不可为也。"(《左传·襄公二十一年》)"国小而偪,族大宠多,不可为也。"(《左传·襄公三十年》)

【译文】

　　滕文公问道:"滕国是一个弱小的国家,夹在齐、楚两大国中间。是服事齐国呢,还是服事楚国呢?"

孟子答道:"这个问题不是我的能力所能回答的。如我不得已定要说,就只有一个主意:把护城河挖深,把城墙筑牢,与百姓一道来保卫它,百姓宁愿死,也不离去,这样,还是可以试一试的。"

【评鉴】

见本篇第十五章的评鉴。

2·14 滕文公问曰:"齐人将筑薛①,吾甚恐,如之何则可?"

孟子对曰:"昔者大王居邠②,狄人侵之③,去之岐山之下居焉④。非择而取之,不得已也。苟为善,后世子孙必有王者矣。君子创业垂统,为可继也。若夫成功,则天也。君如彼何哉?强为善而已矣。"

【注释】

①筑薛:薛,周初一小国,姓任,故城在今山东滕州市东南;后为齐所灭,以之封田婴。
②邠:同"豳(bīn)",即今陕西彬州市。
③狄:即獯鬻(xūn yù),详本篇第三章注。
④岐山:即今陕西岐山县城凤鸣镇东北六十里之箭括山,距今陕西宝鸡市蔡家坡不远。

【译文】

滕文公问道:"齐国人准备修筑薛邑的城郭,我很害怕,怎么办才好呢?"

孟子答道:"从前太王住在邠地,狄人来侵犯,他便搬迁到岐山下定居。他并不是主动选取了这个地方,完全是出于不得已。要是一个君主能实行仁政,后代子孙定会有成为帝王的。有德君子创立功业,传于子孙,正是为了能代代相传。至于成不成功,自有天命。您奈何得了齐人吗?只有努力实行仁政罢了。"

【评鉴】

见本篇第十五章的评鉴。

2·15 滕文公问曰:"滕,小国也;竭力以事大国,则不得免焉①,如之何则可?"

孟子对曰:"昔者大王居邠,狄人侵之。事之以皮币②,不得免焉;事之以犬马,不得免焉;事之以珠玉,不得免焉。乃属其耆老而告之曰③:'狄人之所欲者,吾土地也。吾闻之也:君子不以其所以养人者害人。二三子何患乎无君?我将去之④。'去邠,逾梁山⑤,邑于岐山之下居焉⑥。邠人曰:'仁人也,不可失也。'从之者如归市⑦。

"或曰:'世守也,非身之所能为也⑧。效死勿去。'君将择于斯二者。"

【注释】

①免:幸免。
②皮币:皮,裘皮衣;币,缯帛。
③属其耆老:属,集会,集合;耆(qí)老,一地之年长者。
④去之:离开我们的土地;去,离开。
⑤梁山:在今陕西乾县西北五里;由邠至岐,梁山为必经之地。
⑥邑:这里活用为建筑城邑;当时的"城邑"并不大,所以我们译为"庄子"。
⑦归市:归,归向,趋向;市,集市。

⑧身：本身，本人。

【译文】

滕文公问道："滕是个小国，尽心竭力服事大国，仍然难免于祸害，怎么办才好呢？"

孟子答道："从前太王住在邠地，狄人来侵犯他。用皮裘和布帛去讨好，不能幸免；用好狗名马去笼络，不能幸免；用珍珠宝玉去讨好，仍然不能幸免。太王便召集邠地德高望重的老年人，向他们宣布：'狄人所要的，乃是我们的土地。我听说过这个：有德行的人不让本来用以养人的东西成为祸害。你们何必害怕没有君主呢？我得离开了。'于是离开邠地，翻过梁山，在岐山之下重新盖了个庄子住了下来。邠地的老百姓说：'是有仁德的人哪，我们不能失去他。'追随而去的好像赶集的一样多。

"也有人说：'土地是祖宗传下世世代代必须守住的基业，不是我本人能擅自把它丢弃的，宁愿死，也不离开。'以上两条道路，您可以在其中选择。"

【评鉴】

这一章和前面两章一样，孟子提出，当面临敌人入侵时，是守是迁，都取决于民众的意愿和利益；领土不是目的也不是底线，百姓才是。这体现了《孟子》书中一以贯之的民本思想。

2·16-1 鲁平公将出①，嬖人臧仓请曰②："他日君出，则必命有司所之。今乘舆已驾矣③，有司未知所之，敢请④。"

公曰："将见孟子。"

曰："何哉，君所为轻身以先于匹夫者⑤？以为贤乎？礼义由贤者出；而孟子之后丧逾前丧⑥。君无见焉！"

公曰："诺。"

乐正子入见⁷,曰:"君奚为不见孟轲也?"

曰:"或告寡人曰:'孟子之后丧逾前丧。'是以不往见也。"

【注释】

①鲁平公:景公之子,名叔。

②嬖人:被宠幸的人;此处指亲信的小臣。

③乘舆:车马;乘,音 shèng。

④敢:谦敬副词,无实义。

⑤何哉,君所为轻身以先于匹夫者:倒装句,下文之"何哉,君所谓逾者"与此同。

⑥后丧逾前丧:后丧指其母丧,前丧指其父丧。

⑦乐正子:乐正克,就是孟子在《尽心下》二十五章所说的"善人""信人"。

【译文】

鲁平公准备外出,他所宠幸的小臣臧仓来请示说:"平日您外出,一定要告诉管事的人您到哪儿去。现在车马都预备好了,管事的人还不知道您要到哪儿去,所以我才冒昧来请示。"

平公说:"我要去拜访孟子。"

臧仓说:"您降低自己的身份先去拜访一介平民,是为了什么呢?您以为他是贤德之人吗?礼义都是以贤者为标杆的,而孟子办他母亲丧事的规格超过他从前办父亲丧事的规格,〔这是贤德的人所应有的行为吗?〕您不要去看他!"

平公说:"好吧。"

乐正子入宫见平公,问道:"您为什么不去看孟轲呀?"

平公说:"有人告诉我,'孟子办他母亲丧事的规格超过他以前办父亲丧事的规格。'所以不去看他了。"

2·16-2 曰:"何哉,君所谓逾者? 前以士,后以大夫;前以三鼎,而后以五鼎与①?"曰:"否;谓棺椁衣衾之美也②。"

曰:"非所谓逾也,贫富不同也。"

乐正子见孟子,曰:"克告于君③,君为来见也④。嬖人有臧仓者沮君⑤,君是以不果来也⑥。"

曰:"行,或使之;止,或尼之⑦。行止,非人所能也。吾之不遇鲁侯,天也。臧氏之子焉能使予不遇哉?"

【注释】

①三鼎、五鼎:鼎是古代的一种器皿,祭祀时用以盛祭品者;祭礼,天子九鼎,诸侯七,卿大夫五,元士三;三鼎五鼎体现了士礼和卿大夫礼的差别。

②棺椁衣衾:内棺曰棺,外棺曰椁(音 guǒ,古代士以上的人常用两层以上的棺木);衣衾,死者装殓的衣被。

③克:乐正子之名,当是孟子学生。

④为:音 wèi,即"君为之来见也",省略的"之",指"克告于君"这事。

⑤沮:一本作"阻",阻止。

⑥不果来:没有来成。《词诠》:"凡事与预期相合者曰'果',不合者曰'不果'。"

⑦尼:音 nì,即今之所谓"扯后腿"。

【译文】

乐正子说:"什么意思呢,您所说的'超标'? 是指父丧用士礼,母丧用大夫礼吗? 是指父丧用三只鼎摆放祭品,而母丧用五只鼎摆放祭品吗?"

平公说:"不,我指的是棺椁衣衾的精美。"

乐正子说:"那便不能叫'超标',只是前后贫富不同罢了。"

乐正子去见孟子,说:"我跟鲁君说了您的事,鲁君为此要来看您,可是有一个受宠的小臣名叫臧仓的阻止了他,所以他没有来成。"

孟子说:"某人要干件事情,会有种力量在推动他;要想不干,也有种力量在阻止他。干与不干,不是单凭人力所能做到的。我和鲁君的不能遇合,是由于天命。臧家那小子,怎能阻止我不和鲁君遇合呢?"

【评鉴】

这一章将不能与鲁君见面归结为天命,在收尾时给《梁惠王》这全书第一篇平添了一抹无可奈何的惆怅。

如果要归纳《梁惠王下》的总基调,"以民为本"四字,大约是差不离的;是的,它就是整个《梁惠王》的总基调。

公孙丑章句上 凡九章

3·1-1 公孙丑问曰①:"夫子当路于齐②,管仲、晏子之功③,可复许乎④?"

孟子曰:"子诚齐人也,知管仲、晏子而已矣。或问乎曾西曰⑤:'吾子与子路孰贤⑥?'曾西蹵然曰⑦:'吾先子之所畏也⑧。'曰:'然则吾子与管仲孰贤?'曾西艴然不悦⑨,曰:'尔何曾比予于管仲⑩?管仲得君如彼其专也,行乎国政如彼其久也,功烈如彼其卑也;尔何曾比予于是?'"

曰⑪:"管仲,曾西之所不为也,而子为我愿之乎⑫?"

【注释】

①公孙丑:孟子弟子。
②当路:当权,当政。
③管仲、晏子:管仲,齐桓公之相;晏子即晏婴,齐景公之相。
④可复许乎:能够期许它再现吗;复,再次;许,期许。
⑤曾西:曾申,字子西,鲁人,曾参之子。
⑥吾子与子路孰贤:吾子,对对方表亲密的称谓词;子路,孔子弟子,即仲由。
⑦蹵然:不安貌;蹵,音 cù。
⑧先子:古人用以称其已逝世的长辈;此处指曾参(孔子弟子,与子路为同学,年辈晚于子路)。

⑨艴然:就是"勃然",愤怒貌;艴,音 bó。
⑩曾:竟然。
⑪曰:仍是孟子所说,重复一"曰"字者,表示孟子说话有停顿。
⑫为:以为。

【译文】

公孙丑问道:"您如果在齐国当权,管仲、晏子的功业可以期许它再现吗?"

孟子说:"你真是个齐国人,仅仅知道管仲、晏子而已。曾经有人问曾西:'您和子路相比,谁强些?'曾西不安地说:'他是先父所敬畏的人。'那人又问:'那么,您和管仲相比,谁强些?'曾西马上变了脸色,不高兴地说:'你为什么竟把我和管仲相比?管仲得到君上的信赖是那样专一,操持国家的大政是那样长久,而功绩却那样卑小。你为什么竟把我和他相比?'"

停了一会儿,孟子又说:"管仲是曾西不愿相比的人,而你以为我愿意学他吗?"

3·1-2 曰:"管仲以其君霸,晏子以其君显①。管仲、晏子犹不足为与?"

曰:"以齐王,由反手也②。"

曰:"若是,则弟子之惑滋甚③。且以文王之德④,百年而后崩,犹未洽于天下⑤;武王、周公继之⑥,然后大行。今言王若易然,则文王不足法与?"

曰:"文王何可当也?由汤至于武丁,贤圣之君六七作⑦,天下归殷久矣,久则难变也。武丁朝诸侯,有天下,犹运之掌也。纣之去武丁未久也⑧,其故家遗俗,流风善政,犹有存者;又有微子、微仲、王子比干、箕子、胶鬲——皆贤人也——相与辅相之⑨,故久而后失之也。"

【注释】

①以:使,把。

②由:通"犹"。

③滋甚:更厉害;滋,愈加,更加。

④且:况且。

⑤洽:霑润,周遍。

⑥周公:姓姬,名旦,武王之弟;助武王伐纣,一统天下;后又辅助成王安定天下。他是鲁国的始祖。

⑦作:兴起。

⑧纣之去武丁未久也:由武丁至纣,虽然经历七帝,但时间并不长。

⑨又有……相与辅相之:微子名启,纣的庶兄;微仲,微子之弟,名衍;王子比干,纣的叔父,屡次向纣进谏,纣说:"吾闻圣人心有七窍。"于是剖之以观其心;箕子也是纣的叔父,比干被杀,箕子装疯为奴,又被囚,武王灭商后,他被释放;胶鬲(gé),纣王之臣;相与,共同;辅相(xiàng),辅佐。

【译文】

公孙丑说:"管仲使桓公称霸天下,晏子使景公名扬诸侯。管仲、晏子难道还不值得学习吗?"

孟子说:"以齐国来统一天下,易如反掌。"

公孙丑说:"像您这样说,我的疑惑便更深了。像文王那样的德行,活了百年才崩殂,他推行的德政,还没有周遍于天下;武王、周公继承了他的事业,然后才大大地推行了王道〔,统一了天下〕。现在你把统一天下说得那么容易,那么,文王也不值得效法了吗?"

孟子说:"文王谁又能比得上呢?从汤达到武丁,贤明之君兴起多达六七次,天下的人归服殷朝已经很久了,时间一久便很难转变。武丁使诸侯来朝并治理天下,就好像在手掌中运转小球一样。纣王的年代距武丁时并不太久,当时的世家耆老、善良习俗、先民遗风、仁惠政教还有幸存的,又有微子、微仲、王子比干、箕子、胶鬲——都是贤德的人——共同辅佐他,所以历经长久才亡国。"

3·1-3 "尺地,莫非其有也;一民,莫非其臣也;然而文王犹方百里起,是以难也。齐人有言曰:'虽有智慧,不如乘势;虽有镃基,不如待时①。'今时则易然也:夏后、殷、周之盛②,地未有过千里者也,而齐有其地矣;鸡鸣狗吠相闻,而达乎四境,而齐有其民矣。地不改辟矣,民不改聚矣③,行仁政而王,莫之能御也。"

【注释】

①虽有镃基,不如待时:镃(zī)基,用来锄草的大锄头;时,农时。
②夏后:夏代的君主;后,君主,这一"后"的繁体字不能写成"後"。
③改辟、改聚:改,更;辟,开辟;聚,人会合,人众多。

【译文】

"当时,没有哪一尺土地不是纣王所有,没有哪一个百姓不是纣王臣属,即便这样,文王还是凭着方圆一百里的土地而兴旺发达,所以是非常困难的。齐国有句俗话:'即使很聪明,还须趁势而起;即使有锄头,还得等待农时。'当今之世要推行王政,就容易了:即便在夏、商、周最兴旺发达的时候,也没有哪个国家的土地超过方圆一千里的,现在齐国却有这么辽阔的国土了;鸡鸣狗叫的声音,此起彼伏,处处相闻,一直传到四方边境,齐国有这样稠密的人口了。国土不必再开拓了,百姓也不必再增加了,只要实行仁政来统一天下,就没有谁能够阻止得了。"

3·1-4 "且王者之不作,未有疏于此时者也;民之憔悴于虐政,未有甚于此时者也。饥者易为食,渴者易为饮①。孔子曰：'德之流行，速于置邮而传命②。'当今之时，万乘之国行仁政，民之悦之，犹解倒悬也。故事半古之人，功必倍之，惟此时为然。"

【注释】

①为食，为饮：为，做，置办。

②置邮而传命：设置驿站来传达政令。朱熹说这句的"置""邮"都是驿站，恐误。"置邮而传命"也即所谓"以邮传命"（《吕氏春秋·离俗览》："故曰德之速，疾乎以邮传命。"）这也能得到文献佐证："于是秦始征晋河东，置官司焉。"（《左传·僖公十五年》）况且，"而"的功能是连接两个谓词性结构。如"置邮"是谓宾结构，则"而"在此文从字顺；否则，如"置邮"为同义短语，就必须用名词活用来解释了。

【译文】

"而且统一天下的贤明君主的未曾兴起，从来没有如今这样长久过；老百姓被暴虐的政治所摧残所折磨，也从来没有如今这样厉害过。肚子饥饿的人容易置办食品，口干舌燥的人容易置办饮料。孔子说过：'德政的流行，比设置驿站传达政令还迅速。'如今这个时代，拥有万辆兵车的大国实行仁政，老百姓欢迎它，就如同倒挂着的人被解救了一般。所以，用古人一半的事功，必将完成两倍于他们的伟业，也只有当今这个时代才行。"

【评鉴】

这一章首先提出了"行仁政而王"的理想，这反映了孟子一贯的"民为贵"的思想。孟子反对他人以管仲比拟自己——这是下一章以当代孔子自居的先声。孟子认为，当时齐国沃野千里，人口众多，且天下之民受虐政压迫，甚于以往，而"万乘之国行仁政，民之悦之，犹解倒悬也。故事半古之人，功必倍之"。在孟子看来，他所处的战国早期比起文武周公的时代更适合施行仁政，这是孟子对时代的期许，也是他对自己所承担的使命的自觉。

3·2-1 公孙丑问曰:"夫子加齐之卿相①,得行道焉,虽由此霸王,不异矣②。如此,则动心否乎?"

孟子曰:"否;我四十不动心。"

曰:"若是,则夫子过孟贲远矣③。"

曰:"是不难,告子先我不动心④。"

【注释】

①加:加官。

②异:以为奇异。

③孟贲:古代勇士,卫国人,一说齐国人。

④告子:墨子的弟子,较孟子年长三四十岁。

【译文】

公孙丑问道:"老师若被任命为齐国的卿相,能够实现自己的主张,即使从此而成就霸业、王业,也是不足为奇的。果然能这样,您是不是〔有所惶恐〕而动心呢?"

孟子说:"不,我四十岁以后就不再动心了。"

公孙丑说:"像这样看来,老师比孟贲强多了。"

孟子说:"这个不难,告子能不动心比我还早呢。"

3·2-2 曰:"不动心有道乎?"

曰:"有。北宫黝之养勇也①:不肤挠②,不目逃;思以一豪挫于人③,若挞之于市朝④;不受于褐宽博⑤,亦不受于万乘之君;视刺万乘之君若刺褐夫;无严诸侯⑥,恶声至,必反之。孟施舍之所以养勇也⑦,曰:'视不胜犹胜也;量敌而后进,虑胜而后会⑧,是畏三军者也。舍岂能为必胜哉?能无惧而已矣。'孟施舍似曾子,北宫黝似子夏⑨。夫二子之勇,未知其孰贤,然而孟施舍守约也。昔者曾子谓子襄曰⑩:'子好勇乎?吾尝闻大勇于夫子矣⑪:自反而不缩⑫,虽褐宽博,吾不惴焉⑬;自反而缩,虽千万人,吾往矣。'孟施舍之守气,又不如曾子之守约也。"

【注释】

①北宫黝:其人已不可考;黝,音 yǒu。
②挠:音 náo,屈服。
③豪:毫毛。
④市朝:市,买卖之所;朝,朝廷;此处只有"市"义。
⑤褐宽博:也就是下文的"褐夫",地位低下的人;褐,音 hè,地位低下者所穿的粗衣。
⑥严:尊敬;此处译为"敬畏"。
⑦孟施舍:已无可考。
⑧会:会战,交战。
⑨子夏:孔子弟子卜商。
⑩子襄:曾子弟子。
⑪夫子:指孔子。
⑫缩:直。
⑬惴:音 zhuì,使……惊惧。

【译文】

公孙丑说:"不动心有方法吗?"

孟子说:"有。北宫黝培养勇气的方法:肌肤被刺不后退,眼睛被刺也不眨。想着即便自己一根汗毛受伤害,也如同大庭广众中遭鞭挞。既不能忍受卑贱之人的侮辱,也不能忍受大国君主的侮辱;他看待刺杀大国君主如同刺杀卑贱之人一样;对各国的君主毫不敬畏,挨了骂,一定反唇相讥。孟施舍培养勇气的方法〔又有所不同〕,他说:'我看待不能战胜的敌人,跟看待足以战胜的敌人一样〔无所畏惧〕。如果先估量敌人的力量这才进攻,先考虑胜败这才交锋,是害怕强敌大军的人。我岂能做到遇敌必胜呢?能做到无所畏惧罢了。'——孟施舍像曾子,北宫黝像子夏。这两个人的勇气,我不知道谁更胜一筹,但是孟施舍所奉行的主张简易可行。从前曾子对子襄说:'你喜欢勇敢吗?我曾经从我的先生那里听到过什么叫大勇:反躬自问,自己不占理,对方即便是最下贱的人,我也不去恐吓他;反躬自问,自己占了理,即便有千军万马,我也勇往直前。'孟施舍保养勇气的方法,又不如曾子所奉行的主张简易可行。"

3·2-3 曰:"敢问夫子之不动心与告子之不动心,可得闻与?"

"告子曰:'不得于言,勿求于心;不得于心,勿求于气①。'不得于心,勿求于气,可;不得于言,勿求于心,不可。夫志,气之帅也;气,体之充也。夫志至焉,气次焉②;故曰:'持其志③,无暴其气④。'"

"既曰:'志至焉,气次焉。'又曰:'持其志,无暴其气。'何也?"

曰:"志壹则动气⑤,气壹则动志也,今夫蹶者趋者⑥,是气也,而反动其心。"

【注释】

①不得于言,勿求于心;不得于心,勿求于气:译文根据的是朱熹的解释。

②至、次:至,到;次,止,停留。

③持:保持。

④暴:乱。

⑤壹:专一。

⑥蹶:音 jué,跌倒。

【译文】

公孙丑说:"我冒昧地问问,老师您的不动心和告子的不动心,可以让我听听吗?"

孟子说:"告子曾说:'言语上表达不顺畅,就不表达了,而不要在心里头再梳理一遍;心里头还没想明白,就应该克制自己,而不要求助于意气情感。'〔我认为:〕心里头还没想明白,就克制自己,而不求助于意气情感,这是对的;言语上表达不顺畅,就不表达了,而不在心里头再梳理一遍,这不对。因为心中的意志统帅着意气情感,意气情感充斥体内〔并表现在外〕。心中意志到了哪里,意气情感也跟着洋溢在那里。所以我说:'要坚定心中的意志,也不要任意宣泄意气情感。'"

公孙丑说:"您既然说:'心中意志到了哪里,意气情感也跟着洋溢在那里。'可是您又说:'要坚定心中意志,也不要任意宣泄意气情感。'这是为什么呢?"

孟子说:"心志专一,就会影响意气情感;意气情感专一,心中意志也必然受到影响。比如跌倒与奔跑,这是意气情感波动导致的,但必然影响到思想,引起心志的波动。"

3·2-4 "敢问夫子恶乎长?"

曰:"我知言[1],我善养吾浩然之气。"

"敢问何谓浩然之气?"

曰:"难言也。其为气也,至大至刚,以直养而无害[2],则塞于天地之间。其为气也,配义与道[3];无是,馁也。是集义所生者,非义袭而取之也。行有不慊于心[4],则馁矣。我故曰,告子未尝知义,以其外之也[5]。必有事焉,而勿正[6];心勿忘[7],勿助长也,无若宋人然。宋人有闵其苗之不长而揠之者[8],芒芒然归[9],谓其人曰[10]:'今日病矣[11]!予助苗长矣!'其子趋而往视之,苗则槁矣。天下之不助苗长者寡矣。以为无益而舍之者,不耘苗者也[12];助之长者,揠苗者也——非徒无益,而又害之。"

【注释】

①知言:说话得体。

②无害:没有损害,没有危害。不能读为"毋害",如果这样,"害"就是及物动词,而"毋"(无)修饰及物动词时,宾语必须出现:"鸡豚狗彘之畜,无失其时,七十者可以食肉矣。"(《孟子·梁惠王上》)

③配义与道:配合辅助义和道。配,配合,其宾语所指往往为主要的,而主语(或未出现的主语)所指则为次要的,用来配合宾语的某些事物。所以,该"配"字应译为"配合""辅助",而不能译为"和……相配"。

④慊:同"惬",音qiè,满足,惬意,畅快。

⑤外之:把它看作外在的。

⑥必有事焉,而勿正:事,服事,帮助;正,使正,扶正它。这一"正",由其受"勿"修饰可知,它在句中作谓语。《孟子》时代语言中"正"作谓语者,绝大多数都是"使正"的意思。这句也不例外,"必有事焉,而勿正;心勿忘,勿助长也。"意为,对于"义",一定要培养它,却不刻意扶持它;时刻惦记它,却不刻意助它成长;然后以"揠苗助长"故事为比喻,可谓一气贯通。

⑦心勿忘:焦循《孟子正义》说:"'忘'通'妄',即《易》'无妄'之'妄'。"焦说非是。先秦典籍中未见"勿妄",因为"妄"是性质形容词,不能受"勿"修饰。"勿"修饰"忘"则没有滞碍。"忘"是及物动词。如:"志士不忘在沟壑,勇士不忘丧其元。"(《孟子·滕文公下》)而当"勿"修饰及物动词时,其宾语不能出现。如:"齐桓公问管子曰:'吾念有而勿失,得而勿忘,为之有道乎?'"(《管子·桓公问》)"心勿忘"也是这样。

⑧闵其苗之不长而揠之:闵,今作"悯",忧虑;揠,音yà,拔。

⑨芒芒然:茫然若失的样子,傻乎乎的样子。

⑩其人:其家人。

⑪病:疲倦。

⑫耘:又作"芸",除草。

【译文】

公孙丑问道:"请问,老师擅长哪一方面?"

孟子说:"我说话得体,还善于培养我的浩然之气。"

"请问,什么叫作'浩然之气'呢?"

孟子说:"很难讲清楚。它作为一种气呀,最浩大,最坚强。用正直去培养它,使它不受伤害,就会充溢于天地之间。这种气呀,必须配合辅助道和义;而缺乏它,道和义就没有力量了。这种气是由正义汇聚而产生的,不是由义继承并取代它而产生的。只要做一次于心有愧的事,它就疲软了。所以我说,告子是不懂义的,因为他把它看作心外之物。〔其实义是心内固有的。〕一定要培养它,却不刻意扶持它;时刻惦记它,却不刻意助它成长——不要学那个宋国人的样。宋国有一个担心禾苗生长不快而去把它拔高的人,傻乎乎地回到家中,对家人说:'今天累坏了!我帮助禾苗生长了!'他儿子赶快跑去一看,禾苗都枯槁了。其实天下不帮助禾苗生长的人是很少的。认为〔锄草〕没好处而放弃不干的,就是种庄稼不锄草的懒汉;'帮助'它生长的,就是拔苗的人——非但没有好处,反而伤害了它。"

3·2-5 "何谓知言?"

曰:"诐辞知其所蔽①,淫辞知其所陷②,邪辞知其所离③,遁辞知其所穷④——生于其心,害于其政;发于其政,害于其事。圣人复起,必从吾言矣⑤。"

"宰我、子贡善为说辞⑥,冉牛、闵子、颜渊善言德行⑦。孔子兼之,曰:'我于辞命,则不能也。'然则夫子既圣矣乎?"

曰:"恶⑧!是何言也?昔者子贡问于孔子曰:'夫子圣矣乎?'孔子曰:'圣则吾不能,我学不厌而教不倦也。'子贡曰:'学不厌,智也;教不倦,仁也。仁且智,夫子既圣矣。'夫圣,孔子不居——是何言也?"

【注释】

①诐辞知其所蔽:诐,音 bì,偏颇;蔽,蒙蔽,局限。
②淫辞知其所陷:淫,过度,过分;陷,失陷,犯错误。
③邪辞知其所离:离于正则为邪。
④遁辞知其所穷:遁,躲避;穷,乏。
⑤从:听从。
⑥宰我、子贡:孔子弟子宰予、端木赐。
⑦冉牛、闵子、颜渊:孔子弟子冉耕(字伯牛)、闵损(字子骞)、颜回(字子渊)。
⑧恶:叹词,表惊讶不安;音 wū。

【译文】

公孙丑问:"什么叫作'说话得体'?"

孟子答道:"说得不全面的话我知道它哪里片面;说得过头的话我知道它哪里有缺陷;不合正道的话我知道它哪里有偏差;躲躲闪闪的话我知道它哪里没道理。这四种话,从思想中产生,必然会危害政事;如果由执政者说出,一定会危害具体工作。如果圣人再出现,也一定听从我这话的。"

公孙丑说:"宰我、子贡善于讲话,冉牛、闵子、颜渊善于阐述德行,孔子兼有两长,但他依然说:'我对于辞令,不太擅长。'〔而您既说话得体,又善于养浩然之气,言语道德兼而有之,〕那么,您已经进入圣的境界了吗?"

孟子说:"哎呀!这叫什么话!从前子贡问孔子说:'老师已经进入圣的境界了吗?'孔子说:'超凡入圣,我做不到;我不过学习不知厌倦,教人不知疲倦罢了。'子贡便说:'学习不知厌倦,这是智;教人不知疲倦,这是仁。仁而且智,老师已经进入圣的境界了。'圣人,孔子都不自居,〔你却说我是,〕这叫什么话呢!"

3·2-6 "昔者窃闻之①:子夏、子游、子张皆有圣人之一体②,冉牛、闵子、颜渊则具体而微③,敢问所安④?"

曰:"姑舍是⑤。"

曰:"伯夷、伊尹何如⑥?"

曰:"不同道。非其君不事,非其民不使;治则进,乱则退,伯夷也。何事非君,何使非民⑦;治亦进,乱亦进,伊尹也。可以仕则仕,可以止则止⑧,可以久则久,可以速则速,孔子也。皆古圣人也,吾未能有行焉;乃所愿⑨,则学孔子也。"

【注释】

①窃:私下,用以表谦虚。

②子夏、子游、子张皆有圣人之一体:子游、子张,孔子弟子言偃、颛孙师;一体,四肢叫作"四体",一体就是一条胳膊或一条腿;"皆有圣人之一体"是比喻的说法。

③具体而微:具备四体,但小一些;这也是比喻的说法。

④所安:以之安身立命;这里译为"自命";参见拙著《论语新注新译》2·10的考证。

⑤姑舍是:姑,暂且;是,此;孟子自负,于子夏等,有不屑之意,故避而不谈;下文云"乃所愿,则学孔子也",则似乎以当代孔子自居。

⑥伯夷、伊尹:伯夷,与其弟叔齐为孤竹国君之二子,互相让位,终于逃去;周武王伐纣,两人叩马而谏;周既一统,不食其粟,饿死于首阳山。伊尹,商汤之相。

⑦何事非君,何使非民:这两句我们译为:"服事谁不是服事君主?使唤谁不是使唤百姓?"近乎直译。杨伯峻先生译为:"任何君主都可以去服事,任何百姓可以去使唤。"近乎意译。但有人说,"何"是"可"的借字,"非君"为"不好的君主","非民"为不好的百姓,不确。"非"在先秦时代,未见这一用法。

⑧止:"仕"的反面。

⑨乃:"至于"的意思。

【译文】

公孙丑说:"从前我曾听说过,子夏、子游、子张都各有孔子的一些长处;冉牛、闵子、颜渊大体近于孔子,却不如他那样博大精深。请问老师,您以其中哪一位自命?"

孟子说:"暂且不谈他们。"

公孙丑又问:"伯夷和伊尹怎么样?"

孟子答道:"他俩人生态度不同。不是他所理想的君主,他不去服事;不是他所理想的百姓,他不去使唤;天下太平就出仕,天下昏乱就隐居,伯夷就是如此。服事谁不是服事君主?使唤谁不是使唤百姓?天下太平也出仕,天下昏乱也出仕,伊尹就是如此。能够出仕就出仕,能够辞职就辞职,能够继续干就继续干,能够马上走就马上走,孔子就是如此。他们都是古代的圣人,可惜我都没有做到;至于我所希望的,是学习孔子。"

3·2-7 "伯夷、伊尹于孔子,若是班乎①?"

曰:"否;自有生民以来,未有孔子也。"

曰:"然则有同与?"

曰:"有。得百里之地而君之②,皆能以朝诸侯,有天下;行一不义,杀一不辜,而得天下,皆不为也。是则同。"

【注释】

①若是班乎:若是,像这样地;班,般配,一样。"伯夷、伊尹于孔子,若是班乎?"可以直译为:"伯夷、伊尹相较于孔子,竟是这样地相似吗?"

②君:成为君主的意思。

【译文】

公孙丑问:"伯夷、伊尹与孔子,竟然像您上面说的那样能将他们等量齐观吗?"

孟子答道:"不;自有人类以来,没有比得上孔子的。"

公孙丑又问:"那么,他们三人有相同的地方吗?"

孟子答道:"有。如果得到方圆一百里的土地而君临它,他们都能够使诸侯来朝并一统天下;即使叫他们做一件不义之事,杀一个无辜之人,便能得到天下,他们都是不会干的。这就是他们相同的地方。"

3·2-8 曰:"敢问其所以异。"

曰:"宰我、子贡、有若①,智足以知圣人,污不至阿其所好②。宰我曰:'以予观于夫子③,贤于尧、舜远矣④。'子贡曰:'见其礼而知其政,闻其乐而知其德,由百世之后,等百世之王⑤,莫之能违也。自生民以来,未有夫子也。'有若曰:'岂惟民哉?麒麟之于走兽,凤凰之于飞鸟,太山之于丘垤⑥,河海之于行潦⑦,类也。圣人之于民,亦类也。出于其类,拔乎其萃⑧——自生民以来,未有盛于孔子也。'"

【注释】

①有若:孔子弟子,鲁国人。

②污:卑劣,不好。

③予:宰我之名,古人常自称其名以示谦。

④尧、舜:古代传说中上古的两位圣君。

⑤等百世之王:杨伯峻先生《孟子译注》说:"朱熹解为'差等',是也。赵岐解为'等同',误。"赵岐原文为:"从孔子后百世,上推等其德于前百世之圣王,无能违离孔子道者。"朱熹原文为:"是以我从百世之后,等差百世之王,无有能遁其情者。"杨伯峻先生译为:"即使从百代以后去评价百代以来的君王,任何一个君王都不能违离孔子之道。"从孟子时代典籍中"等"作及物动词的情况来看,它的意义为"确定……的高下""确定……的级别""厘定……的位阶"的意思。《王力古汉语字典》给出

的义项为"衡量"(例句有这例),是准确的。

⑥垤:音dié,小土堆,小山头。

⑦行潦(lǎo):小水流。

⑧萃:聚,群。

【译文】

公孙丑说:"请问,他们不同的地方又在哪里呢?"

孟子说:"宰我、子贡、有若三人,他们的聪明才智足以了解圣人,〔即使〕他们再不好,也不致偏袒他们所爱好的人。〔但他们都不约而同地称颂孔子。〕宰我说:'以我来看老师,比尧、舜都强多了。'子贡说:'看见一国的礼制,就了解它的政治;听到一国的音乐,就知道它的德教。从现在到百代以后,衡量这百代君王的高下,其标准都不能违离孔子之道。自有人类以来,没有人能够比得上他老人家的。'有若说:'难道只有百姓如此吗?麒麟相比于走兽,凤凰相比于飞鸟,太山相比于土堆,河海相比于溪涧,何尝不是同类?圣人相比于百姓,也是同类;虽然他来自民间,却远远超出大众——自有人类以来,还没有比孔子更伟大的。'"

【评鉴】

这一章主要有两方面的内容,其一是关于如何自我修养的问题,在此孟子提出了著名的"我善养吾浩然之气"。对话最开始从"动心"谈起,动心指的大概是心潮澎湃,进而左右判断一类(公孙丑提到的"加齐之卿相,得行道焉""由此霸王"足以影响一般人的情绪)。之所以会"动心",是因为情绪影响了理智。而不动心的关键在于"持其志",因为"夫志,气之帅也"("气"可以理解为情绪)。孟子认识到了意志与情绪之间存在双向互动关系,并主张人要坚定意志,以意志统帅情绪。意志出于内心,而人的内心要明辨善恶。孟子列举曾子的话"自反而不缩,虽褐宽博,吾不惴焉;自反而缩,虽千万人,吾往矣",这段话内含了一种杀身成仁、舍生取义的气魄,意思是,自己认为错的事,再便宜也不能干,认为对的事情,纵然有千军万马来阻拦,也一定要做。这里是要说明,人的道德觉悟如果能够优先于外在的力量,不为其所影响,那么人就可以做到"持其志",没有什么能够动摇他。"浩然之气"是一种由道义支配的强大的正能量,但这种正能量要求很高,一旦做了亏心事,马上就会气馁。善养"浩然之气",只能全凭自己,不能寄希望于外力。提出"揠苗助长"的典故正是要说明这个道理——禾苗的生长不能寄希望于外力,下手干预只会适得其反。

其二是评价孔子,并说自己的理想是向"出于其类,拔乎其萃"、自生民以来所未曾有的孔子看齐。这一章列举了孔子的诸多远远过人之处,但最为关键的是"可以仕则仕,可以止则止,可以久则久,可以速则速"。在《万章下》第一章,孟子将孔子的这种品德概括为"圣之时",意思是孔子能够随时根据情势做出选择,这当然需要远见卓识,但更需要笃定自守。换言之,孔子正因能够始终遵从自己内心的判断,才能做到根据情势而做出最恰当的选择。这就又回到了这一章最开始提到的"不动心"的问题上。

记载了孟子言论的《孟子》一书,无论就思想性还是艺术性而言,都绝不在《论语》之下。所以,孟子自比孔子的自信与自大,并不是盲目的。

3·3 孟子曰:"以力假仁者霸,霸必有大国;以德行仁者王,王不待大——汤以七十里,文王以百里[1]。以力服人者,非心服也,力不赡也[2];以德服人者,中心悦而诚服也,如七十子之服孔子也[3]。《诗》云[4]:'自西自东,自南自北,无思不服[5]。'此之谓也。"

【注释】

[1]汤以七十里,文王以百里:两句都承上省略了主要动词"王"字;如不省略,则为"汤以七十里王,文王以百里王";王,音 wàng。

[2]赡:足。

③七十子:《史记·孔子世家》:"孔子以诗书礼乐教弟子,盖三千焉;身通六艺者七十有二人。"通称为"七十子"。

④《诗》云:所引诗在今《诗经·大雅·文王有声》。

⑤无思不服:没有哪种想法不心悦诚服。这句和"无往不复"类似,其中"思"是动词。这一格式可归纳为"无+动词+不+动词"。《毛诗》郑玄的笺说:"心无不归服者。"有些注本和古汉语虚词著作将这一句的"思"认定为助词,恐不确。

【译文】

孟子说:"仗着实力假借仁义征伐天下,可以称霸诸侯,称霸一定要是大国家;依靠道德来实行仁义的,可以使天下归心,这样做却不必是个大国——汤就仅仅用他方圆七十里的土地,文王也就仅仅用他方圆百里的土地〔实行了仁政,而使人心归服〕。仗着实力来使人服从的,人家不会心悦诚服,只是因为他本身的实力不够的缘故;依靠道德来使人服从的,人家才会心悦诚服,就好像七十多位弟子归服孔子一样。《诗经》说过:'从西从东,从南从北,没有哪种想法不心悦诚服。'正是这个意思。"

【评鉴】

这一章提出了"以德服人"的思想——"以德服人者,中心悦而诚服也,如七十子之服孔子也"。这一思想对后世产生了极大影响,至今仍在影响当今中国与世界。

3·4-1 孟子曰:"仁则荣,不仁则辱;今恶辱而居不仁,是犹恶湿而居下也。如恶之,莫如贵德而尊士,贤者在位,能者在职;国家闲暇,及是时,明其政刑①。虽大国,必畏之矣。《诗》云②:'迨天之未阴雨,彻彼桑土③,绸缪牖户④。今此下民⑤,或敢侮予?'孔子曰:'为此诗者,其知道乎!能治其国家,谁敢侮之?'"

【注释】

①刑:刑罚、刑狱。
②《诗》云:以下诗句见《诗经·豳风·鸱鸮》。
③彻彼桑土:彻,取;桑土,桑根;这里指桑根之皮,可作绳索用。
④绸缪:缠结;缪,音 móu。
⑤下民:百姓,人民;站在天的角度,故称下民。

【译文】

孟子说:"如果实行仁政,就会无上荣光;如果不行仁政,就会招致屈辱。如今这些人,害怕受屈辱,却依然处于不仁的境地;这正好比害怕潮湿,却依然处于低洼之地一样。若真害怕受屈辱,最好是崇尚道德而尊敬士人,让贤人居于高位,让能人担任要职。国家既无内忧外患,趁着这时修明政治、刑罚,这样即便是大国也会害怕它了。《诗经》说:'趁雨没下来云没起,桑树根上剥些皮,门儿窗儿都修理。下面的人们,谁敢把我欺!'孔子说:'这诗的作者真懂道理呀!能治理好他的国家,谁敢侮辱他?'"

3·4-2 "今国家闲暇,及是时,般乐怠敖①,是自求祸也。祸福无不自己求之者②。《诗》云③:'永言配命④,自求多福。'《太甲》曰⑤:'天作孽,犹可违⑥;自作孽,不可活⑦。'此之谓也。"

【注释】

①般乐怠敖:般乐,快活;怠,怠惰;敖,游玩。
②自己求之者:从自己那儿获得的;自,从;己,自己。
③《诗》云:以下诗句见《诗经·大雅·文王》。
④永言配命:永,长;配命,说我周朝之命与天命相配;言,词缀,无实义。

⑤《太甲》：《尚书》篇名，今已亡佚。
⑥违：避。
⑦活：《礼记·缁衣》引作"逭(huàn)"；逭，逃。

【译文】

"如今国家没有内忧外患，趁着这时追求享乐，懒惰游玩，这等于自己找祸上身。祸害和幸福没有不是从自己那儿找来的。《诗经》说：'永远配合天命，自己去求取更多福祉。'《尚书·太甲》也说：'天造作的罪孽，还可以逃掉；自己造作的罪孽，却无处可逃。'正是这个意思。"

【评鉴】

这一章提出了"贵德而尊士，贤者在位，能者在职"的治国方略，指出"般乐怠敖，是自求祸也"，进而阐述了"祸害和幸福没有不是从自己那儿找来的"的深刻道理，足以发人深省。

3·5 孟子曰："尊贤使能，俊杰在位①，则天下之士皆悦，而愿立于其朝矣；市，廛而不征②，法而不廛③，则天下之商皆悦，而愿藏于其市矣；关，讥而不征④，则天下之旅皆悦⑤，而愿出于其路矣；耕者，助而不税⑥，则天下之农皆悦，而愿耕于其野矣；廛⑦，无夫里之布⑧，则天下之民皆悦，而愿为之氓矣⑨。信能行此五者，则邻国之民仰之若父母矣⑩。率其子弟，攻其父母，自生民以来未有能济者也⑪。如此，则无敌于天下。无敌于天下者，天吏也。然而不王者，未之有也。"

【注释】

①俊杰：才能、德行出众者。
②廛而不征：廛，音 chán，指市中储藏、堆积货物的栈房，这里指用栈房储藏；征，征税。
③法而不廛：依法收购，使不积压于廛。

④讥：通"稽"，稽查，稽核。
⑤旅：行旅，旅客。
⑥助：上古九百亩为一井，状如"囲"，八家各有一百亩，中为公田，公事毕，然后敢治私事，这种制度叫"助"。
⑦廛：此处指民居。
⑧夫里之布：即夫布、里布。布，币，钱。不能助耕公田，以钱相抵，就是"夫布"；里布，即土地税。
⑨氓：音 máng，外来之民。
⑩仰：仰望；引申为爱戴，依赖。
⑪自生民以来未有能济者也：有的本子作"自有生民以来未有能济者也"，"自"后多出一"有"字。我们认为不应添加这一"有"字。因为，从赵岐注看无"有"字；且从当时语言中"自~以来"句看，~为体词性结构者是常态，~为谓词性的是特例；而"生民"是体词性的，"有生民"则是谓词性的。

【译文】

孟子说："尊重有道德的人，使用有能力的人，杰出的人物都有官位，那么天下的士子都会高兴，都愿意到这个朝廷来效力了；在市场，拨出房屋储藏货物，却不征税，如果滞销，依法收购，不让它长久积压，那么天下的商人都会高兴，愿意把货物存放在这个市场了；关卡，只稽查而不收税，那么天下的旅客都会高兴，愿意经过这里的道路了；对种田人实行井田制，只助耕公田，不再收税，那么天下的农夫都会高兴，愿意到这里的田野来耕种了；空宅空地，不征空置税；无业者，也不派发劳役，那么天下的百姓都会高兴，愿意到这里定居了。真正能够做到这五项，那么邻近国家的百姓都会举头仰望他就像仰望父母一样了。〔如果邻国之君要率领人民来攻打他，便好比〕率领儿女去攻打他们的父母，从人类诞生以来，这种事便没有能够成功的。真能这样，便会天下无敌。天下无敌的人叫作'天吏'。这样还不能统一天下的，是从来不曾有过的。"

【评鉴】

这一章是将第四章提出的理念具体化,提出若能以德治国,"则无敌于天下。无敌于天下者,天吏也。然而不王者,未之有也";并提出了五项具体措施,后者在经济学史上有着重大意义。

3·6 孟子曰:"人皆有不忍人之心。先王有不忍人之心,斯有不忍人之政矣。以不忍人之心,行不忍人之政,治天下可运之掌上。所以谓人皆有不忍人之心者,今人乍见孺子将入于井①,皆有怵惕恻隐之心②——非所以内交于孺子之父母也③,非所以要誉于乡党朋友也④,非恶其声而然也⑤。由是观之,无恻隐之心,非人也;无羞恶之心,非人也;无辞让之心,非人也;无是非之心,非人也。恻隐之心,仁之端也⑥;羞恶之心,义之端也;辞让之心,礼之端也;是非之心,智之端也。人之有是四端也,犹其有四体也。有是四端而自谓不能者,自贼者也;谓其君不能者,贼其君者也。凡有四端于我者,知皆扩而充之矣,若火之始然⑦,泉之始达。苟能充之,足以保四海⑧;苟不充之,不足以事父母。"

【注释】

①乍:忽然。
②怵惕恻隐:怵惕,音 chù tì,惊惧;恻隐,哀痛。
③内交:内,同"纳";内交,即结交。
④要:音 yāo,求。
⑤非恶其声:不是因为厌恶那幼儿的哭闹声。
⑥端:发端,开始。
⑦然:"燃"的本字。
⑧保:定。

【译文】

孟子说:"人人都有同情心。先王因为有同情心,于是就有同情别人的政治了。凭着同情心来实行同情别人的政治,治理好天下就像手掌里转动个小玩意儿一样简单。我之所以说人人都有同情心,道理就在于:现在忽然看见一个幼儿将要掉到井里去了,每个人都会产生惊骇同情的心情——这不是为了要和这幼儿的爹妈攀上交情,不是为了要在乡里朋友间博得声誉,也不是因为不愿听到幼儿的哭闹声才这样的。从这一点来看,人没有同情之心,便不算是人;没有羞耻之心,便不算是人;没有推让之心,便不算是人;没有是非之心,便不算是人。同情之心是仁的开端,羞耻之心是义的开端,推让之心是礼的开端,是非之心是智的开端。人具备了这四种开端,就好比他有手足四肢一般自然。有这四种开端却自己认为不行的人,是自暴自弃的人。认为他的君主不行的人,是残害那君主的人。凡是具有这四种开端的人,若明白把它们都扩充起来,那就会像刚点燃的火苗,〔终成燎原之势;〕刚涌出的泉水〔,终必汇为江河〕。真的能够扩充,便足以安定天下;如果不肯扩充,〔让它自生自灭,〕最终连赡养爹妈都办不到。"

【评鉴】

孔子认为"仁"的本质是将对亲人的爱扩展到他人,孟子因而提出了"性善"说——人人都有"不忍人之心"。他设置了一个道德情境——"孺子将入于井",并将人们面临这一情境,当下即是的不安反应看作是人本性的流露,从而得出性善的结论,并在此基础之上建立了自己的性善说。而以德治国,不过是将"不忍人之心""扩而充之"而已。在《孟子》一书中,说到这种将仁爱扩展的,除本章外,还有《梁惠王上》七章、《离娄上》二十七章、《尽心上》十五章以及《尽心下》三十一章。

3·7 孟子曰:"矢人岂不仁于函人哉[①]?矢人唯恐不伤人,函人唯恐伤人。巫匠亦然[②]。故术不可不慎也。孔子曰:

'里仁为美；择不处仁，焉得智③？'夫仁，天之尊爵也，人之安宅也。莫之御而不仁④，是不智也。不仁、不智、无礼、无义，人役也。人役而耻为役，由弓人而耻为弓⑤，矢人而耻为矢也。如耻之，莫如为仁。仁者如射：射者正己而后发；发而不中，不怨胜己者，反求诸己而已矣。"

【注释】

①函人：制造铠甲的工匠；函，铠甲。

②巫匠：巫，巫师，有时也以巫术治病；匠，木匠，这里特指造棺材的木匠。

③焉得智：引语见《论语·里仁》。

④莫之御：可理解为"莫御之"；莫，没有人；御，抵御，抗拒。上古汉语的否定句，当宾语为代词时，一般要置于谓语动词之前。

⑤由：通"犹"。

【译文】

孟子说："制箭师难道比造甲师要残忍吗？——制箭师只怕他的箭伤害不了人，而造甲师只怕箭射穿他造的甲而伤人。巫师和棺材匠也是这样。可见一个人选择谋生技能不能不慎重。孔子说：'以仁作为安身立命之所，最为美好；选择安身立命之所而不选择与仁共处，哪里算得上明智呢？'仁，是上天最尊贵的爵位，是人类最安逸的住宅。没有人来阻拦你，你却不仁，这是不明智的。不仁、不智、无礼、无义，这种人只能做仆役。作为仆役而自以为耻，就好比造弓师以造弓为耻，制箭师以制箭为耻。如果真的以它为耻，不如好好去践行仁义。行仁者如同弓箭手：弓箭手必先端正姿式然后开弓；开弓没有射中，不埋怨那些胜过自己的人，只能反躬自问罢了。"

【评鉴】

这一章首先提出了"术不可不慎"，也就是一个人选择职业不能光看赚不赚钱,还要考虑这职业是害人还是救人。这大约是进入"仁"的境界的门槛。其次指出仁是上天最尊贵的爵位,是人类最安逸的住宅;因此以"仁"作为安身立命之所,最为美好。最后指出,行仁没有达到目的,不能埋怨别人,而应反躬自问。

3·8 孟子曰:"子路,人告之以有过,则喜。禹闻善言[①],则拜。大舜有大焉[②],善与人同,舍己从人,乐取于人以为善。自耕稼、陶、渔以至为帝[③],无非取于人者。取诸人以为善[④],是与人为善者也。故君子莫大乎与人为善[⑤]。"

【注释】

①禹:古代历史传说中开创夏朝的天子,也是中国治理洪水的伟大人物。

②有:这一"有"并不像有些注家解释的那样通"又"。

③耕稼、陶、渔:《史记·五帝本纪》云:"舜耕历山,历山之人皆让畔;渔雷泽,雷泽上人皆让居;陶河滨,河滨器皆不苦窳。一年而所居成聚,二年成邑,三年成都。"

④取诸人:取之于人;诸,"之于"二字的合音字。

⑤故君子莫大乎与人为善:故,这句的"故"不表示"因此""所以""于是",而与"夫"类似,可以不译;与,偕同。朱熹说"与"为"许",那么,"与人为善"就是赞同他人为善(朱熹解释为帮助他人行善),不确。杨伯峻先生《译注》说"与,偕同之意",是正确的。"与"为动词表"赞同"义时,它后面的宾语都很简单,参见《论语新注新译》5·9的考证。与此相反,如理解这一"与"为表"偕同"的介词,则类似文例不胜枚举。仅仅《孟子·滕文公下》就有好些例,如"与民由之""与葛为邻"。

【译文】

孟子说:"子路,别人指出他的错误,他便高兴。禹听到了有价值的话,就给人下拜。大舜有个大好处,他的善和子路及禹是一样的——放弃自己的观点,而听从他人的有益的话,乐于从他人那儿吸取优点来行善。他从干农活、制陶器、打渔直到做天子,没有哪一优点不是取自于人。优点取之于人而用来行善,就是帮助他人行善。君子最高的德行就是帮助他人行善。"

【评鉴】

这一章提出要乐于接受批评,乐于从别人的话语中汲取营养,这是君子最高的德行。《孟子》一书中,总是洋溢着启发和睿智,这一章是其典型。

3·9 孟子曰:"伯夷,非其君,不事;非其友,不友。不立于恶人之朝①,不与恶人言;立于恶人之朝,与恶人言,如以朝衣朝冠坐于涂炭。推恶恶之心,思与乡人立②,其冠不正,望望然去之③,若将浼焉④。是故诸侯虽有善其辞命而至者,不受也。不受也者,是亦不屑就已。柳下惠不羞污君⑤,不卑小官;进不隐贤⑥,必以其道;遗佚而不怨⑦,厄穷而不悯⑧。故曰,'尔为尔,我为我,虽袒裼裸裎于我侧⑨,尔焉能浼我哉?'故由由然与之偕而不自失焉⑩,援而止之而止⑪。援而止之而止者,是亦不屑去已。"孟子曰:"伯夷隘,柳下惠不恭。隘与不恭,君子不由也⑫。"

【注释】

①不立于恶人之朝:不在坏人之朝做官。

②思与乡人立:赵岐注:"思,念也。"杨伯峻先生译为:"他便这样想,同乡下佬一块站着……"焦循却说"思"是"语辞"。焦说不确。1."思与乡人立"与"思皇多士"结构不一样,前者"思"后面是谓词性结构,后者"思"后面是体词性结构。2."思"用为助词也即焦循所谓"语辞",

多见于《诗经》《尚书》等早期文献;通观《孟子》全书,除引文外,"思"没有此种用法。3.如前所述,"思与乡人立"为"思"接谓词性结构,这种文例《孟子》中最为常见,都是"想要""想着"的意思;且焦循也都不认为应视为"语辞"。如:"北宫黝之养勇也:不肤桡,不目逃;思以一豪挫于人,若挞之于市朝。"(《公孙丑上》)

③望望然:惭愧的样子。赵岐注:"望望然,惭愧之貌也。"焦循《孟子正义》说:"赵氏盖读为'惘惘'。'惘惘'即'罔罔'。"杨伯峻先生《孟子译注》云:"望望然,怨望之貌。"这样,"望望"就是形容词的迭用,如"好好学习"的"好好"。如按焦循所说"赵氏盖读为'惘惘'。'惘惘'即'罔罔'",则"望望"应为迭音形容词。先秦时期,形容词迭用可以由"~~"式转化为"~然"式或"~如"式,但较少转化为"~~然"。那么"望望然"的"望望",很难认为是形容词的迭用,我们只能将它视为迭音形容词;后者不是字形与音义对应的,可以有多种写法。因此,"望望"就是"惘惘",也即"罔罔"。

④浼:音 měi,弄脏。

⑤柳下惠:鲁大夫展获其采邑曰柳下,谥曰惠,后世称柳下惠。

⑥进不隐贤:贤,有两说;一说为贤人,那么,"不隐贤"为见贤人不隐蔽而进用的意思;另一说为贤德,"不隐贤"为不隐瞒自己的贤德。据全面考察,以前说较为可信。

⑦遗佚:即遗逸,不被用。

⑧悯:忧。

⑨袒裼裸裎:音 tǎn xī luǒ chéng,裸体。

⑩由由然:同"油油然",自然而然的样子。

⑪援而止之:扯住他不让走;援,牵引,扯;止,使动用法,使……停止不动。

⑫由:行,走。

【译文】

孟子说:"伯夷,不是他理想的君主,不去服事;不是他理想的朋友,不去结交。不站在坏人的朝堂上,不和坏人交谈;站在坏人的朝堂上,和坏人交谈,就好比穿戴着礼服礼帽坐在淤泥和炭灰里。把这种厌恶坏人坏事的心情推广开来,他便觉得即便和世俗之人站在一块,若那人的帽子没有戴正,他也会惭愧地走开,好像自己会被弄脏似的。所以当时诸侯即便有好言好语来招揽他的,他也不接受。他之所以不接受,就是因为他不屑于去就职。柳下惠却不以侍奉坏君为耻,不以自己官职小为卑下;在朝做官,不隐蔽贤人,但荐举他一定要按自己的原则来办;不被起用,也不怨恨;艰难困苦,也不愤懑。他说:'你是你,我是我,你就是赤身裸体站在我旁边,你又怎能玷污我呢?'所以什么人他都自然而然地相处,而且从不失态。牵住他,叫他留住,他就留住。叫他留住就留住,也是因为他不屑于离开的缘故。"孟子又说:"伯夷太狭隘,柳下惠不大严肃,狭隘和不严肃,都是君子所不取的。"

【评鉴】

这一章通过描述两位古贤人——伯夷、柳下惠,并加以评述,来阐明孟子认可的君子对待非君子的态度:既不能像伯夷那样对"乡人"采取嫌恶的态度,也不能像柳下惠那般完全和他们打成一片。大约孟子对待"乡人"的态度是有礼貌但保持必要的距离吧。

《公孙丑上》的内容比较驳杂,但除了第二章主要谈养气以及第九章谈对他人的态度外,依然可以归纳出一个主题思想,即要以"仁"以"德"来治理天下国家。

公孙丑章句下 凡十四章

4·1 孟子曰:"天时不如地利①,地利不如人和。三里之城,七里之郭②,环而攻之而不胜③。夫环而攻之,必有得天时者矣;然而不胜者,是天时不如地利也④。城非不高也,池非不深也,兵革非不坚利也⑤,米粟非不多也;委而去之⑥,是地利不如人和也。故曰:域民不以封疆之界⑦,固国不以山溪之险,威天下不以兵革之利。得道者多助,失道者寡助。寡助之至,亲戚畔之⑧;多助之至,天下顺之。以天下之所顺,攻亲戚之所畔;故君子有不战,战必胜矣。"

【注释】

①天时、地利、人和:当时常用短语。

②郭:外城。

③环:围。

④是天时不如地利:略同"此天时不如地利";是,代词,意义接近于"此"。

⑤革:皮革,指甲胄。

⑥委:丢弃。

⑦域:界限,限定。

⑧畔:通"叛"。

【译文】

孟子说:"天时不如地利,地利不如人和。比如有一座小城,它的每一边有三里长,外郭每边有七里。敌人围攻它,却不能取胜。能够围而攻之,一定是得到了天时,然而不能取胜,这就说明得天时不如占地利。〔有时,〕城墙不是不高,护城河不是不深,兵器甲胄不是不锐利坚固,粮食不是不多;最终却放弃这些而逃走,这就说明占地利不如得人和。所以说,限制人民不必用国家的疆界,巩固国家不必靠山川的险阻,威慑天下不必凭兵器的锐利。行仁政的人大家都来帮助他,不行仁政的人很少有人帮助他。帮助的人少到了顶点,就连亲戚都背叛他;帮助的人多到了顶点,普天之下都顺从他。用普天之下顺从的力量去攻打连亲戚都背叛的人,那么,君子要么不战,若要一战,就必然胜利。"

【评鉴】

这一章讲的是"天时不如地利,地利不如人和""得道多助,失道寡助"的道理,读者一定耳熟能详。"天时"我们可以理解为基本面上的优势,如兵力、财力等,"地利"指的是地形优势,"人和"指的是群众基础。孟子是人本主义者,他总是把人的作用放到更高的位置。同时,他认为坚守道义、施行仁政才能得到人民群众的支持,统治者有了人民群众的支持,那么其他的力量都不能战胜他。

《总体战》的作者鲁登道夫指出:"总体战不单单是军队的事,它直接涉及参战国每个人的生活和精神。"我们不能说孟子已经具有总体战的思想,但说孟子看到了战争不仅仅是军力的比拼,则完全没有夸大。

4·2-1 孟子将朝王,王使人来曰:"寡人如就见者也[①],有寒疾,不可以风。朝,将视朝,不识可使寡人得见乎?"

对曰:"不幸而有疾,不能造朝[②]。"

明日,出吊于东郭氏[③]。公孙丑曰:"昔者辞以病[④],今日吊,或者不可乎⑤?"

曰:"昔者疾,今日愈,如之何不吊?"

王使人问疾,医来。

孟仲子对曰⑥:"昔者有王命,有采薪之忧⑦,不能造朝。今病小愈,趋造于朝,我不识能至否乎?"

使数人要于路⑧,曰:"请必无归,而造于朝!"不得已而之景丑氏宿焉⑨。

【注释】

①如:宜,应当。
②造朝:到朝廷去;造,到……去。
③东郭氏:齐国大夫。
④昔者:以前。
⑤或者:大概。
⑥孟仲子:大约是孟子的堂兄弟。
⑦采薪之忧:疾病的委婉说法,为当时交际上的习惯用语。
⑧要:音 yāo,遮拦。
⑨景丑氏:其人已不可考。

【译文】

孟子正要去朝见齐王,这时王派了个人来传话:"我本来应该去你那儿看你,但是感冒了,不能吹风。明天早晨,我也将临朝办公,不知道能让我见见你吗?"

孟子答道:"很不幸,我也有病,不能上朝。"

第二天,孟子要到东郭大夫家去吊丧。公孙丑说:"昨天假托有病辞掉了王的召见,今天又去吊丧,大概不行吧?"

孟子说:"昨天有病,今天好了,为什么不去吊丧呢?"

齐王打发人来探病,医生也来了。

孟仲子对来人说:"昨天王有命令来,他得了小病,不能奉命上朝。今天刚好一点,就急忙上朝去了,但我不晓得他能否走到?"

然后孟仲子派了好几个人分别在路上拦截孟子,说:"您一定不要回家,要赶快上朝去。"孟子没有办法,就去景丑家住一宿。

4·2-2 景子曰:"内则父子,外则君臣,人之大伦也。父子主恩,君臣主敬。丑见王之敬子也,未见所以敬王也。"

曰:"恶①!是何言也!齐人无以仁义与王言者,岂以仁义为不美也?其心曰,'是何足与言仁义也'云尔,则不敬莫大乎是。我非尧舜之道,不敢以陈于王前;故齐人莫如我敬王也。"

景子曰:"否;非此之谓也。《礼》曰:'父召,无诺②;君命召,不俟驾③。'固将朝也,闻王命而遂不果④,宜与夫礼若不相似然⑤。"

【注释】

①恶:音wū,叹词。

②父召,无诺:应答时一般用"诺",十分恭敬则用"唯"。

③君命召,不俟驾:这是当时普遍被遵守的礼节;俟,音sì,等待。

④不果:事情不合于预期的叫作"不果"。

⑤宜与夫礼若不相似然:这句赵岐说得明明白白:"事宜与夫《礼》若不相似然乎?"但翟灏《孟子考异》认为:"'宜与'之'与'音'欤'。'宜欤'即'可乎'之谓。"这当然不对。先秦汉语要用"宜"来表示"可乎"或类似意思,从不用句末语气助词"与(欤)"。常用的是"乎",也不会直接说"宜乎",而是表示赞成常用"不亦宜乎",表不赞同的则少见。像"宜与夫礼若不相似然"类似的句子当时比比皆是,如:"宜乎百姓之谓我爱也。"(《孟子·梁惠王上》)"宜"都是"应当"义。焦循解释赵岐所说"事宜"为类似今语"未尽事宜"之"事宜",以及王引之解释"宜"为"大约""大概",亦误。

【译文】

景丑说:"在家父子,出门君臣,这是人际间最重大的伦常。父子之间以德惠为主,君臣之间以恭敬为主。我只看见王对您很尊敬,却没见到您拿什么去敬王的。"

孟子说:"哎,这算什么话!齐国人中,没有一个跟王讲求仁义的,他们难道以为仁义不好吗?〔不是的。〕他们心里不过是想着'这人哪值得和他谈仁义呢'罢了。那么,对王不敬,没有比这更厉害的。我呢,若非尧舜之道,不敢拿来在王面前陈述。所以说,齐国人中间没有谁比我更崇敬王的。"

景丑说:"不,我说的不是这个。《礼经》上说:'父亲召唤,"唯"一声就起身,不说"诺";君主召唤,不等车马驾好就先走。'你却本来准备朝见王,一听到王召见你,反而不去了。这该是和那《礼经》所说有点不相合吧?"

4·2-3 曰:"岂谓是与?曾子曰:'晋楚之富,不可及也;彼以其富,我以吾仁;彼以其爵,我以吾义,吾何慊乎哉①?'夫岂不义而曾子言之?是或一道也。天下有达尊三:爵一,齿一,德一。朝廷莫如爵,乡党莫如齿,辅世长民莫如德。恶得有其一以慢其二哉?故将大有为之君,必有所不召之臣;欲有谋焉,则就之。其尊德乐道,不如是,不足与有为也。故汤之于伊尹,学焉,而后臣之,故不劳而王;桓公之于管仲,学焉,而后臣之,故不劳而霸。今天下地丑德齐②,莫能相尚,无他,好臣其所教③,而不好臣其所受教。汤之于伊尹,桓公之于管仲,则不敢召。管仲且犹不可召,而况不为管仲者乎?"

【注释】

① 慊:音 qiǎn,憾,恨,不满足,想不开。
② 丑:相同。

③好臣其所教：好，音 hào，喜好；臣，以……为臣。

【译文】

孟子说："难道是说的这个吗？曾子说过：'晋国和楚国的财富，我们是赶不上的。但他凭他的财富，我凭我的仁；他凭他的爵位，我凭我的义，我有什么想不开的呢？'难道不义的话曾子能说吗？〔我不去见王，〕和曾子说的或许是同一个道理。天下公认尊贵的有三件：爵位是一个，年龄是一个，道德是一个。在朝堂上，没什么比得上爵位；在乡党中，没什么比得上年龄；至于辅助君主统治百姓自然是没什么比得上道德。他凭什么拿他拥有的一种来侮慢我所拥有的两种呢？所以大有作为的君主必定有他不能召见的臣子；如有什么要商量，就到臣子那儿去。这君主要崇尚道德，追求真理，如果他不这样做，〔臣子〕便不足以和他一道有所作为。因此，商汤对于伊尹，先向他学习，然后以他为臣，所以不费大力气便一统天下；桓公对于管仲，也是先向他学习，然后以他为臣，所以不费大力气而称霸诸侯。当今天下各大国土地大小相当，行为作风也差不多，没有谁能够超过许多，这没有其他原因，就因为这些国家的君主喜欢用听他说教的人为臣，不喜欢能教导他的人为臣。商汤对于伊尹，桓公对于管仲，就不敢召见。管仲尚且不可以召见，何况不屑于做管仲的我呢？"

【评鉴】

这一章讲的是与君主的相处之道，本篇以下十一章（除第七章外）都涉及这个问题。在《告子上》第十六章，孟子讲到爵位有两种：一种是天爵，比如"仁义忠信"；一种是人爵，比如"公卿大夫"，孟子认为天爵比人爵更为贵重。这一章提到的"爵"是人爵，孟子自然认为它无法与高贵的道德相提并论，甚至也比不上年龄的优势。所以孟子本来打算去见王，王来召见反而不去了，因为他觉得王不尊重自己，决定做个"不召之臣"。

这一章也强调了君主礼贤下士的重要；指出君主对于他的老师应有的态度——"大有作为的君主必定有他不能召见的臣子；如有什么要商量，就到臣子那儿去。"孟子认为，一些国家的君主喜欢用听他说教的人为臣,不喜欢能教导他的人为臣,因此才不能一统天下。这些话语,即使放在今天,也没有过时。

4·3 陈臻问曰①:"前日于齐,王馈兼金一百而不受②;于宋,馈七十镒而受;于薛③,馈五十镒而受。前日之不受是④,则今日之受非也;今日之受是,则前日之不受非也;夫子必居一于此矣。"

孟子曰:"皆是也。当在宋也,予将有远行,行者必以赆⑤;辞曰:'馈赆。'予何为不受?当在薛也,予有戒心,辞曰:'闻戒,故为兵馈之。'予何不受?若于齐,则未有处也⑥。无处而馈之,是货之也⑦。焉有君子而可以货取乎?"

【注释】

①陈臻:孟子弟子。
②兼金一百:兼金,好金,其价兼倍于一般者;古之所谓金,实际上是铜;一百,一百镒(yì),一镒重二十两。
③薛:齐靖郭君田婴封邑,本来是春秋时代的薛国,后亡于齐。
④是:对,正确。
⑤赆:音 jìn,送行者赠给别离者的礼物。
⑥处:引申为"理由"。
⑦货:贿赂。

【译文】

陈臻问道:"过去在齐国,齐王馈赠上等金一百镒,您不接受;后来在宋国,宋君馈赠七十镒,您受了;在薛,田家馈赠五十镒,您也受了。如果过去不接受是对的,那今天接受就错了;如果今天接受是对的,那过去不接受就错了。在此,老师必居其一。"

孟子说:"都是对的。当在宋国的时候,我正要远行,对远行之人一定要送些盘缠,他说:'奉上些盘缠。'我为什么不受?在薛的时候,我听

92

说路上有危险要戒备,他说:'听说您要戒备,奉上些钱买兵器吧。'我为什么不受?至于在齐国,却没什么理由。没什么理由却奉送钱财,这是贿赂我。哪里有正人君子会被贿赂收买呢?"

【评鉴】

这一章则提出了接受外国君主馈赠的原则是,一定要有接受馈赠的理由;无缘无故地接受馈赠,等于受贿。这在当时是符合"礼"的,今天则未必适宜。

4·4 孟子之平陆①,谓其大夫曰②:"子之持戟之士③,一日而三失伍④,则去之否乎⑤?"

曰:"不待三。"

"然则子之失伍也亦多矣。凶年饥岁,子之民,老羸转于沟壑,壮者散而之四方者,几千人矣⑥。"

曰:"此非距心之所得为也。"

曰:"今有受人之牛羊而为之牧之者,则必为之求牧与刍矣⑦。求牧与刍而不得,则反诸其人乎?抑亦立而视其死与?"

曰:"此则距心之罪也。"

他日,见于王曰:"王之为都者⑧,臣知五人焉。知其罪者,惟孔距心。"为王诵之⑨。

王曰:"此则寡人之罪也。"

【注释】

①平陆:齐边境城邑名,在今山东汶上县北。

②大夫:战国时的地方首长亦称大夫,相当现在的县长;当时平陆大夫为孔距心。

③持戟之士:战士。戟(jǐ),古代兵器的一种。

④失伍:落伍,掉队。

⑤去之:使之离去,开除。
⑥几千人:几乎有一千人;几,几乎。
⑦牧:牧地。
⑧都:凡邑,有宗庙先君牌位者为都,无曰邑;但都、邑多通称。
⑨诵:背诵,复述。

【译文】

孟子到了平陆,对当地长官说:"如果你的战士一天几次擅离职守,你赶走他吗?"

答道:"用不着几次〔,我就赶走他了〕。"

孟子说:"那么,你自己的失职也很多了。灾荒之年,你的百姓,年老体弱到沟壑中去等死的,青壮年到四面八方去流浪的,将近一千人了。"

答道:"这不是距心力所能及的。"

孟子说:"比如有人接受别人的牛羊而替人放牧,那一定要替牛羊寻找牧场和草料了。牧场和草料没找到,是把牛羊退还原主呢,还是站在那儿看着它们一个个饿死呢?"

答道:"这就是距心的罪过了。"

后来,孟子朝见齐王,说:"王的地方长官,我认识了五位。明白自己的罪过的,只有孔距心。"并把和孔距心的谈话对王复述一遍。

王说:"这个也是我的罪过呢!"

【评鉴】

这一章一是指出地方官的责任是让百姓生活安定,二是他应当能够接受批评。在本章,齐国平陆地方百姓民不聊生,孟子指责地方官孔距心失职。孔距心辩解后遭孟子驳斥,承认了是自己的罪过。孟子对齐王说,您的地方官能接受批评而承认自己罪过的只有孔距心一人,迫使齐王承认这也是自己的罪过。"《孟子》的仁政学说有一个核心理念,即国家、君王应该服务于百姓的福祉。一个国家不能做到政治清明、安定繁荣,百姓没能享有安居乐业的生活,那么就是君王及其官僚系统的失职。

社会的无序、百姓的贫穷,都应归罪于为政者,是为政者的耻辱。"(《读古人书·孟子》265 页)

4·5 孟子谓蚳蛙曰①:"子之辞灵丘而请士师②,似也,为其可以言也。今既数月矣,未可以言与?"

蚳蛙谏于王而不用,致为臣而去③。

齐人曰:"所以为蚳蛙则善矣;所以自为,则吾不知也。"

公都子以告④。

曰:"吾闻之也:有官守者,不得其职则去;有言责者,不得其言则去。我无官守,我无言责也,则吾进退岂不绰绰然有余裕哉⑤?"

【注释】

①蚳蛙:齐大夫;蚳,音 chí。
②灵丘:齐国边境邑名。
③致:放弃。
④公都子:孟子弟子。
⑤绰绰:宽松的样子。

【译文】

孟子对蚳蛙说:"你辞去灵丘县长,要去做治狱官,好像是对的,因为可以向王进言。现在,已经好几个月了,你还不能向王进言吗?"

蚳蛙向王进谏不被采纳,因此辞职而去。

齐国有人说:"孟子替蚳蛙打主意打得不错;但是他如何替自己打主意,那我还不知道。"

公都子把这话转告孟子。

孟子说:"我听说过这样的话:有官职的,不能尽其职责,便应该离去;有进言责任的,进谏不被采纳,也应该离去。我既无官职,又无言责,那么我是留下还是离去,不是有很大的回旋余地吗?"

【评鉴】

　　这一章提出肩负责任者应当尽责,一旦不能胜任,就该辞职。我们看新闻,这样的事情在今日仍屡见不鲜。无疑,这种辞职,其本身是光荣而体面的;与之相反,尸位素餐者则是有罪的。另一种情况是孟子所处的状态,无职则无责,这与《论语》中的"不在其位,不谋其政",以及《中庸》"君子素其位而行,不愿乎其外"可以相参照。

4·6　孟子为卿于齐,出吊于滕①,王使盖大夫王驩为辅行②。王驩朝暮见,反齐滕之路,未尝与之言行事也。

　　公孙丑曰:"齐卿之位,不为小矣;齐滕之路,不为近矣,反之而未尝与言行事,何也?"

　　曰:"夫既或治之③,予何言哉?"

【注释】

　　①出吊于滕:吊滕文公之丧。
　　②盖大夫王驩为辅行:盖,音 gě,齐国邑名,故城在山东沂水县西北八十里;辅行,副使。
　　③夫既或治之:夫,那,大约指那件事;或,有人。

【译文】

　　孟子在齐国作卿,奉命到滕国去吊丧,齐王还派盖邑长官王驩当副使同行。王驩同孟子朝夕相处,齐滕两国来回的旅途,孟子没和他谈过公事。
　　公孙丑说:"齐国卿的官位,也不算小了;齐滕间的路途,也不算近了;但来回一趟,却没和他谈过公事,为什么呢?"
　　孟子答道:"那些事儿既然有人在管着,我还用说什么呢?"

【评鉴】

　　这一章表达了孟子对盖大夫王驩独断专行的不满。后者在其他篇还会上场,读者可注意孟子是如何反驳他的。

4·7 孟子自齐葬于鲁,反于齐,止于嬴①。

充虞请曰②:"前日不知虞之不肖③,使虞敦匠④。事严⑤,虞不敢请。今愿窃有请也:木若以美然⑥。"

曰:"古者棺椁无度,中古棺七寸⑦,椁称之。自天子达于庶人,非直为观美也,然后尽于人心。不得⑧,不可以为悦;无财,不可以为悦。得之为有财,古之人皆用之,吾何为独不然?且比化者无使土亲肤⑨,于人心独无恔乎⑩?吾闻之也:君子不以天下俭其亲。"

【注释】

①嬴:在今山东济南市。

②充虞:孟子弟子。

③不知虞之不肖:这是客气话。

④敦匠:敦,治;匠,指木工。

⑤事严:事情急迫。赵岐注主张在"敦匠"后点断。阎若璩、周广业均读作"敦匠事"(见焦循《孟子正义》)。我们以为赵岐注可从。1.赵岐注较早,且阎、周均未对其说提出反驳意见。2.百工,包括梓、匠、轮、舆等。周秦时代文献中,除《周礼》《管子》《慎子》中有"工事"外,未见"梓事""轮事""舆事",当然,也未见"匠事"。3.周秦文献中,未见"严"单独为句者;而"事严"这种"抽象名词+严"结构则不少见。

⑥木若以美然:棺木似乎感觉太豪华了。若,似乎;以,以为。杨伯峻先生注此句:"以,太也。"此说似不确。"以"应是"以为"的意思,其后常接形容词:"三月无君则吊,不以急乎?"(《滕文公下》)"彭更问曰:'后车数十乘,从者数百人,以传食于诸侯,不以泰乎?'孟子曰:'非其道,则一箪食不可受于人;如其道,则舜受尧之天下,不以为泰。子以为泰乎?'"(同上)上句言"不以泰乎",下句答"不以为泰",尤可证明。

⑦中古:谓周公制礼以来。

⑧不得:得不到上文所说的七寸之棺并与之相称的椁。朱熹《孟子集注》说"不得,谓法制所不当得",恐非。同时期文献中的"不得"以及常与之同时出现的"得之",它们要么泛指得到或得不到某种东西,要么指得到或得不到前文所出现的那种事物。而上文明言"古者棺椁无度,中古棺七寸,椁称之",则此处"不得",当谓得不到七寸之棺以及与之相称的椁。

⑨且比化者无使土亲肤:比,音 bì,为了;化,死。赵岐注:"棺椁敦厚,比亲体之变化。"意谓棺椁的厚度,要比照父母遗体腐烂所需时间而定。朱熹《孟子集注》:"比,犹'为'也。"杨伯峻先生《孟子译注》从朱熹说。赵岐说的问题是,先秦文献中"比"的"比照"义出现较晚,且其宾语多为较简单的体词性结构。我们认为朱熹说比较可信。《孟子·梁惠王上》:"寡人耻之,愿比死者壹洒之。"焦循说:"比,代也。"杨伯峻先生《孟子译注》:"比:bǐ,介词,替、代、给的意思。""替""代""给"和介词"为"意思接近。《晏子春秋·内篇谏上》:"比死者勉为乐乎,吾安能为仁而愈黥民耳矣。""比死者勉为乐乎"意谓"替早死者努力行乐吧"。

⑩恔:音 xiào,快意。

【译文】

孟子从齐国到鲁国营葬,然后返回齐国,停在了嬴县。

充虞请问道:"承您看得起我,让我总管棺椁的制造工作。事情很急迫,我便不敢请教。今天敢来请教:棺木似乎感觉太豪华了。"

孟子答道:"上古棺椁的尺寸,并没有什么规范;到了中古,才规定棺厚七寸,椁的厚度与棺相称。从天子一直到老百姓,讲究棺椁,不单单为了美观;而是必须这样,才算尽了孝子之心。好材料不能得到,当然不称心;没有财力买那好材料,还是不称心。好材料最终到手了,当然就是有财力;古人又都这样做了,我为什么单单不这样做呢?而且,仅仅做到不让死者的遗体挨着泥土,对孝子来说,难道就称心如意了吗?我听说过:

无论如何,都不应当在父母身上去省钱。"

【评鉴】

这一章表明了"君子不以天下俭其亲"的态度,只要不越礼,厚葬是不为过的;对父母的孝心要远比其他人的看法重要得多。孟子和充虞讨论的问题,现今仍在讨论中。

4·8 沈同以其私问曰①:"燕可伐与?"

孟子曰:"可;子哙不得与人燕,子之不得受燕于子哙。有仕于此②,而子悦之,不告于王而私与之吾子之禄爵;夫士也,亦无王命而私受之于子,则可乎?——何以异于是?"

齐人伐燕。

或问曰:"劝齐伐燕,有诸③?"

曰:"未也;沈同问燕可伐与,吾应之曰:'可。'彼然而伐之也④。彼如曰:'孰可以伐之?'则将应之曰:'为天吏,则可以伐之。'今有杀人者,或问之曰:'人可杀与?'则将应之曰:'可。'彼如曰:'孰可以杀之?'则将应之曰:'为士师,则可以杀之。'今以燕伐燕,何为劝之哉?"

【注释】

①沈同:齐大臣。
②仕:通"士"。
③诸:"之乎"的合音字。
④然:认可。

【译文】

沈同凭着他与孟子的私交问道:"燕国可以讨伐吗?"

孟子答道:"可以;子哙不可以把燕国让给别人;子之也不可以从子哙

那儿接受燕国。比如有个士人,你很喜欢他,便不跟王说一声就把你的俸禄官位都送给他;那士人呢,也没得到王的任命就从你那儿接受了俸禄官位,这样可以吗?——子哙、子之私相授受的事和这件事有什么不同呢?"

齐国讨伐了燕国。

有人问孟子说:"你曾劝齐国伐燕国,有这回事吗?"

孟子答道:"没有;沈同曾问我说:'燕国可以讨伐吗?'我答应说:'可以。'他们觉得我说得对,就去讨伐燕国了。他如果问谁可以去讨伐它,那我会回答说:'是天吏,才可以讨伐它。'比如现在有个杀人犯,有人问道:'这犯人该杀吗?'那我会说:'该杀。'如果他再问:'谁可以杀他?'那我会回答:'治狱官才可以杀他。'如今却是如同另一个燕国去讨伐燕国,我为什么去劝他呢?"

【评鉴】

这一章指出燕国有错可以讨伐,但不是任何国家都能去讨伐,正如罪人必须由法官治罪一样。孟子的看法一方面涉及政治合法性问题,另一方面也涉及程序正义问题。谁有权利决定燕国的归属呢?只有上天;上天让谁来解决燕国的问题,按什么标准来选择这个人呢?那就是能救燕国百姓于水火之中的人。这一问题在《梁惠王下》第十一章的评鉴中已经谈论过,出兵的前提是救民,能救民之人就是"天吏"。换言之,人民是国家的主人,而这是由上天规定的。因此,讨伐燕国的人必须经得起替天行道这一程序的筛查,他的讨伐才是符合程序的。孟子的这一态度,对当今的国际政治学,仍有借鉴意义。

4·9 燕人畔①。王曰:"吾甚惭于孟子②。"

陈贾曰③:"王无患焉。王自以为与周公孰仁且智?"

王曰:"恶!是何言也!"

曰:"周公使管叔监殷④,管叔以殷畔⑤;知而使之,是不仁也;不知而使之,是不智也。仁智,周公未之尽也,而况于王乎?

贾请见而解之。"

见孟子,问曰:"周公何人也?"

曰:"古圣人也。"

曰:"使管叔监殷,管叔以殷畔也,有诸?"

曰:"然。"

曰:"周公知其将畔而使之与?"

曰:"不知也。"

"然则圣人且有过与?"

曰:"周公,弟也;管叔,兄也。周公之过,不亦宜乎?且古之君子,过则改之;今之君子,过则顺之。古之君子,其过也,如日月之食,民皆见之;及其更也,民皆仰之⑥。今之君子,岂徒顺之,又从为之辞⑦。"

【注释】

①燕人畔:齐破燕,燕王哙死,子之亡;赵召燕公子职,遣乐池护送入燕而立为王;齐宣王志在吞并燕国,故云"畔(叛)"。

②吾甚惭于孟子:孟子曾劝齐王"速出令,反其旄倪,止其重器,谋于燕众,置君然后去之"(见2·11);齐宣王不听。

③陈贾:齐大夫。

④周公使管叔监殷:武王既克纣,乃封叔鲜于管,是为管叔;封叔度于蔡,是为蔡叔;使二人监纣子武庚,治殷遗民。

⑤管叔以殷畔:《史记·管蔡世家》:"武王既崩,成王少,周公旦专王室,管叔、蔡叔疑周公之为不利于成王,乃挟武庚以作乱。周公旦承成王命伐诛武庚,杀管叔而放蔡叔,迁之。"

⑥仰:抬头望。

⑦从:跟着,紧跟着。

【译文】

燕国人反叛齐国。齐王说:"我对于孟子感到很惭愧。"

陈贾说:"王不要忧虑。王自己想想,您和周公比比,谁更仁更智呢?"

齐王说:"哎!这算什么话![我怎敢和周公相比?]"

陈贾说:"周公让管叔监督殷国遗民,管叔却率领他们叛乱;如果周公预知而派管叔去,那便是不仁;如果周公未能预知而派他去,那便是不智。仁和智,连周公都没有完全做到,何况您呢?我请求您让我去见见孟子,以便解释解释。"

陈贾来见孟子,问道:"周公是何等人物?"

答道:"古代的圣人。"

陈贾说:"他让管叔监督殷朝遗民,管叔却率领他们叛乱,有这回事吗?"答道:"有的。"问道:"周公是料到他会叛乱而派他去的吗?"答道:"没有料到的。"陈贾说:"如此说来,圣人也会犯错吗?"孟子答道:"周公是弟弟,管叔是哥哥,[难道弟弟会疑心哥哥吗?]周公的错误,不是合情合理的吗?而且,古代的君子,有了错误,随时改正;今天的君子,有了错误,还将错就错。古代的君子,他的过错,就像日食月食一般,老百姓人人都看得到;当他改正时,人人都心存敬仰。今天的君子,又何止将错就错,还要紧接着为这错误振振有词说一通呢!"

【评鉴】

孟子指出,即使周公也会犯错,但他不怀疑亲兄弟而犯下错误,是情有可原的。这体现出孟子对于亲情的看重,孟子的这种态度在《万章上》第三章"封向有庳"和《尽心上》第三十五章"瞽瞍杀人"两则故事中有更深入的讨论。

这一章也谈到,"古之君子"有错即改;"今之君子"的文过饰非,只能加重错误。关于君子犯错,以及对文过饰非的态度,《论语》中也有讨论,如:"君子可逝也,不可陷也。"(《雍也》)"君子疾夫舍曰欲之而必为之辞。"(《季氏》)

4·10-1 孟子致为臣而归。王就见孟子,曰:"前日愿见而不可得,得侍同朝,甚喜①;今又弃寡人而归,不识可以继此而得见乎?"

对曰:"不敢请耳,固所愿也。"

他日,王谓时子曰②:"我欲中国而授孟子室③,养弟子以万钟④,使诸大夫国人皆有所矜式。子盍为我言之!"

【注释】

①得侍同朝,甚喜:中华书局朱熹《四书章句集注》标点为:"得侍,同朝甚喜。"焦循《孟子正义》及《孟子译注》标点为"得侍同朝,甚喜。"后者得之。因为,当"侍"表"陪从于尊长之侧"及"侍候"意义时,"得侍,同朝甚喜"的读法文不成义;因"甚喜"前紧接一谓词性结构类似"同朝"者,从未之见。但因为这一意义的"侍"能带处所宾语,故"得侍同朝,甚喜"是文从字顺的。如:"执荐者百人侍西房。"(《荀子·正论》)"王子应之曰:'吾闻太师将来,甚喜。'"(《逸周书·太子晋解》)

②时子:齐国大臣。

③中国:国都之中。

④钟:古容量单位。

【译文】

孟子辞去官职准备回老家,齐王到孟子家中相见,说:"过去希望看到您,未能如愿;后来能够同朝共事,我真高兴;现在您又扔下我回去了,不知道我们今天一别之后还能再见吗?"

答道:"这个,我只是不敢请求罢了,本来是很希望的。"

某一天,齐王对时子说:"我想在国都中央给孟子一幢房屋,用万钟之粟来养育他的学生,使各位大夫和百姓都有个榜样。你何不为我去和孟子说说这事儿呢?"

4·10-2 时子因陈子而以告孟子,陈子以时子之言告孟子。

孟子曰:"然;夫时子恶知其不可也?如使予欲富,辞十万而受万,是为欲富乎?季孙曰:'异哉子叔疑①!使己为政,不用,则亦已矣,又使其子弟为卿。人亦孰不欲富贵?而独于富贵之中有私龙断焉②。'古之为市也,以其所有易其所无者,有司者治之耳。有贱丈夫焉③,必求龙断而登之,以左右望,而罔市利。人皆以为贱,故从而征之。征商自此贱丈夫始矣。"

【注释】

①季孙、子叔疑:不知何许人。
②私龙断:私自垄断。
③丈夫:成年男子的通称。

【译文】

时子便托陈臻把齐王的话转告孟子;陈臻也就把时子托付的话告诉了孟子。

孟子说:"就是,那时子哪晓得这事是做不得的呢?假使我想发财,辞去十万钟的俸禄来接受这一万钟的赠予,有这种发财法吗?季孙说过:'奇怪呀子叔疑!自己要执政,别人不用,也就算了,却还要让他的儿子兄弟来做卿大夫。是人嘛,谁不想升官发财?而偏偏有人想把升官发财的事都独自垄断起来。'〔什么叫'垄断'呢?〕古代设立市场,是拿自己有的去换自己没有的,有关部门只是管理管理罢了。却有那么个贱男人,一定要找个高坡登上去,左边望望,右边望望,想把整个市场的利润一口独吞。别人都觉得这家伙卑劣,因此征他的税。向商人征税就是从这个贱男人开始的。"

【评鉴】

这一章表明自己既已辞官,就不会恋栈,不会像那"想把整个市场的利润一口独吞"的"贱丈夫"一般。孟子为什么离去呢?在《告子下》中孟子回答陈臻"君子要怎样才出去做官"时说:"就职的情况有三种,离职的情况也有三种。"而第一种是:"礼貌而恭敬地来迎接,他有所建言,就将实行他说的,这样便就职。礼遇容色虽未衰减,但其建言已不实行了,这样便离开。"齐王既然不采纳孟子的建言了,孟子自然不会配合他的"使诸大夫国人皆有所矜式"的政治表演,来做齐王礼贤下士的活广告,而成为一个"罔市利"的"贱丈夫"了。

4·11 孟子去齐,宿于昼①。有欲为王留行者,坐而言。不应,隐几而卧②。

客不悦曰:"弟子齐宿而后敢言③,夫子卧而不听,请勿复敢见矣。"

曰:"坐!我明语子。昔者鲁缪公无人乎子思之侧,则不能安子思④;泄柳、申详无人乎缪公之侧,则不能安其身⑤。子为长者虑⑥,而不及子思;子绝长者乎?长者绝子乎?"

【注释】

①昼:齐都临淄西南地名。

②隐几:隐,靠着,伏着;几,音jī,即居几、坐几,为老年人坐时所倚靠的一种家具。

③齐宿:先一日斋戒;齐,通"斋"。

④昔者鲁缪公句:缪,通"穆";鲁缪公,名显,在位三十三年;子思,孔子之孙,名伋;缪公尊敬子思,经常派人向子思表达他的诚意,子思于是能安心地留下来。

⑤泄柳、申详句:泄柳即《告子下》第六章之子柳,鲁缪公时贤人;申详,孔子学生子张之子,子游之婿。

⑥长者:孟子年老,故自称长者。

【译文】

孟子离开齐国,在昼县过夜。有一位想替齐王挽留孟子的人坐着对孟子谈话,孟子未予理睬,伏在坐几上打瞌睡。

来人不高兴地说:"为了和您谈话,我昨天就整洁身心,想不到您竟打瞌睡,不听我说,请允许我今后再不敢和您见面了。"〔说着,起身要走。〕

孟子说:"坐下来!让我明白地告诉你。过去,〔鲁缪公是如何对待贤者的呢?〕他如果没有人在子思身边,就不能使子思安心;如果泄柳、申详没有人在鲁缪公身边,也就不能使自己安心。你为我这老人家考虑,比不上鲁缪公为子思考虑周详。那么,是你对我这老人家做得绝呢,还是我这老人家对你做得绝?"

【评鉴】

这一章还是强调君主对于长者贤者应该尊重。这与本篇第二章的主旨接近。

4·12 孟子去齐。尹士语人曰[①]:"不识王之不可以为汤武,则是不明也;识其不可,然且至,则是干泽也[②]。千里而见王,不遇故去,三宿而后出昼,是何濡滞也[③]?士则兹不悦[④]!"

高子以告[⑤]。

曰:"夫尹士恶知予哉?千里而见王,是予所欲也;不遇故去,岂予所欲哉?予不得已也。予三宿而出昼,于予心犹以为速,王庶几改之[⑥]!王如改诸,则必反予。夫出昼,而王不予追也[⑦],予然后浩然有归志[⑧]。予虽然,岂舍王哉!王由足用为善[⑨];王如用予,则岂徒齐民安,天下之民举安。王庶几改之!予日望之!予岂若是小丈夫然哉[⑩]?谏于其君而不受,则怒,悻悻然见于其面[⑪],去则穷日之力而后宿哉?"

尹士闻之曰:"士诚小人也!"

【注释】

①尹士:齐国人。

②干泽:求禄位;干,求;泽,禄位。

③濡滞:停留,迟滞。

④兹不悦:兹,此;"兹不悦"即"不悦此"。

⑤高子:孟子弟子。

⑥庶几:或许。

⑦不予追:不追回我;予,我;先秦汉语中,否定句中的代词作宾语通常要置于谓语动词前面。

⑧浩然:水流汹涌的样子。

⑨由:通"犹"。

⑩是:此,这。

⑪悻悻然见于其面:悻悻然,猥琐器量狭小的样子;见,同"现"。

【译文】

　　孟子离开了齐国,尹士对别人说:"不晓得齐王不能够做商汤、周武,那是孟子糊涂;晓得他做不到,然而还要来,那他就是来求取富贵的。大老远跑来,话不投机而离去,在昼县住了三晚才离开,为什么这样拖拖拉拉呢?这种情形我很不喜欢!"

　　高子把这话告诉了孟子。

　　孟子说:"那尹士哪能了解我呢?大老远跑来和齐王见面,是我所希望的;话不投机而离去,难道是我所希望的吗?我只是不得已罢了。我在昼县住了三晚才离开,我心里觉得还是太快了,我总是希望王或许会改变态度的;王如果改变态度,就一定会召我返回。我出了昼县,王还没有追回我,我才满怀着回乡的念头。即便这样,我难道肯抛弃王吗?王仍然足以行仁政;王如果用我,又何止齐国的百姓得享太平,天下的百姓都将得享太平。王或许会改变态度的!我天天盼啊盼啊!我难道非要像那小肚鸡肠的男人一般:向王进谏,王不接受,便生闷气,失望不满全写在脸上;一旦离开,就跑得精疲力竭才肯歇脚吗?"

　　尹士听了这话后说:"我尹士真是个小人哪!"

【评鉴】

尹士不理解孟子为何迟迟不离开齐国,孟子解释说,这是因为对在齐国推行仁政仍抱有希望。孟子的一番解释让尹士很惭愧,说:"士诚小人也!"——据说这还是元末义军领袖张士诚得名的由来(因没文化被手下人愚弄)。孟子的做法不仅尹士不理解,今人往往也不能赞同,觉得孟子面对齐王的热情先是要摆谱,等到了不得不离开的时候又恋恋不舍,显得过于矫情。著名汉学家何莫邪先生据此认为孟子是在(心中)"跪求"君主垂怜。但细读文本可以发现,孟子的迟迟不离开齐国,不是为了自己的面子,也不是为了巴结君主,他考虑的是在齐国推行仁政的大事业,为的是天下苍生。而他既要坚守底线,又不愿放过一丝可能施行仁政的机会的立场,对今天的我们,仍有教育意义。

4·13 孟子去齐,充虞路问曰:"夫子若有不豫色然①。前日虞闻诸夫子曰:'君子不怨天,不尤人②。'"

曰:"彼一时,此一时也。五百年必有王者兴,其间必有名世者③。由周而来,七百有余岁矣。以其数,则过矣;以其时考之,则可矣。夫天未欲平治天下也;如欲平治天下,当今之世,舍我其谁也!吾何为不豫哉?"

【注释】

①豫:喜悦,快活。
②不怨天,不尤人:这是孟子向他的学生转述孔子的话,见于《论语·宪问》。
③名世者:或许就是后代的"命世";《三国志·魏志·武帝纪》:"天下将乱,非命世之才不能济也。"

【译文】

孟子离开齐国,在路上,充虞问道:"您的脸色好像不太高兴似的。

可以前我听您讲过:'君子不抱怨天,不责怪人。'"

孟子说:"那是一个时候,现在又是一个时候,〔情况不同了。从历史上看来,〕每过五百年一定有位圣君兴起,这期间还会有命世之才脱颖而出。从周武王以来,已经七百多年了。论年数,已过了五百;论时势,也该有圣君贤臣出来了。除非上苍还没想到要让天下太平,如果他想要让天下太平,当今这个时代,除了我,又有谁呢!我为什么要不高兴呢?"

【评鉴】

这一章虽短,内容却很丰富:1."君子不怨天不尤人。"2."五百年必有王者兴,其间必有名世者。"3."如欲平治天下,当今之世,舍我其谁也!"在《公孙丑上》第二章,孟子以当代孔子自居;在《滕文公上》第二章,孟子用"彼,丈夫也;我,丈夫也;吾何畏彼哉""舜,何人也? 予,何人也? 有为者亦若是"来鼓励滕国世子。孟子又说:"说大人,则藐之,勿视其巍巍然。"(《尽心下》第三十四章)用这些话语和本章互参,不难看出,孟子是有着极大自信和强烈责任感使命感的人。

4·14　孟子去齐,居休①。公孙丑问曰:"仕而不受禄,古之道乎?"

曰:"非也;于崇②,吾得见王,退而有去志;不欲变,故不受也。继而有师命③,不可以请。久于齐,非我志也。"

【注释】

①休:故城在今山东滕州市北十五里,距孟子家约百里。
②崇:地名,今不可考。
③师命:师旅之命。

【译文】

孟子离开齐国,住在休地。公孙丑问道:"做官却不受俸禄,合乎古道吗?"

孟子说:"不;在崇,我见到了齐王,回来便有离开的想法;不想改变,所以不接受俸禄。不久,齐国有战事,这时不宜请求离开。然而长久淹留在齐国,并不是我的心意。"

【评鉴】

这一章,可和本篇第十章合参,进一步表明自己为何不接受俸禄的缘由。

《公孙丑下》和《公孙丑上》一样,内容丰富,如果非要抽绎出主题,那么就叫"原则"好了。原则决定了责任,原则决定了态度。因此,也可以把《公孙丑下》归纳为:原则、责任、态度。

滕文公章句上 凡五章

5·1 滕文公为世子①,将之楚,过宋而见孟子。孟子道性善,言必称尧舜。

世子自楚反,复见孟子。孟子曰:"世子疑吾言乎?夫道一而已矣。成覵谓齐景公曰②:'彼③,丈夫也;我,丈夫也;吾何畏彼哉?'颜渊曰:'舜,何人也?予,何人也④?有为者亦若是。'公明仪曰⑤:'文王,我师也;周公岂欺我哉?'今滕,绝长补短,将五十里也,犹可以为善国。《书》曰:'若药不瞑眩,厥疾不瘳⑥。'"

【注释】

①世子:即"太子"。
②成覵:齐之勇臣;覵,音 jiàn。
③彼:那人,设想的某人;彼,远指代词,不是第三人称代词。
④何人:何等人物,怎样了不起的人。
⑤公明仪:曾子弟子。
⑥若药不瞑眩,厥疾不瘳:瞑,音 mián;眩,音 xuàn;瞑眩,就是眼花;瘳,音 chōu,病愈。

【译文】

滕文公做太子的时候,要到楚国去,经过宋国,会见了孟子。孟子和他讲人性本是善良的道理,开口不离尧舜。

太子从楚国回来,又来见孟子。孟子说:"太子怀疑我的话吗?天下的道理是一样的。成覸对齐景公说:'那人是个男子汉,我也是个男子汉,我凭什么怕那人呢?'颜渊说:'舜是何等人物?我又是何等人物呢?有作为的人也应像他那样。'公明仪说:'文王是我的老师,周公难道会骗我吗?'现在的滕国,截长补短,还有将近方圆五十里的土地,还可以治理成一个好国家。《书经》说:'那药吃了如不叫人晕头涨脑,那种病是好不了的。'"

【评鉴】

这一章是孟子对滕文公阐述人的主观能动性:"彼,丈夫也;我,丈夫也;吾何畏彼哉?""舜,何人也?予,何人也?有为者亦若是。"只要下定决心,便可践行仁义。在《孟子》一书中,处处可见孟子的自信;这里,他试图把自己的这份自信,也分享给未来的滕文公。

5·2-1 滕定公薨①,世子谓然友曰②:"昔者孟子尝与我言于宋,于心终不忘。今也不幸至于大故③,吾欲使子问于孟子,然后行事。"

然友之邹问于孟子。

孟子曰:"不亦善乎!亲丧,固所自尽也。曾子曰:'生,事之以礼;死,葬之以礼,祭之以礼,可谓孝矣。'④诸侯之礼,吾未之学也;虽然,吾尝闻之矣:三年之丧,齐疏之服⑤,飦粥之食⑥,自天子达于庶人,三代共之。"

【注释】

①滕定公:文公的父亲。
②然友:世子的师傅。
③大故:重大的不幸。

④曾子曰诸句:见《论语·为政》,乃孔子所言。
⑤齐疏之服:齐,音 zī,缝边;疏,粗。
⑥飦:同"饘"(zhān),粥。

【译文】

滕定公去世,太子对他的师傅然友说:"过去在宋国,孟子曾和我谈话,我一直难以忘怀。现在不幸父亲去世,我想请您到孟子那里问问,然后再办丧事。"

然友便到邹国去问孟子。

孟子说:"这样很对呀!父母去世,本来就应该尽心竭力操办丧事的。曾子说:'父母健在时,依礼去奉侍,他们去世了,依礼去埋葬,依礼去祭祀。这才可算是尽到孝心了。'诸侯的礼节,我没有学过它;即便如此,却也听说过:从天子直到老百姓,实行三年的丧礼,穿着粗布缝边的孝服,吃着稀粥——夏商周三代都是这样的。"

5·2-2 然友反命,定为三年之丧。父兄百官皆不欲,曰:"吾宗国鲁先君莫之行①,吾先君亦莫之行也,至于子之身而反之,不可。且《志》曰②:'丧祭从先祖。'曰:'吾有所受之也。'"

谓然友曰:"吾他日未尝学问,好驰马试剑。今也父兄百官不我足也,恐其不能尽于大事③,子为我问孟子!"

然友复之邹问孟子。

【注释】

①宗国:周朝重宗法,鲁、滕诸国的始封祖都是周文王之子;其中周公封鲁,行辈较长,因之其余姬姓诸国都以鲁为宗国。
②《志》:记录国家大事的书。
③其:世子自指。

【译文】

然友回国传达了孟子的话,太子便决定行三年的丧礼。父老官吏都不愿意,说:"我们宗主国鲁国的历代君主没有实行过,我国的历代君主也没有实行过,到你这一代却返回到那种古礼,这不可行。而且《志》说过:'丧礼祭礼一律依照祖宗成法。'意思是说:'我们是有成法可依的。'"

太子便对然友说:"我过去不曾做过学问,只喜欢跑马舞剑。现在,父老们官吏们都对我的主张不满,恐怕这一丧礼不能够让我尽心竭力做去,您再替我去问问孟子吧!"

于是,然友又到邹国去问孟子。

5·2-3 孟子曰:"然,不可以他求者也。孔子曰:'君薨,听于冢宰①,歠粥②,面深墨,即位而哭,百官有司莫敢不哀③,先之也。'上有好者,下必有甚焉者矣。君子之德,风也;小人之德,草也。草尚之风,必偃④。是在世子。"

然友反命。

世子曰:"然,是诚在我。"

五月居庐⑤,未有命戒。百官族人可谓曰"知"。及至葬,四方来观之,颜色之戚,哭泣之哀,吊者大悦。

【注释】

①冢宰:约相当于后之相国、宰相。

②歠:音 chuò,饮。

③有司:有关部门,下级官吏。

④草尚之风:尚,意义略同"上",但多表达抽象意义;草上之风,谓草上之以风,即草加以风,风吹草上。

⑤五月居庐:诸侯薨五月乃葬,未葬前,孝子必居凶庐——土砖砌

成,覆之以草。

【译文】

孟子说:"是的!这种事是求不得别人的。孔子说过:'君主去世,政务任由首相处理,世子喝着粥,面色墨黑,走近孝子之位便哭,大小官吏没有人敢不悲哀,这是因为世子带了头。'上位者有所爱好,下位者一定爱好得更加厉害。君子的德好像风,小人的德好像草,风向哪边吹,草就向哪边倒。这件事完全取决于太子。"

然友回来向太子转达。

太子说:"对,这事真的取决于我。"

于是太子居于丧庐中五月,不曾颁布过任何命令和禁令。官吏同族可说是都明白了孝子是懂得礼的。等到举行葬礼的时候,四方人都来观礼,世子表情的悲戚,哭泣的哀痛,使来吊丧的人都很满意。

【评鉴】

这一章回溯滕文公做世子时的事——如何在孟子的教导下实行三年之丧。孟子说孝敬亲人的道理"不可以他求",是对《论语》"为仁由己"之说的展开,也是对自己仁义内在学说的实践。君主躬行三年之丧的意义在于《论语·学而》的"慎终追远,民德归厚"。世子的率先垂范带动了整个滕国社会风尚的改变——孟子的理想在小范围得以实现。

5·3-1 滕文公问为国。

孟子曰:"民事不可缓也。《诗》云[①]:'昼尔于茅[②],宵尔索绹[③];亟其乘屋[④],其始播百谷。'民之为道也,有恒产者有恒心,无恒产者无恒心。苟无恒心,放辟邪侈,无不为已。及陷乎罪,然后从而刑之,是罔民也。焉有仁人在位罔民而可为也?是故贤君必恭俭礼下,取于民有制。阳虎曰[⑤]:'为富不仁矣,为仁不富矣。'"

【注释】

①《诗》云:引自《诗经·豳风·七月》。
②于茅:于,往;茅,取茅草。
③索绹:索,搓;绹,音táo,绳索。
④亟其乘屋:亟,急;乘,登上。
⑤阳虎:字货,鲁国正卿季氏的总管,事迹多见于《论语》。

【译文】

滕文公请教怎样治理国家。

孟子说:"老百姓的事是延缓不起的。《诗经》上说:'白天把茅草割,晚上把绳儿搓;赶紧上房修理,按时把五谷播。'老百姓有他们的规律:有固定产业的人才有一定的原则,没有固定产业的人便不会有一定的原则。没有一定原则的人,就会胡作非为违法乱纪,什么事都做得出来。等到他们犯了罪,然后加以处罚,这等于陷害。哪有仁人在位却做出陷害老百姓的事呢?所以贤明的君主一定要敬业,节俭,礼遇臣下,尤其是取之于民要依照一定的制度。阳虎曾经说过:'要想发财就不能仁爱,要想仁爱就不能发财。'"

5·3-2 "夏后氏五十而贡,殷人七十而助,周人百亩而彻,其实皆什一也。彻者,彻也①;助者,藉也②。龙子曰③:'治地莫善于助,莫不善于贡。'贡者,挍数岁之中以为常④。乐岁,粒米狼戾⑤,多取之而不为虐,则寡取之;凶年,粪其田而不足,则必取盈焉。为民父母,使民盻盻然⑥,将终岁勤动,不得以养其父母,又称贷而益之⑦,使老稚转乎沟壑,恶在其为民父母也?夫世禄,滕固行之矣。《诗》云:'雨我公田,遂及我私⑧。'惟助为有公田。由此观之,虽周亦助也。"

【注释】

①彻:通;意思是,这是天下通行的。
②藉:音 jiè,借。
③龙子:上古之贤人。
④挍:校,较。
⑤粒米狼戾:粒米,即米粒;狼戾,狼藉。
⑥盻盻然:勤苦劳顿的样子;盻,音 xì。
⑦称:举借。
⑧"雨我"两句:引自《诗经·小雅·大田》。

【译文】

"古代的税收制度:夏代每家五十亩地而行'贡'法,商朝每家七十亩地而行'助'法,周朝每家一百亩地而行'彻'法。这三法的实质都是十分抽一。'彻'是'通'的意思,'助'是'借助'的意思。龙子说过:'田税最好的是助法,最不好的是贡法。'贡法是综合若干年的收成得一个平均数。丰年,谷米撒得遍地都是,多征收一点也不算暴虐,却并不多收。灾年,即使努力施肥,尚且不能糊口,却非收足那个平均数不可。作为百姓父母的君主,却让他们一年到头辛苦劳顿,结果连自己的父母都养不活,还不得不借高利贷来交足赋税,最终使老的小的只能到沟壑中去等死,这怎么能算是'为民父母'呢?做大官的享受世袭的田租收入,滕国早就实行了。〔为什么老百姓却不能有一定的田地收入呢?〕有首诗说:'雨先下到公田,然后再下到私田!'只有助法才有公田有私田。这样看来,即使周朝,也是实行助法的。"

5·3-3 "设为庠序学校以教之。庠者,养也;校者,教也;序者,射也。夏曰校,殷曰序,周曰庠;学则三代共之,皆所以明人伦也。人伦明于上,小民亲于下。有王者起,必来取法,是为王者师也。《诗》云：'周虽旧邦，其命惟新①。'文王之谓也。子力行之，亦以新子之国！"

【注释】

①"周虽"两句：见《诗经·大雅·文王》。

【译文】

"要兴办'庠''序''学''校'来教育人民。'庠'是'教养'的意思，'校'是'教导'的意思，'序'是'教射箭'的意思。夏代叫'校'，商代叫'序'，周代叫'庠'；'学'这个名称，三代都这么叫。学习的目的都是为了让人明白人的伦常。诸侯、卿、大夫、士都明白了人的伦常，小老百姓自然会一团和气亲密无间了。这时如有圣王兴起，也一定会来学习效法，这等于做了圣王的老师。《诗经》说：'岐周虽然是古国，国运却焕然一新。'这是赞美文王的诗。你努力实行吧，也来让你的国家气象一新！"

5·3-4 使毕战问井地①。

孟子曰："子之君将行仁政，选择而使子，子必勉之！夫仁政，必自经界始②。经界不正，井地不钧③，谷禄不平④，是故暴君污吏必慢其经界。经界既正，分田制禄可坐而定也。夫滕，壤地褊小，将为君子焉，将为野人焉⑤。无君子，莫治野人；无野人，莫养君子。请野九一而助，国中什一使自赋。卿以下必有圭田⑥，圭田五十亩；余夫二十五亩。死徙无出乡，乡田同井，出入相友，守望相助，疾病相扶持，则百姓亲睦。方里而井，井九百亩⑦，其中为公田。八家皆私百亩，同养公田；公事毕，然后敢治私事，所以别野人也。此其大略也；若夫润泽之，则在君与子矣。"

【注释】

①毕战问井地:毕战,滕之大夫;井地,即井田。
②经界:"丈量土地"的意思。
③钧:同"均"。
④谷禄:相当于"俸禄"。
⑤为:意义同"其为人也"(《论语·学而》《孟子·告子下》)的"为","作为"的意思。
⑥圭田:供祭祀用的田地。
⑦井九百亩:今一方里为375亩,因此古之一亩较今为小。

【译文】

滕文公派毕战来问井田制。

孟子说:"你的国君准备实行仁政,选中你来问我,你一定要好好干!实行仁政,一定要从划分整理田界开始。田界划分得不正确,井田的大小就不均匀,作为俸禄的田租收入也就不会公平合理,所以暴虐的君王和贪官污吏总是轻视田间界限的划分。田间界限正确了,人民土地的分配,官吏俸禄的厘定,都可以毫不费力地决定了。滕国土地狭小,也会有人作为贵族,也会有人作为农夫。没有贵族,便没人治理农民;没有农民,也没人养活贵族。我请求:郊野用九分抽一的助法,都城用十分抽一的贡法。公卿以下的官吏一定有圭田,每家五十亩;如有剩余的劳动力,每人再给二十五亩。无论埋葬或搬家,都不离开本乡本土。一井田中的各家,平日出出进进,互相友爱;防御盗贼,互相帮助;罹患疾病,互相照顾,如此一来,百姓便亲爱和睦了。每一平方里划为一个井田,每一井田划为九百亩,当中一百亩是公田,八家都有私田百亩。这八家共同耕种公田,先把公田料理完毕,才敢去干私田的农活,这是区别官员和农夫的办法。这不过是一个大略,至于如何去充实完善细节,那就在于你的国君和你本人了。"

【评鉴】

　　这一章教导滕文公如何治国理政:一是"民事不可缓",要让百姓有产业,国家才能安定。二是要实行井田制(助法),要让老百姓能够保持基本的生活水平;而井田制的实行,一定要从划分整理田界开始。井田制在今天已经过时了,但孟子关于要让百姓有产业国家才能安定的表述却没有过时,今后相当长时期内大约也不会过时,仍然是值得我们时时重温的宝贵思想。

5·4-1　有为神农之言者许行①,自楚之滕,踵门而告文公曰②:"远方之人闻君行仁政,愿受一廛而为氓。"文公与之处。其徒数十人,皆衣褐③,捆屦织席以为食④。

　　陈良之徒陈相与其弟辛负耒耜自宋之滕⑤,曰:"闻君行圣人之政,是亦圣人也,愿为圣人氓。"

　　陈相见许行而大悦,尽弃其学而学焉。

【注释】

　　①有为神农之言者许行:神农,上古传说中的人物,三皇之一,重农学派托神农以自重。

　　②踵:至,到。

　　③褐:以未绩之麻制成的短衣。

　　④捆屦:捆,织;屦,音 jù,草鞋。

　　⑤耒耜:音 lěi sì;耜是古代一种类似锹的农具,当"耜"和"耒"一道用的时候,耜则分指该农具下端铲土的部分,耒则分指耜柄;耒耜合指铲土的农具,甚至泛指农具。

【译文】

　　有一位研习神农氏学说叫许行的人,从楚国到滕国,登门谒见滕文公,告诉他说:"我这远方之人听说您实行仁政,希望得到一处宅地,做您的编外之民。"文公给了他住处。他的门徒好几十人,都穿着粗麻编成的衣服,以打草鞋、织席子为生。

陈良的门徒陈相和他弟弟陈辛背着农具,从宋国到滕国,也对文公说:"听说您实行圣人的政治,那您也是圣人了。我愿意做圣人的编外之民。"

陈相见了许行,非常高兴,完全抛弃了以前所学而向许行学习。

5·4-2　陈相见孟子,道许行之言曰:"滕君则诚贤君也;虽然,未闻道也。贤者与民并耕而食,饔飧而治①。今也滕有仓廪府库,则是厉民而以自养也②,恶得贤?"

孟子曰:"许子必种粟而后食乎?"

曰:"然。"

"许子必织布而后衣乎?"

曰:"否;许子衣褐。"

"许子冠乎?"

曰:"冠。"

曰:"奚冠?"

曰:"冠素。"

曰:"自织之与?"

曰:"否;以粟易之。"

曰:"许子奚为不自织?"

曰:"害于耕。"

曰:"许子以釜甑爨③,以铁耕乎④?"

曰:"然。"

"自为之与?"

曰:"否;以粟易之。"

"以粟易械器者,不为厉陶冶;陶冶亦以其械器易粟者,岂为厉农夫哉?且许子何不为陶冶,舍皆取诸其宫中而用之⑤?何为纷纷然与百工交易?何许子之不惮烦?"

【注释】

①饔飧而治:饔飧,音 yōng sūn,熟食,这里指自己做饭;治,治理得好,太平。这四字杨伯峻先生译为:"自己做饭,而且也要替百姓办事。"恐不确。这种在"谓词性结构+而治"格式中的"治"多是《王力古汉语字典》归纳的"治理得好,太平"这一意义。例如:"无为而治者,其舜也与?"(《论语·卫灵公》)"上古结绳而治。"(《周易·系辞下》)"圣人南面而听天下,向明而治。"(《周易·说卦》)

②厉:使病,摧残,折磨,损害。

③釜甑爨:釜,金属锅;甑,音 zèng,蒸饭的瓦制炊具;爨,音 cuàn,烧火做饭。

④铁:这里指农具。

⑤舍皆取诸其宫中而用之:舍,放弃。此句承上句,谓何不放弃皆取之于其宫中而用之的做法;宫,上古无论贵贱,住所都叫作宫。章太炎说,这一句的"舍"相当于后世的"啥";"舍皆"就是"啥都"。不确。"疑问代词+都"表周遍意义如"谁都不信""什么东西都买"的格式产生甚晚,《孟子》成书时代不可能有这种表达方式。

【译文】

陈相来看孟子,转述许行的话说:"滕君确实是个贤明的君主,即便如此,还不算听到真正的大道。贤人要和人民一道种地才吃饭,而且自己做饭,通过这种方式做到境内大治。如今滕国有谷仓,有存财物的府库,这都是损害百姓来奉养自己,怎么能叫作贤明呢?"

孟子说:"许子一定要自己种粮食才吃饭吗?"

陈良说:"对。"

"许子一定要自己织布才穿衣吗?"

"不,许子只穿粗麻编织的衣。"

"许子戴帽子吗?"

答道:"要戴的。"

"戴什么帽子?"

答道:"戴白绸帽子。"

"是自己织的吗?"

答道:"不,用粟米换来的。"

"许子为什么不自己织呢?"

答道:"因为妨碍干农活。"

"许子也用铁锅瓦罐做饭,用铁器耕种吗?"

答道:"是这样的。"

"自己做的吗?"

答道:"不,用粟米换来的。"

"农夫用粟米换取锅碗瓢盆和农具,不能说损害了瓦匠铁匠;那瓦匠铁匠用他们的产品来换取粟米,又难道损害了农夫吗?况且许子为什么不亲自干瓦匠活铁匠活?为什么不放弃把各种器物储备在家里随时取用的生活方式呢?为什么许子要一件一件地和各种工匠做买卖?为什么许子这样不怕麻烦?"

5·4-3 曰:"百工之事固不可耕且为也。"

"然则治天下独可耕且为与?有大人之事,有小人之事。且一人之身,而百工之所备;如必自为而后用之,是率天下而路也①。故曰,或劳心,或劳力;劳心者治人,劳力者治于人;治于人者食人②,治人者食于人,天下之通义也。

"当尧之时,天下犹未平,洪水横流,泛滥于天下,草木畅茂,禽兽繁殖,五谷不登,禽兽偪人,兽蹄鸟迹之道交于中国。尧独忧之,举舜而敷治焉③。舜使益掌火,益烈山泽而焚之④,

禽兽逃匿。禹疏九河⑤,瀹济漯而注诸海⑥,决汝汉,排淮泗而注之江⑦,然后中国可得而食也。当是时也,禹八年于外,三过其门而不入,虽欲耕,得乎?"

【注释】

①阻:通"露",破败。

②食人:提供给别人吃;食,音sì,给……吃。

③敷:同"溥""普",遍。

④益烈山泽而焚之:伯益将山野沼泽分割成块而焚烧之;烈,通"裂",分割。

⑤九河:分别为徒骇、大史、马颊、覆釜、胡苏、简、絜、钩盘、鬲津。

⑥瀹济漯而注诸海:瀹,音yuè,疏导;济、漯,都是水名;漯,音tà。

⑦决汝汉,排淮泗而注之江:除汉水外,汝与淮、泗都不入江;其实孟子这里不过申述禹治水之功。

【译文】

陈相答道:"各种工匠的活计本来就不可能一边种地一边又来干的。"

"难道治理天下的活计就独独能够一边种地一边来干的吗?有官吏的工作,有小民的工作。只要是一个人,各种工匠的产品对他就是必不可少的;如果每件东西都要自己制造才去用它,那是率领天下的人疲于奔命。所以我说,有的人劳动脑力,有的人劳动体力;脑力劳动者管理人,体力劳动者被人管理;被管理者向别人提供吃穿用度,管理者的吃穿用度仰仗于别人,这是普天之下的通则。

"在尧的时候,天下还是一片洪荒,大水乱流,泛滥全天下,草木茂密地生长,鸟兽快速地繁殖,谷物却没有收成,飞禽走兽威逼人类,大地遍布它们的行迹。只有尧一个人为这事忧虑,于是选拔舜来总管治理工作。舜命令伯益主持放火工作,伯益便将山野沼泽分割成块逐片焚烧,迫使鸟兽逃跑隐匿。禹又疏浚九河,把济水漯水疏导入海,挖掘汝水汉水,疏通淮水泗水,引导众水流入长江,天下人民才可以种地吃上饭。在这一时期,禹八年奔波在外,好几次经过自己家门都忙得不能进去,即使他想种地,做得到吗?"

5·4-4 "后稷教民稼穑①,树艺五谷②;五谷熟而民人育。人之有道也③,饱食、暖衣、逸居而无教,则近于禽兽。圣人有忧之,使契为司徒④,教以人伦——父子有亲,君臣有义,夫妇有别,长幼有叙,朋友有信。放勋曰:'劳之来之⑤,匡之直之,辅之翼之,使自得之,又从而振德之。'圣人之忧民如此,而暇耕乎?"

【注释】

①后稷:名弃,周朝的始祖,帝尧时为农师。

②五谷:稻(水稻)、黍(黄米之黏者)、稷(小米)、麦(小麦)、菽(豆类)。

③有道:有规律。

④契:殷之祖先。

⑤放勋:尧之名。劳之来之:《尔雅》:"劳、来,勤也。"

【译文】

"后稷教导百姓种庄稼,栽培谷物。谷物成熟了,老百姓便得到了养育。人类的规律是这样的:光是吃得饱,穿得暖,住得安逸,却没有教育,那也和禽兽差不多。圣人为这事忧虑深重,便让契做了司徒,教育人民明白人际的伦常关系——父子间的骨肉之亲,君臣间的礼义之道,夫妻间的内外之别,老少间的尊卑之序,朋友间的诚信之德。尧说道:'督促他们,纠正他们,帮助他们,使他们各得其所,然后再赈济穷困施以恩惠。'圣人为百姓考虑达到这样的程度,还有空闲来种地吗?"

5·4-5 "尧以不得舜为己忧,舜以不得禹、皋陶为己忧①。夫以百亩之不易为己忧者②,农夫也。分人以财谓之惠,教人以善谓之忠,为天下得人者谓之仁。是故以天下与人易③,为天下得人难。孔子曰:'大哉尧之为君!惟天为大,惟尧则之,荡荡乎民无能名焉!君哉舜也!巍巍乎有天下而不与焉!'④尧舜之治天下,岂无所用其心哉?亦不用于耕耳。"

【注释】

①皋陶:音 gāo yáo,虞舜时之司法官。

②易:整治。

③与人:给予别人。

④"孔子曰"诸句:见《论语·泰伯》;与,即"参与"之"与",含"私有""享受"之意。

【译文】

"尧为得不到舜而忧虑,舜为得不到禹和皋陶而忧虑。为了自己的百亩之田种得不好而忧虑的,那是农夫。把财物分给别人,叫作惠;教导大家都学好,叫作忠;为天下找到好人才,叫作仁。因此,把天下禅让给人家容易,为天下找到好人才很难。所以孔子说:'尧作为君主真是伟大!只有天最伟大,也只有尧能效法天。尧的圣德浩荡无边,老百姓日日受其恩惠,竟找不到恰当的词语来称赞他!舜真是个好君主!天下坐得稳如泰山,却不去享受它,占有它!'尧舜的治理天下,难道不用心思吗?只是不把这心思用于如何种地罢了。"

5·4-6 "吾闻用夏变夷者,未闻变于夷者也。陈良,楚产也,悦周公、仲尼之道,北学于中国。北方之学者,未能或之先也①。彼所谓豪杰之士也。子之兄弟事之数十年,师死而遂倍之②!"

【注释】

①未能或之先:未能有人领先于他;或,有人;之先,先之,领先于他。
②倍:同"背",背叛。

【译文】

"我只听说用华夏的方式来改变四夷的,没有听说过用四夷的方式来改变华夏的。陈良土生土长在楚国,却喜欢周公和孔子的学说,北上中国来学习。北方的读书人,还没有人能超过他的,那真是所谓豪杰之士啊!你们兄弟向他学习了几十年,老师一死,竟然背叛了他!"

5·4-7 "昔者孔子没,三年之外,门人治任将归①,入揖于子贡,相向而哭,皆失声,然后归。子贡反,筑室于场,独居三年,然后归。他日,子夏、子张、子游以有若似圣人,欲以所事孔子事之,强曾子②。曾子曰:'不可;江汉以濯之,秋阳以暴之③,皜皜乎不可尚已④。'今也南蛮鴃舌之人⑤,非先王之道,子倍子之师而学之,亦异于曾子矣。吾闻出于幽谷迁于乔木者,未闻下乔木而入于幽谷者。《鲁颂》曰:'戎狄是膺,荆舒是惩⑥。'周公方且膺之,子是之学⑦,亦为不善变矣。"

【注释】

①任:包袱、行李。
②强:音qiǎng,强迫,勉强。
③秋阳以暴之:周历正月相当于夏历的十一月,所以周历的秋阳,实为夏日之阳;暴,同"曝"(pù)。
④皜皜:很白的样子。
⑤鴃:音jué,即伯劳鸟。
⑥"戎狄"两句:见《鲁颂·闷宫》;膺,音yīng,抵抗,抗击。
⑦子是之学:可理解为"子学是";是,代词,这个。

【译文】

"从前,孔子死了,守孝三年之后,门徒们在收拾行李准备回去前,走进子贡住处作揖告别,相对而哭,都泣不成声,这才回去。子贡又回到墓地重新筑屋,独自住了三年,这才回去。过了些时,子夏、子张、子游认为有若有些像圣人,便想像服事孔子那样服事他,勉强曾子同意。曾子说:'不行;比如曾经用江汉之水洗涤过,曾经在夏日之下暴晒过,真是白得不能再白了。〔谁还能与孔子相比呢?〕'如今许行这南蛮子,说话就像鸟叫,也敢来非议我们祖先圣王之道,而你俩却违背师道去向他学,那就和曾子大不相同了。我只听说过鸟儿飞出幽暗的山谷迁往高大的树木,没听说过离开高大的树木再飞进幽暗的山谷的。《鲁颂》说过:'戎狄,要抵抗它;荆楚,要惩罚它。'〔荆楚这样的国家,〕周公还要抗击它,你却去学它,真是变得每况愈下了。"

5·4-8 "从许子之道,则市贾不贰①,国中无伪;虽使五尺之童适市②,莫之或欺③。布帛长短同,则贾相若;麻缕丝絮轻重同,则贾相若;五谷多寡同,则贾相若;屦大小同,则贾相若。"

曰:"夫物之不齐,物之情也;或相倍蓰④,或相什百,或相千万。子比而同之⑤,是乱天下也。巨屦小屦同贾⑥,人岂为之哉?从许子之道,相率而为伪者也,恶能治国家?"

【注释】

①贾:同"价"。

②五尺之童:古人尺短,五尺只合今之三尺半。

③莫之或欺:莫或欺之,没有人会欺骗他;否定句中,代词作宾语一般要前置于谓语动词。莫,没有人;或,语气副词,使语气和缓一些。

④倍蓰:两倍和五倍;是原先的两倍,就是比原先的多出一倍,或原先的比后来的相差一倍;不能说"是原先的一倍",这是病句。蓰,音 xǐ,

五倍。

⑤比：音 bì，混合。

⑥巨屦小屦：巨屦，粗屦；小屦，细屦。

【译文】

陈相说："如果遵从许子的学说，市场上的物价就能一致，都市中没有欺诈，即使打发个小孩子上市场，也没有人会欺骗他。布匹丝绸的长短相同，价钱便一样；麻线丝棉的轻重相同，价钱便一样；谷米的多少相同，价钱便一样；鞋的大小相同，价钱也一样。"

孟子说："各种物品的质量不一样，是物品的真实情形——有的相差一倍五倍，有的相差十倍百倍，有的相差千倍万倍；你想要〔不分精粗优劣，〕而让它们价钱一致，只是扰乱天下罢了。用料做工粗劣的鞋和用料做工精致的鞋一样的价钱，人们肯干吗？按许子说的办，是带领大家去偷工减料，这样弄，哪里能够治理国家呢？"

【评鉴】

这一章是《孟子》全书中最重要的若干章之一，它提出了社会有分工，有脑力劳动和体力劳动的区分，同时也指出这是文明进步的必由之路。"劳心者治人，劳力者治于人；治于人者食人，治人者食于人，天下之通义也。"这几句话以前是对孟子口诛笔伐时予以重点批判的，现在看来，它道出了人类社会相当长的一个时期（包括当下）社会分工的现实。我们从陈相所说"从许子之道，则市贾不贰，国中无伪；虽使五尺之童适市，莫之或欺。布帛长短同，则贾相若；麻缕丝絮轻重同，则贾相若；五谷多寡同，则贾相若；屦大小同，则贾相若"，还可看出一些计划经济时代的影子，孟子却明确表示："从许子之道，相率而为伪者也，恶能治国家？"

5·5-1 墨者夷之因徐辟而求见孟子①。孟子曰："吾固愿见，今吾尚病，病愈，我且往见。"夷子不来②。

他日，又求见孟子。孟子曰："吾今则可以见矣。不直，则道不见③;我且直之。吾闻夷子墨者,墨之治丧也,以薄为其道也;夷子思以易天下,岂以为非是而不贵也? 然而夷子葬其亲厚,则是以所贱事亲也。"

【注释】

①墨者夷之因徐辟句:墨者,信奉墨子学说的人;夷之,已无可考;徐辟,孟子弟子。

②夷子不来:有的注本将此四字放在引号内,译为孟子对夷之的使者说让夷子别来,不确。因为如果这样,按语法规律来讲,否定副词应当用禁止性的"勿""毋"(《孟子》"毋"都写作"无")而不用"不";通过对《孟子》全书的考察,也确实如此:除"夷子不来"一例外,《孟子》中"不"出现1083次,没有表禁止、劝阻的。而全书的"勿"或"毋"(无)均表禁止:"王请勿疑!"(《梁惠王下》)"王勿异也。"(《万章下》)"王如知此,则无望民之多于邻国也。"(《梁惠王上》)"王无罪岁,斯天下之民至焉。"(同上)因此,"夷子不来"意为"夷子没有来",应该置于引号之外。

③见:同"现"。

【译文】

墨家信徒夷之凭着徐辟的关系要求见孟子。孟子说:"我本来愿意见他,不过我现在正病着;病好了,我打算去看他。"夷子便没有来。

过了一段时间,他又要求见孟子。孟子说:"我现在可以见他了。但不直截了当地说,真理不能明白地显现。我就直说了吧。我听说夷子是墨家信徒,墨家的办理丧事,以薄葬为合理;夷子也想用这一套来改革天下,难道会认为薄葬不对而不认为薄葬很高贵吗? 但是夷子埋葬父母亲却很丰厚,那便是拿他所看不起的东西来对待父母亲了。"

5·5-2 徐子以告夷子。夷子曰:"儒者之道,古之人若保赤子①,此言何谓也? 之则以为爱无差等,施由亲始②。"

徐子以告孟子。孟子曰:"夫夷子信以为人之亲其兄之子为若亲其邻之赤子乎?彼有取尔也。赤子匍匐将入井,非赤子之罪也。且天之生物也,使之一本,而夷子二本故也。盖上世尝有不葬其亲者,其亲死,则举而委之于壑。他日过之,狐狸食之③,蝇蚋姑嘬之④。其颡有泚⑤,睨而不视。夫泚也,非为人泚,中心达于面目,盖归反藁梩而掩之⑥。掩之诚是也,则孝子仁人之掩其亲,亦必有道矣。"

徐子以告夷子,夷子怃然为间曰⑦:"命之矣⑧。"

【注释】

①赤子:初生的婴儿。

②施:行。

③狐狸:狐,狐狸;狸,狸猫。

④蝇蚋姑嘬之:蚋,音 ruì,蚊类昆虫;姑,应读为"盬(gǔ)",咀吮;嘬,音 chuài,凑在一起吃。

⑤泚:音 cǐ,出汗的样子。

⑥藁梩:音 léi lí;藁,土筐;梩,类似铲子的工具。

⑦怃然为间:怃,音 wǔ;怃然,茫然自失的样子;为间,一会儿。

⑧命之:命,教;之,夷子自指。

【译文】

徐子把这话转达给夷子。夷子说:"儒家的学说认为,古代君王爱护百姓就好像爱护婴儿一般。这话是什么意思呢?我以为便是,人们之间的爱没有亲疏厚薄的区别,只是由双亲开始实行罢了。〔这样看来,墨家的兼爱之说和儒家学说并不矛盾,而我厚葬父母,也没有什么说不过去了。〕"

徐子又把这话告诉了孟子。孟子说:"夷子真以为人们爱自己的侄儿和爱邻居家的婴儿一样的吗?夷子只不过抓住了一点:婴儿在地上爬行,快要跌到井里去了,这自然不是婴儿的罪过。况且天生某物,让它只有一个来源,〔所以父子之爱优先于对他人的爱;〕夷子〔认为爱无等次,就等于认为天生某物,让它〕有两个来源;道理就在这里。大概上古曾经有不埋葬父母的人,父母死了,就抬着扔到山沟里。过了些时候,再经过那里,就发现狐狸、狸猫在撕咬着,苍蝇、蚊子在咀咂着那尸体。那个人不禁额头上冒出了汗,斜着眼睛,不敢正视。这一种汗,不是流给别人看的,而是心中的悔恨在面目上的流露。大概后来他回家取了箩筐铲子把尸体埋了。埋葬尸体诚然是对的,那么,孝子仁人埋葬他的父母,自然有他的道理了。"

徐子把这话又转达给夷子,夷子十分怅惘地停了一会儿,说:"我懂得了。"

【评鉴】

这一章是对墨家信徒夷之的开导。夷之"葬其亲厚",如上一篇第七章所述,孟子也主张"君子不以天下俭其亲",但墨家学说却是主张薄葬的。接着孟子用一个"不葬其亲"而最终心中有愧的人的故事来说明"葬亲"乃是出自人的善良天性;言下之意,夷之"葬其亲厚"没错,是墨家学说错了;夷之完全不必用"施由亲始"来为墨家与自己找出路,这样只会陷入自相矛盾。

《滕文公上》除第四、第五两章外,都是对滕文公的教导之辞。第四章的主旨虽已如上述,但这一述说的缘由依然是为其"学生"滕文公辩解。第五章中的夷之大约也是到滕国见的孟子。所以,《滕文公上》的关键词恰如其名:滕文公。

滕文公章句下 凡十章

6·1-1 陈代曰①:"不见诸侯,宜若小然;今一见之,大则以王,小则以霸。且《志》曰:'枉尺而直寻②。'宜若可为也。"

孟子曰:"昔齐景公田,招虞人以旌③,不至,将杀之。志士不忘在沟壑,勇士不忘丧其元。孔子奚取焉?取非其招不往也。如不待其招而往,何哉?且夫枉尺而直寻者,以利言也。如以利,则枉寻直尺而利,亦可为与?"

【注释】

①陈代:孟子弟子。
②寻:合当时的八尺,相当于今天的五尺左右。
③招虞人以旌:虞(yú)人,掌管山泽田猎的官名;旌,音 jīng,用五色羽毛装饰的旗帜。

【译文】

陈代说:"不去谒见诸侯,似乎只是小事一桩;可如今见一次诸侯,大则可以实行仁政于天下,小则可以称霸中国。而且《志》上说:'弯曲一尺,可以伸直一寻。'好像应该试一试。"

孟子说:"从前齐景公田猎,用旌去召唤掌管山泽田猎的小吏,小吏不去,景公便准备杀他——志士坚守气节,不怕弃尸山沟;勇士见义勇为,不怕抛弃头颅。孔子到底看重这小吏哪一点呢?就是看重他不是自己所应接受的召唤之礼,硬是不去;如果不等待诸侯的招致便去,究竟要干什么呢?而且所谓'弯曲一尺,可以伸直一寻',完全是从利的方面来考虑的。如果唯利是图,那么即使弯曲一寻去伸直一尺,也有小利可图,不也可以干干吗?"

6·1-2 "昔者赵简子使王良与嬖奚乘①,终日而不获一禽。嬖奚反命曰:'天下之贱工也。'或以告王良。良曰:'请复之。'强而后可,一朝而获十禽。嬖奚反命曰:'天下之良工也。'

"简子曰:'我使掌与女乘②。'谓王良。良不可,曰:'吾为之范我驰驱③,终日不获一;为之诡遇④,一朝而获十。《诗》云:"不失其驰,舍矢如破⑤"。我不贯与小人乘⑥,请辞。'御者且羞与射者比⑦;比而得禽兽,虽若丘陵,弗为也。如枉道而从彼,何也?且子过矣:枉己者,未有能直人者也。"

【注释】

①昔者赵简子使王良与嬖奚乘:赵简子,晋国正卿赵鞅;王良,春秋末年的驾车能手;嬖,音 bì,受宠幸的小人;奚,嬖人名。

②我使掌与女乘:我使之掌与汝乘,我让他负责给你驾车;"使"的宾语常常不出现;掌,掌管。

③范我驰驱:规范我的奔驰。

④诡遇:不依法驾御。

⑤"不失"两句:见《诗经·小雅·车攻》;如破,而破。

⑥贯:习惯;按,"贯"今写作"惯"。

⑦御者且羞与射者比:射者,语义双关:明指嬖奚,暗指射利之徒与射利之事,如四处求见诸侯以干禄之苏秦、张仪辈,亦表明自己不愿主动谒见诸侯之志;比,并立。

【译文】

"从前,赵简子让王良替他的宠幸小臣奚驾车打猎,一整天也没打到一只猎物。奚向简子汇报说:'王良是天底下最没本事的驾车人。'有人把这话告诉了王良。王良说:'希望再来一次。'反复劝说,奚才答应去,结果一早上就打中十只猎物。奚又汇报说:'王良是天底下最有本事的驾车人。'

"赵简子便说:'我让他专门给你驾车好了。'把这告诉王良,王良不肯,说:'我帮他按规矩奔驰,整天打不着一只;我帮他违背规矩奔驰,一早上就打中了十只。可是《诗经》上说:"倘能矩步规行,必将一发而中。"我不习惯为小人驾车,请允许我辞去这差事。'驾车者尚且羞于与坏的射手为伍;与他为伍,即使打得的禽兽堆成山,也不肯干。如果先委屈自己的理想与主张而追随诸侯,那究竟是为什么?况且你错了:允许自己不正直的人,从来就不能够使别人正直。"

【评鉴】

这一章讲规矩规范的重要,若不规行矩步,"得禽兽,虽若丘陵,弗为也。"而小人总是投机取巧。如果君子放弃原则,和投机取巧的小人打成一片,又如何能够去纠正别人呢?目前许多人在讨论的"中国式聪明"和这一典故颇为相通,无疑应是在社会前进的进程中予以扬弃的。

6·2 景春曰[①]:"公孙衍、张仪岂不诚大丈夫哉[②]?一怒而诸侯惧,安居而天下熄[③]。"

孟子曰:"是焉得为大丈夫乎[④]?子未学礼乎?丈夫之冠也,父命之[⑤];女子之嫁也,母命之,往送之门,戒之曰:'往之女家,必敬必戒,无违夫子!'以顺为正者,妾妇之道也。居天下之广居,立天下之正位,行天下之大道;得志,与民由之;不得志,独行其道;富贵不能淫,贫贱不能移,威武不能屈,此之谓大丈夫。"

【注释】

①景春:与孟子同时的纵横家。

②公孙衍、张仪:公孙衍即魏人犀首,当时著名的说客;张仪,魏人,游说六国连横去服从秦国的大政客。

③熄:烽火熄。

④是焉得为大丈夫乎:此句当译为:"如果仅仅这样,又怎么能算大丈夫呢?"因为,"焉得"经常处于因果、条件复句的后一从句。除此例外,其余32例"焉得"全部处于因果、条件复句的后一从句。如:"管仲有三归,官事不摄,焉得俭?"(《论语·八佾》——因果)"里仁为美。择不处仁,焉得知?"(《论语·里仁》——条件)此例如仔细推求,也是一个紧缩了的条件复句,"是"复指前面的景春所说,故浓缩为一个字。

⑤丈夫之冠也,父命之:古时男子到了二十岁,便可算作成年人,行加冠礼。

【译文】

景春说:"公孙衍和张仪难道不真正是大丈夫吗?他们一生气,诸侯都心惊胆战;安居度日时,天下便战火全熄。"

孟子说:"如果仅仅这样,又怎么能算大丈夫呢?你没有学过礼吗?男子行加冠礼时,父亲要叮嘱他;女子出嫁的时候,母亲要叮嘱她,把她送到门口,告诫她说:'到了你的夫家,一定要严肃认真,一定要时时上心,不要违背丈夫!'以顺从为原则的,是做妇人的道理。居住在天下这么宽广的空间,站在天下最正确的位置,走着天下最光明的仁义之路;得志之日,带领百姓一同走这条路;不得志之时,一个人也要走这条路。富贵不能放纵他,贫贱不能改变他,威武不能屈服他,这样才叫作大丈夫。"

【评鉴】

这一章讨论什么是"大丈夫"。景春认为公孙衍、张仪是,因为他们

"一怒而诸侯惧,安居而天下熄"——拳头硬,势力强。孟子则说:"居天下之广居,立天下之正位,行天下之大道;得志,与民由之;不得志,独行其道;富贵不能淫,贫贱不能移,威武不能屈,此之谓大丈夫。"现如今,充斥于电视、书刊的,有许多如何"做男人"的信条;我们不妨对照这段话想一想,究竟是取得了权势的人是大丈夫呢,还是那些坚持正义、生死无悔的人才是大丈夫呢?

6·3-1 周霄问曰①:"古之君子仕乎?"

孟子曰:"仕。《传》曰:'孔子三月无君,则皇皇如也②,出疆必载质③。'公明仪曰:'古之人三月无君,则吊。'"

"三月无君则吊,不以急乎④?"

曰:"士之失位也,犹诸侯之失国家也。《礼》曰:'诸侯耕助以供粢盛⑤;夫人蚕缫⑥,以为衣服⑦。牺牲不成⑧,粢盛不洁,衣服不备,不敢以祭。惟士无田,则亦不祭。'牲杀、器皿、衣服不备,不敢以祭,则不敢以宴,亦不足吊乎?"

【注释】

①周霄:魏人。

②皇皇:今作"惶惶",不安的样子。

③质:通"贽""挚(zhì)";古代初相见,须携礼物以示诚意,谓之"贽",士人一般用雉。

④不以急乎:(您)不认为急切了些吗? 以,以为,认为。下一章"彭更问曰:'后车数十乘,从者数百人,以传食于诸侯,不以泰乎?'孟子曰:'非其道,则一箪食不可受于人;如其道,则舜受尧之天下,不以为泰——子以为泰乎?'"可证。

⑤诸侯耕助以供粢盛:"助"即"藉",借助的意思;古代天子于每年孟春,率三公九卿诸侯大夫躬耕;因仍须假借他人之手才得以收获,故谓之"藉田";粢盛,音 zī chéng,就是六谷(黍、稷、稻、粱、麦、苽)。

⑥夫人蚕缫:"夫人"指诸侯正妻;缫,音 sāo,抽茧出丝。
⑦衣服:专指祭祀穿用的衣服。
⑧牺牲不成:祭祀所杀的牛羊猪等都叫"牺牲",也叫"牲杀";成,盛。

【译文】

周霄问道:"古代的君子做官吗?"

孟子答道:"做官。《传》上说:'孔子要是一连几个月没有君主任用他,就焦急不安;离开一个国家,一定要带着见面礼〔,以便和别国国君见面〕。'公明仪也说:'古代的人一连几个月没有君主任用,就要去安慰他。'"

周霄便说:"一连几个月没君主任用就去安慰他,不觉得急了些吗?"

孟子答道:"士失掉官位,就好像诸侯失去国家。《礼》说过:'诸侯亲自参加耕种,是为了供给祭品;夫人亲自养蚕缫丝,是为了供给祭服。牛羊不肥壮,祭品不洁净,祭服不具备,不敢用来祭祀。士若没有〔供祭祀用的〕田地,那也不能祭祀。'牛羊、祭具、祭服不具备,不敢用来祭祀,也就不能举行宴会,这难道不应该安慰他吗?"

6·3-2 "出疆必载质,何也?"

曰:"士之仕也,犹农夫之耕也;农夫岂为出疆舍其耒耜哉?"

曰:"晋国亦仕国也①,未尝闻仕如此其急。仕如此其急也,君子之难仕,何也?"

曰:"丈夫生而愿为之有室,女子生而愿为之有家;父母之心,人皆有之。不待父母之命、媒妁之言,钻穴隙相窥,逾墙相从,则父母国人皆贱之。古之人未尝不欲仕也,又恶不由其道。不由其道而往者,与钻穴隙之类也②。"

【注释】

①晋国:此处指魏国。

②与钻穴隙之类也:此句与当时句法不合,"之"或许是"者"字之讹,后者战国文字上部与"之"相似。

【译文】

周霄又问:"离开国界一定要带上见面礼,为什么呢?"

孟子答道:"士的做官,就好像农民的耕田;农民难道会因为越过国境线便放弃他的农具吗?"

周霄说:"魏国也是一个可以做官的国家,我却没听说过找官位是这样迫不及待的。找官位既迫不及待,君子却不轻易做官,这又是为什么呢?"

孟子说:"男人一生下来,父母便惟愿他早有妻室;女人一生下来,父母便惟愿她早有婆家。做父母的,人人都有这样的心愿。但是,不等待爹妈开口,不经过媒人介绍,自己便挖墙、洞扒门缝来互相窥望,翻过墙去私会,那么,爹妈和举国之人都会轻视他。古代的人不是不想做官,但是又讨厌不经由合乎礼义的道路去求官。不经合乎礼义的道路而奔向仕途的,正和挖墙洞、扒门缝〔翻墙去私会〕的人一样。"

【评鉴】

先秦儒家认为君子应该出仕以行其道,在这一章,孟子阐述得很到位:"士之失位也,犹诸侯之失国家也。"但必须"由其道",即讲求规矩规范。如果通过不正当手段而得来官职,则"父母国人皆贱之"。这一章也可以看作是对《公孙丑下》第十二章孟子不愿速速离开齐国一事的进一步解释。几千年来,卖官鬻爵不绝如缕,有时还非常猖獗。买卖以不赔钱为宗旨,花钱买的官必须加倍回收资金,遭殃的必然是老百姓。因而孟子的这段话,在相当长时期内,还是具有强烈的警示作用。

6·4 彭更问曰①:"后车数十乘,从者数百人,以传食于诸侯②,不以泰乎?"

孟子曰:"非其道,则一箪食不可受于人;如其道,则舜受尧之天下,不以为泰——子以为泰乎?"

曰:"否;士无事而食,不可也。"

曰:"子不通功易事,以羡补不足③,则农有余粟,女有余布;子如通之,则梓匠轮舆皆得食于子④。于此有人焉,入则孝,出则悌,守先王之道,以待后之学者⑤,而不得食于子;子何尊梓匠轮舆而轻为仁义者哉?"

曰:"梓匠轮舆,其志将以求食也⑥;君子之为道也,其志亦将以求食与?"

曰:"子何以其志为哉? 其有功于子⑦,可食而食之矣⑧。且子食志乎? 食功乎?"

曰:"食志。"

曰:"有人于此,毁瓦画墁⑨,其志将以求食也,则子食之乎?"

曰:"否。"

曰:"然则子非食志也,食功也。"

【注释】

①彭更:孟子弟子。

②传食:犹言转食;传,音 zhuàn。

③羡:多余。

④梓匠轮舆:《周礼·考工记》有梓人、匠人为木工,有轮人(制车轮)、舆人(制车箱),为制车之工。

⑤守先王之道,以待后之学者:焦循《孟子正义》:"盖赵(岐)氏读'待'为'持',谓扶持后之学者,使不废古先之教,惟守先道以扶持后

学。"焦说不确。考察同时同地文献,"谓词性结构+以待+体词性结构"十分常见,其中"以待"都是"用来等待……"的意思,例如本篇:"请轻之,以待来年……请损之,月攘一鸡,以待来年。"而勉强符合"谓词性结构+以持+体词性结构"条件的,先秦典籍中仅见一例:"楚不在诸侯矣!其仅自完也,以持其世而已。"(《左传·昭公十九年》)这一例的"以持"前的谓词性结构以"也"煞尾,其后的体词性结构后面还有"而已",因而并不典型。可见,"守先王之道以待后之学者"是上承"守先王之道",来等待后来学者(继承)的意思。

⑥志:想法。

⑦其:指示代词,指代上文的"君子之"。

⑧可食而食之矣:二"食"字皆音 sì,给……吃;之,指君子。

⑨墁:音 màn,本义指粉刷墙壁的工具,此处指新粉刷的墙壁。

【译文】

彭更问道:"跟随的车几十辆,跟从的人几百个,从这一国吃到那一国,您不觉得奢侈了些吗?"

孟子答道:"如果不符合大道,就是一篮子饭也不从别人那儿接受;如果符合大道,舜甚至接受了尧的天下,也不觉得奢侈——你以为奢侈了吗?"

彭更说:"不是这意思。但读书人不干事,吃白饭,是不可以的。"

孟子说:"你如果不在各行各业互通有无,用多余的来弥补不够的,农民就会有多余的米,妇女就会有多余的布;如果能互通有无,那么木匠车工都能够从你那儿得到吃的。假如这里有个人,在家孝顺父母,出外尊敬兄长,严守着先王的礼法道义,来等待着后起的学者继承,却不能从你那儿得到吃的;那么,你为什么以木匠车工为尊,而轻视践行仁义之士呢?"

彭更说:"木匠车工,他们的想法不过是为了谋碗饭吃;君子践行仁义,他的想法也是为了谋碗饭吃吗?"

孟子说:"你为什么非要追究想法呢?他们对你有用处,可以给他们吃的,就给他们吃好了。况且,你是凭想法给吃的呢?还是凭用处呢?"

彭更说:"凭想法。"

孟子说:"比方这里有个泥瓦工,打碎屋瓦,在新刷的墙上乱画,他的想法也是为了弄到吃的,你给他吃的吗?"

彭更说:"不。"

孟子说:"那么,你并不是凭想法,而是凭用处了。"

【评鉴】

这一章,针对彭更所提出的"士无事而食"的质疑,孟子进一步阐述了6·4章关于社会分工的观点——通过交换,既然木匠车工都能够从农夫那儿得到吃的,那践行仁义之士为什么不可以通过他的脑力劳动从农夫那儿换来吃的呢?这使我们不由想起一个老话题:管理算不算劳动?

另外,这一章也涉及评价某些人与事时,动机与功效何者优先的问题,有些事情我们要考察动机,比如某人是否道德;有些事情我们要考察功效,比如某人是否尽责。这一问题值得我们深思。

6·5-1 万章问曰[①]:"宋,小国也;今将行王政,齐楚恶而伐之,则如之何?"

孟子曰:"汤居亳[②],与葛为邻[③],葛伯放而不祀[④]。汤使人问之曰:'何为不祀?'曰:'无以供牺牲也。'汤使遗之牛羊。葛伯食之,又不以祀。汤又使人问之曰:'何为不祀?'曰:'无以供粢盛也。'汤使亳众往为之耕,老弱馈食。葛伯率其民,要其有酒食黍稻者夺之,不授者杀之。有童子以黍肉饷[⑤],杀而夺之。《书》曰:'葛伯仇饷[⑥]。'此之谓也。"

【注释】

①万章:孟子的高足。

②亳:音 bó;按,亳地屡迁,发生此事时约在今河南商丘市北,为汉时之薄县。

③葛:古国名,嬴姓,在今河南宁陵县北。

④放:放纵,放肆。

⑤有童子以黍肉饷:童子,少年;饷,音 xiàng,送食物给人。

⑥葛伯仇饷:此四字为《尚书》逸篇之文。这一"饷"转指送食物的童子。

【译文】

万章问道:"宋国是个小国,现在想要推行仁政,齐楚两国却厌恶这样,要出兵讨伐它,该怎么办呢?"

孟子说:"汤住在亳地,和葛国挨着;葛伯放纵无道,不祭祀祖先。汤派人去问他:'为什么不祭祀?'答道:'没有牛羊做祭品。'汤便派人送给他牛羊。葛伯把牛羊吃了,却不用来祭祀。汤又派人去问他:'为什么不祭祀?'答道:'没有谷物做祭品。'汤便派亳地的民众去为他们种地,老弱者给种地的人去送饭。葛伯却领着他的百姓拦住那些提着酒菜好饭的人来抢劫,谁要不给就杀掉。有个少年去送饭和肉,葛伯杀了他,夺了饭和肉。《书经》上说:'葛伯仇视送饭者。'就是说的这事。"

6·5-2 "为其杀是童子而征之,四海之内皆曰:'非富天下也,为匹夫匹妇复仇也。''汤始征,自葛载①',十一征而无敌于天下。东面而征,西夷怨;南面而征,北狄怨,曰:'奚为后我?'民之望之,若大旱之望雨也。归市者弗止,芸者不变,诛其君,吊其民,如时雨降。民大悦。《书》曰:'徯我后②,后来其无罚!''有攸不惟臣③,东征,绥厥士女④,篚厥玄黄⑤,绍我周王见休⑥,惟臣附于大邑周。'其君子实玄黄于篚以迎其君子,其小人箪食壶浆以迎其小人;救民于水火之中,取其残而已矣。《太誓》曰⑦:'我武惟扬,侵之之疆,则取于残⑧,杀伐用张⑨,于汤有光。'不行王政云尔,苟行王政,四海之内皆举首而望之,欲以为君;齐楚虽大,何畏焉?"

【注释】

①载:开始。

②徯我后:徯(xī),等待;后,王;这一"后"的繁体字不能写成"後"。

③有攸不惟臣:有攸,有所;攸,所;惟,为。赵岐注:"攸,所也。"朱熹《孟子集注》:"有所不惟臣,谓助纣为恶,而不为周臣者。"杨伯峻先生《孟子译注》说:"旧注把'攸'字当'所'字解,恐误。根据甲文和晚商金文都有攸国之名,故译文作攸国。"按,"有攸"经籍中多有,其后往往接谓词性结构,仅因甲金文中有"攸国",似不足以推翻故训。

④绥厥士女:绥,安抚,安定;厥,其。

⑤篚厥玄黄:篚音 fěi,一种竹编容器,此处是用篚盛物的意思;玄黄,束帛之色,这里指布帛。

⑥休:美。

⑦《太誓》:即《泰誓》,《尚书》篇名,今已亡佚。

⑧侵于之疆,则取于残:侵于、取于,《尚书》中动词后多用一"于"字;之,此;残,残贼之人。

⑨杀伐用张:用,因而;张,展开。

【译文】

"因为杀了这小孩,汤便去征讨葛伯,天下的人都说:'汤不是贪图富有天下,而是为老百姓报仇雪恨哪。'汤开始征战,即从伐葛开始,十一次征战,无往而不胜,天下没人能与之抗衡。朝东方出征,西夷怨恨;朝南方出征,北狄怨恨,都说:'为什么把我们排后边?'老百姓盼望他,就和大旱之年盼望下雨一样。〔大军征战时,〕做买卖的照常营业,干农活的照样耘田,杀掉那个君主,抚慰那些百姓,正像及时雨落下呀,老百姓非常高兴。《书经》上说:'等待我王,王来了我们不会再遭罪!'又说:'谁敢不服从,周王便东行讨伐,来安定这地方的男男女女;他们在筐中放上黄色黑色的束帛,请求介绍和周王相见,以得到荣光,作为大周国的臣民。'官员们把黑色黄色的束帛装满筐子来迎接官员,老百姓提着饭篮和酒壶来迎接士兵,这次出征只是要把老百姓从水深火热中拯救出来,除掉那残暴的君主罢了。《泰誓》上说:'我们的威武要发扬,攻到商纣的疆土上,杀掉那凶狠的豺狼,把该死的砍个精光,这功绩比汤还辉煌。'不实行王政便罢了,如果实行王政,天下的人都要抬起头来盼望,要拥护他来做君主;齐国楚国纵然是庞然大物,又有什么可怕的呢?"

【评鉴】

这一章讲述了古贤君商汤"十一征而无敌于天下"的事迹,而这一切是从暴君葛伯杀了个送饭的小孩开启的。商汤正是"为匹夫匹妇复仇",所以才"东面而征,西夷怨;南面而征,北狄怨,曰:'奚为后我?'民之望之,若大旱之望雨也"。也就是说,吊民伐罪的战争,是正义的,一定会得道多助。这和《梁惠王下》"残贼之人,谓之'一夫'。闻诛一夫纣矣,未闻弑君也",是一脉相承的。

另外,这一章也说明了好人一定会惹来坏人仇视的道理,葛伯以怨报德,杀害来送饭的少年就是要说明这个道理。纵然如此,好人也不应放弃行善,因为行正义必得民心,得民心者得天下。

6·6 孟子谓戴不胜曰[①]:"子欲子之王之善与[②]?我明告子。有楚大夫于此,欲其子之齐语也,则使齐人傅诸[③],使楚人傅诸?"

曰:"使齐人傅之。"

曰:"一齐人傅之,众楚人咻之[④],虽日挞而求其齐也,不可得矣;引而置之庄岳之间数年[⑤],虽日挞而求其楚,亦不可得矣。子谓薛居州,善士也,使之居于王所。在于王所者,长幼卑尊皆薛居州也,王谁与为不善[⑥]?在王所者,长幼卑尊皆非薛居州也,王谁与为善?一薛居州,独如宋王何[⑦]?"

【注释】

①戴不胜:宋臣。
②之善:走向善道;之,走向,到……去。
③诸:"之乎"的合音。
④咻:音 xiū,吼。
⑤庄岳:庄,街名;岳,里名。
⑥王谁与为不善:王与谁为不善,王和谁一道干不善之事。
⑦独:难道。

【译文】

孟子对戴不胜说:"你想你的君王学好吗?我明白告诉您。这里有位楚国的大臣,希望他儿子会说齐国话,那么,找齐国人来教呢?还是找楚国人来教呢?"

答道:"找齐国人来教。"

孟子说:"一个齐国人教他,却有许多楚国人在边上大喊大叫,就算你每天用鞭子抽他,逼他说齐国话,也做不到;但假如把他带到临淄城里的庄街、岳里住上几年,就算你每天用鞭子抽他,逼他再说楚国话,那也做不到了。你说薛居州是个好人,要他住在王宫里〔影响王,使王学好〕。假如住在王宫里的人,不论大的小的,贱的贵的,都是薛居州那样的好人,那王跟谁去干坏事呢?假如住在王宫里的人,不论大的小的,贱的贵的,都是和薛居州相反的人,那王又跟谁去干好事呢?一个薛居州,又能对宋王产生什么影响呢?"

【评鉴】

这一章以语言学习作比方,阐明杯水车薪的好影响,不足以使人成为"善士"。类似的表述《孟子》中出现过好几次。这表明一个人的变好变坏,都是经过长期的耳濡目染,非一朝一夕所能改变的。"孟母三迁"的故事,也说明了习染对一个人的影响是如此之大。

6·7 公孙丑问曰:"不见诸侯何义?"

孟子曰:"古者不为臣不见。段干木逾垣而辟之①,泄柳闭门而不纳,是皆已甚;迫,斯可以见矣。阳货欲见孔子而恶无礼②,大夫有赐于士③,不得受于其家,则往拜其门。阳货瞰孔子之亡也④,而馈孔子蒸豚;孔子亦瞰其亡也,而往拜之。当是时,阳货先,岂得不见?曾子曰:'胁肩谄笑⑤,病于夏畦⑥。'子路曰:'未同而言,观其色赧赧然⑦,非由之所知也⑧。'由是观之,则君子所养,可知已矣。"

【注释】

①段干木:姓段,名干木,魏文侯时贤者。

②阳货欲见孔子:事见《论语·阳货》;见,音 xiàn,阳货欲令孔子来见的意思。

③大夫:阳货为鲁正卿季氏之宰(总管),为"大夫级";其时孔子在野,故称"士"。

④瞰:音 kàn,同"瞰",窥伺。

⑤胁肩谄笑:胁肩,即竦体,故作恭敬之状;谄笑,献媚地笑。

⑥畦:音 xī,灌园,浇水。

⑦赧赧然:因惭愧而脸红的样子;赧,音 nǎn。

⑧非由之所知:由,子路字仲由;这是一句表示很厌恶的婉转语。

【译文】

公孙丑问道:"不去谒见诸侯,是什么道理?"

孟子说:"古代,一个人如果不是诸侯的臣属,就不去谒见。〔从前魏文侯去看段干木,〕段干木却跳过墙去躲开他,〔鲁穆公去看泄柳,〕泄柳却紧闭大门不予接见,这些都做得太过分;迫不得已,也就可以相见了。阳货想要孔子来看望他,又不愿自己失礼,〔径自召唤,便利用了〕大夫对士有所赏赐,当时士如果不在家,不能亲自接受并拜谢,便要亲自去大夫家答谢〔这一礼节〕。阳货窥探到孔子外出的时候,给他送去一只蒸小猪;孔子也窥探到阳货不在家,才去答谢。在那时候,阳货若是〔不玩花样,〕先去看望孔子,孔子哪会不去看望他?曾子说:'肩膀抬得高高,满脸谄媚地笑,比那大热天在菜地里工作还让人吃不消。'子路说:'分明不想和这种人谈话,却勉强应付几句,脸上又显出惭愧的表情,我可弄不懂这些。'从这一点来看,君子如何养成自己,就可以晓得了。"

【评鉴】

这一章既讲述了拜见外国君主所应遵循的规范与尺度,也表明了孟子对于巴结逢迎的厌恶。

6·8 戴盈之曰[①]:"什一,去关市之征,今兹未能[②];请轻之,以待来年,然后已。何如?"

孟子曰:"今有人日攘其邻之鸡者[③],或告之曰:'是非君子之道[④]。'曰:'请损之,月攘一鸡,以待来年,然后已。'——如知其非义,斯速已矣,何待来年?"

【注释】

①戴盈之:宋大夫。
②今兹:现在,目前。
③攘:音 rǎng,盗窃。
④是非君子之道:这不是君子之道;是,此。

【译文】

戴盈之说:"田租定为十分之一,撤除关卡和市场的税收,目前还不能完全做到;想先减轻一些,等到明年,再完全实行。怎么样?"

孟子说:"如今有个人每天偷邻居一只鸡,有人告诉他说:'这不是正人君子所该做的。'他便说:'请让我减少一点,先每个月偷一只,等到明年,再洗手不干。'——如果明白这样做不合道义,就赶快住手得了,为什么要等到明年呢?"

【评鉴】

这一章阐明了闻过即改的道理。用"攘邻之鸡"来比方,信手拈来,却妙不可言。

6·9-1　公都子曰①:"外人皆称夫子好辩,敢问何也?"

孟子曰:"予岂好辩哉？予不得已也。天下之生久矣,一治一乱。当尧之时,水逆行,泛滥于中国,蛇龙居之,民无所定;下者为巢,上者为营窟②。《书》曰:'洚水警余③。'洚水者,洪水也。使禹治之。禹掘地而注之海,驱蛇龙而放之菹④；水由地中行,江、淮、河、汉是也。险阻既远,鸟兽之害人者消,然后人得平土而居之。

"尧舜既没,圣人之道衰,暴君代作⑤,坏宫室以为污池,民无所安息;弃田以为园囿,使民不得衣食。邪说暴行又作⑥,园囿、污池、沛泽多而禽兽至。及纣之身,天下又大乱。周公相武王,诛纣伐奄,三年讨其君⑦,驱飞廉于海隅而戮之⑧,灭国者五十,驱虎、豹、犀、象而远之,天下大悦。《书》曰:'丕显哉,文王谟！丕承者,武王烈！佑启我后人,咸以正无缺⑨。'"

【注释】

①公都子:孟子弟子。
②营窟:相连为窟穴。
③"《书》曰"句:此为《尚书》逸篇中文;洚,音 jiàng。
④菹:音 jū,泽中所生草。
⑤代作:更代而作。
⑥邪说暴行又作:和下一节的"邪说暴行有作"一样;又,通"有",动词词头;作,兴起。

⑦周公相武王诛纣伐奄三年讨其君:这段话一般断为:"周公相武王,诛纣伐奄,三年讨其君。"但崔述《论语馀说》云:"'周公相武王诛纣'一句,'伐奄三年讨其君'一句;'伐奄'乃成王事,不得上承'相武王'言之。"《孟子译注》从之。此说不可据。当"相"为"辅助""帮助""作为国君的辅弼大臣"等意义时,其后可带宾语:"今由与求也,相夫子,远人不服,而不能来也。"(《论语·季氏》)但如断作"周公相武王诛纣",当时语言未见其例;按当时语言的习惯表述,应为"周公相武王以诛纣"。如:"高子相大子以会诸侯。"(《左传·襄公十年》)

⑧飞廉:纣之臣。

⑨"《书》曰"诸句:当为《尚书》逸篇中文;丕,大;谟,音mó,谋略,计谋;承,继承。

【译文】

公都子说:"别人都说您喜欢辩论,请问,这是为什么?"

孟子说:"我难道是喜欢辩论吗?我是迫不得已呀。自从有人类以来,已经很久了,总是太平一阵子,又混乱一阵子。当唐尧的时候,大水倒流,到处泛滥,大地成为蛇和龙的乐土,人们却无处安身;低处的人们在树上搭巢,高处的人们便挖相连的洞窟。《尚书》说:'洚水警告我们。'洚水就是洪水。命令禹来治理,禹疏通河道,把水引向大海,把蛇和龙都赶回草泽中。水在河床中流动,长江、淮河、黄河、汉水便是这样。危险既已远去,害人的野兽也无影无踪,人们才能够在平地上居住。

"尧舜死了以后,圣人之道衰微,残暴的君主不断出现。他们毁掉民居来挖掘池塘,使百姓无处安身;毁坏良田来营造园林,使百姓不得衣食。荒谬的学说、残暴的行为随之兴起,园林、深池、大沼泽多了,禽兽也随之而至。到商纣的时候,天下又大乱了起来。周公辅佐武王,诛杀了纣王;又经过三年征战讨伐奄国,诛杀了奄君,并把飞廉驱赶到海边,把他也杀了。被灭掉的国家有五十多个,同时,把老虎、豹子、犀牛、大象驱赶得远远的,天下的百姓都非常高兴。《尚书》说过:'伟大而光明,是文王的谋略！接续这光明，是武王的功烈！启发诱导我们后来人,让大家没有缺点都正确。'"

6·9-2 "世衰道微,邪说暴行有作,臣弑其君者有之,子弑其父者有之。孔子惧,作《春秋》。《春秋》,天子之事也;是故孔子曰:'知我者其惟《春秋》乎！罪我者其惟《春秋》乎！'

"圣王不作,诸侯放恣,处士横议①,杨朱、墨翟之言盈天下②。天下之言不归杨,则归墨。杨氏为我,是无君也;墨氏兼爱,是无父也。无父无君,是禽兽也。公明仪曰:'庖有肥肉,厩有肥马;民有饥色,野有饿莩,此率兽而食人也。'杨、墨之道不息,孔子之道不著③,是邪说诬民,充塞仁义也。仁义充塞,则率兽食人,人将相食。吾为此惧,闲先圣之道④,距杨、墨,放淫辞,邪说者不得作。作于其心,害于其事;作于其事,害于其政。圣人复起,不易吾言矣。"

【注释】

①处士:不当官而居于家中的士。

②杨朱、墨翟:杨朱事又略见《庄子》及《淮南子》诸书;墨翟,鲁人,或云宋人,其学说见于《墨子》一书。

③著:显露,显出,显现。

④闲:门销,引申为捍卫义。

【译文】

"世道逐渐衰微,真理不绝如缕,荒谬的学说、残暴的行为兴起来了:有臣子杀了君主的,有儿子杀了父亲的。孔子害怕王道湮灭,于是创作《春秋》一书。创作《春秋》这样的史书,〔褒扬善的,指斥恶的,〕本是天子的职责〔,孔子不得已而做了〕。所以孔子说:'了解我的,恐怕只是通过《春秋》吧！怪罪我的,恐怕也只是通过《春秋》吧！'

"〔自那以后,〕圣王也没再出现,诸侯肆无忌惮,一般士人也胡乱议论,杨朱、墨翟的言论遍及天下。于是所有的主张不属杨朱一派,就是墨翟一流。杨朱派主张一切为自己,这便是目无君上;墨翟派主张爱要一视同仁,这便是目无父母。无视父母和君上,这便成了禽兽。公明仪说过:'厨房里有很厚的肉,马厩里有健壮的马;老百姓却面色蜡黄,野外躺着饿死者的尸体,这就是率领着禽兽来吃人。'杨朱、墨翟的言论不消除,孔子的学说就没法发扬光大。这便是荒谬的学说欺骗了百姓,从而阻塞了仁义的大道。仁义之道被阻塞,那岂止是率领着禽兽吃人,人们也将互相吞噬了。我害怕这恐怖景象竟成为现实,便出来捍卫古代圣人的真理,反对杨、墨的谬说,驳斥错误的言论,使谬论邪说不能抬头。荒谬的念头,从心底萌发,便会危害工作;危害了工作,也就危害了国政。即使圣人再度兴起,也会同意我这话的。"

6·9-3 "昔者禹抑洪水而天下平,周公兼夷狄,驱猛兽而百姓宁,孔子成《春秋》而乱臣贼子惧。《诗》云:'戎狄是膺,荆舒是惩,则莫我敢承①。'无父无君,是周公所膺也。我亦欲正人心,息邪说,距诐行②,放淫辞,以承三圣者;岂好辩哉?予不得已也。能言距杨墨者,圣人之徒也。"

【注释】

①承:抵御。
②诐行:邪僻之行;诐,音 bì。

【译文】

"从前大禹控制了洪水,天下才得到太平;周公兼并了夷狄,赶跑了猛兽,百姓才得到安宁;孔子写成了《春秋》,叛臣和逆子便有所畏惧。《诗》说:'抗击戎狄,惩罚荆舒,就所向无敌。'无视父母君上的人,正是周公所要惩罚的。我也要端正人心,熄灭邪说,反对偏颇的行为,排斥荒唐的言论,以继承大禹、周公、孔子三位圣人的事业。我难道是喜欢辩论吗?我是迫不得已呀。能够以言论来反对杨、墨的,也就是圣人的门徒了。"

【评鉴】

这一章针对"夫子好辩"的质疑,孟子解释:"予不得已也。"然后罗列尧、舜、武王、周公的事功,尤其是"孔子惧,作《春秋》"的衷曲,意图说明自己与杨朱、墨翟的歪理邪说斗争,为的是避免"人将相食"的惨剧,与先圣一样,是为了救民于水火。

我们今天有些朋友面对他人对自己好辩的质疑,也喜欢引用孟子的话"予岂好辩哉",这是不可取的,因为孟子这句话的后文是在指摘论敌为禽兽。"予岂好辩哉"这句话不适合用于日常交际。

6·10-1 匡章曰①:"陈仲子岂不诚廉士哉②?居於陵③,三日不食,耳无闻,目无见也。井上有李,螬食实者过半矣④,匍匐往,将食之⑤;三咽,然后耳有闻,目有见。"

孟子曰:"于齐国之士,吾必以仲子为巨擘焉⑥。虽然,仲子恶能廉?充仲子之操,则蚓而后可者也。夫蚓,上食槁壤⑦,下饮黄泉⑧。仲子所居之室,伯夷之所筑与?抑亦盗跖之所筑与⑨?所食之粟,伯夷之所树与?抑亦盗跖之所树与?是未可知也。"

【注释】

①匡章:齐人,孟子的朋友;为齐将,率兵御秦,大败之;又曾统兵取燕。

②陈仲子:也就是"於陵仲子"。

③於陵:在今山东邹平县东南,距临淄约二百里;於,音 wū。

④井上有李,螬食实者过半矣:井上,井边;李,指李树,不是指李子;

螬,蛴螬,金龟子。"李"原有两解:李树、李实。杨伯峻先生《孟子译注》倾向于后一解释。我们却认为是指李树。因为,1.先秦典籍中出现的"桃""李""梅"等,特别是当下文出现"实"(果实)时,都是指桃树、李树、梅树等。如:"摽有梅,其实七兮。"(《诗经·召南·摽有梅》)2.若此"李"指李实,则此句当为:"井上有李,螬食之过半矣。""有"的宾语,在下句再度出现时,一般以代词"之"指代。如:"一心以为有鸿鹄将至,思援弓缴而射之。"(《孟子·告子上》)又,此处"井上",意为井边。《史记·孔子世家》:"唯子赣庐于冢上。"司马贞《索隐》:"盖'上'者,亦是侧边之意。"

⑤将:拿着。
⑥巨擘:大拇指。
⑦槁壤:干土。槁,音 gǎo,草木干枯。
⑧黄泉:地下的泉水。
⑨盗跖:柳下惠的兄弟,也是春秋时有名的大盗;跖,音 zhí。

【译文】

匡章说:"陈仲子难道不真是个廉洁之士吗?住在於陵,三天没吃东西,耳朵听不见了,眼睛看不见了。井边上有棵李树,已被金龟子吃掉了它一半多果实;他爬过去,摘下来吃,咽了几口,耳朵才听见,眼睛才看见。"

孟子说:"在齐国士人中,我一定要把仲子当作大拇哥。但是,他怎么能真做到廉洁?要推广他的这种'操守',那只有把人变成蚯蚓才行。那蚯蚓,吃着地面上的干土,喝着地底下的黄泉〔,算是廉洁到极点了〕。但仲子所住的房屋,是伯夷所盖的呢?还是盗跖所盖的呢?他所吃的谷米,是伯夷所种的呢?还是盗跖所种的呢?这个却是不知道的。"

6·10-2 曰:"是何伤哉?彼身织屦,妻辟纑①,以易之也。"

曰："仲子,齐之世家也;兄戴,盖禄万钟②;以兄之禄为不义之禄而不食也,以兄之室为不义之室而不居也,辟兄离母③,处于於陵。他日归,则有馈其兄生鹅者,己频顣曰④:'恶用是鶂鶂者为哉⑤?'他日,其母杀是鹅也,与之食之⑥。其兄自外至,曰:'是鶂鶂之肉也。'出而哇之⑦。以母则不食,以妻则食之;以兄之室则弗居,以於陵则居之,是尚为能充其类也乎?若仲子者,蚓而后充其操者也。"

【注释】

①辟纑:辟,绩麻;纑,音 lú,练麻。

②盖:音 gě,地名,为陈戴采邑。

③辟:同"避"。

④频顣:表现出很不高兴的样子;频,同"颦",皱眉;顣,同"蹙",皱眉。

⑤鶂鶂:鹅叫声;鶂,音 yì。

⑥与之食之:与他一道吃鹅。不是"给他吃它"的意思,要表示后一意思,通常做"食(sì)之";如果是"给他吃的",则为"与之食"。《左传·昭公二十三年》:"杀而与之食之。"沈玉成译:"杀了这条狗和官吏一起吃了。"可证。

⑦哇:呕吐。

【译文】

匡章说:"那有什么关系呢?他亲自编鞋子,他妻子绩麻练麻,用这些换来的。"

孟子说:"仲子是齐国的世家大族,他哥哥陈戴,从盖邑收入的俸禄便有几万石之多。他却认为哥哥的俸禄是不义之物,不去吃它;认为哥哥的住宅是不义之产,不去住它。避开哥哥,远离母亲,住在於陵那地方。有一天回家,恰巧有一个人来送给他哥哥一只活鹅,他皱着眉头说:

‘要这种呃呃叫的东西干什么？’另一天，他母亲杀了这只鹅，煮熟和他一道吃了。恰好他哥哥从外面回家，便说：‘这就是那呃呃叫的东西的肉呀。’他便跑出门去，呕了出来。母亲做的东西不吃，却吃妻子做的；哥哥的房子不住，却住在於陵，这能算是推广廉洁之义到达极点了吗？像仲子的这种'操守'，若要加以推广，只有把人变成蚯蚓才行。"

【评鉴】

　　这一章对陈仲子不与统治者合作的态度持不以为然的态度；如前所述，先秦儒家要实现治国平天下的政治理想，需要通过出仕来达成目的，而陈仲子过度洁身自好的处世态度与孟子的理念不符。

　　孟子在与匡章的对话中，先是故意说反话，让匡章以为自己觉得陈仲子还不够清廉，引诱匡章说出陈仲子"彼身织屦，妻辟纑，以易之也"的处世之法。这样，陈仲子就面临和前文提到的许行等一干农家人物相同的处境了——看似是洁身自好，其实不可能把自己摘干净。然后孟子使用归谬法，论证陈仲子不吃母亲做的鹅肉却肯吃妻子做的来历不明的食物，实际上也是有问题的，并以蚯蚓为例讽刺陈仲子，意图说明这样的洁身自好于事无补。孟子极善论辩，言辞辛辣。尽管如此，孟子对陈仲子的讽刺较之赵威后"於陵子仲尚存乎？是其为人也，上不臣其王，下不治其家，中不索交诸侯，何为至今不杀乎"（《战国策·齐策》）的狰狞可怖，实在算是与人为善的了。

　　《滕文公下》十章似乎都各有主旨，不太好归纳。

离娄章句上 凡二十八章

7·1-1 孟子曰:"离娄之明①,公输子之巧②,不以规矩,不能成方圆;师旷之聪③,不以六律④,不能正五音⑤;尧舜之道,不以仁政,不能平治天下。今有仁心仁闻而民不被其泽⑥,不可法于后世者,不行先王之道也。故曰:徒善不足以为政,徒法不能以自行。《诗》云:'不愆不忘,率由旧章⑦。'遵先王之法而过者,未之有也。"

【注释】

①离娄:《庄子》作"离朱",相传为黄帝时人,目力极强,能于百步之外望见秋毫之末。

②公输子:名般,一作班,鲁国人,因之又叫"鲁班",著名巧匠。

③师旷:晋平公的首席音乐家,盲人。

④不以六律:以,用;六律,分别为太蔟(còu)、姑洗、蕤(ruí)宾、夷则、无射(yì)、黄钟。相传黄帝时伶伦截竹为筒,以筒之长短分别声音之清浊高下,乐器之音即依此以为准则。

⑤五音:中国音阶之名,即宫、商、角、徵(zhǐ)、羽,分别相当于简谱的1、2、3、5、6。

⑥闻:音wèn,声誉。

⑦"不愆"两句:见《诗经·大雅·假乐》;愆,音qiān,错误;率,遵循。

【译文】

孟子说:"即使有离娄的视力,公输般的手艺,如果不用圆规和曲尺,也不能画好方和圆;即使有师旷的听力,如果不用六律,也不能校正五音。即使有尧舜之道,如果不行仁政,也不能治理好天下。现在有些诸侯,虽然心地仁慈声名远播,但是老百姓却感受不到他的恩惠,他的治国理政也不能成为后世的楷模,这都是由于不贯彻实行前代圣王之道的缘故。所以说,光有一颗善心,不足以治国理政;光有好的法度,它自己也不会贯彻实行。〔必须两者都有。〕《诗经》上说:'不出错,不遗忘,都按既定方针办。'依循前代圣王的法度而犯错误的,是从来没有过的。"

7·1-2 "圣人既竭目力焉,继之以规矩准绳,以为方员平直①,不可胜用也;既竭耳力焉,继之以六律正五音,不可胜用也;既竭心思焉,继之以不忍人之政,而仁覆天下矣。故曰,为高必因丘陵,为下必因川泽;为政不因先王之道,可谓智乎?是以惟仁者宜在高位。不仁而在高位,是播其恶于众也。上无道揆也②,下无法守也,朝不信道,工不信度③,君子犯义,小人犯刑,国之所存者幸也。

"故曰,城郭不完④,兵甲不多,非国之灾也;田野不辟⑤,货财不聚,非国之害也。上无礼,下无学,贼民兴,丧无日矣。《诗》曰:'天之方蹶,无然泄泄⑥。'泄泄犹沓沓也。事君无义,进退无礼,言则非先王之道者⑦,犹沓沓也。故曰,责难于君谓之恭,陈善闭邪谓之敬,吾君不能谓之贼。"

【注释】

①以为方员平直:以之为方圆平直,用它们(指上文的规、矩、准、绳)来做方的、圆的、平的、直的各种器物;介词"以"的宾语常不出现;为,做。

②揆:音 kuí,度,度量,测量。

③度:尺度。

④完:坚固。

⑤辟:开辟。

⑥"天之方蹶"两句:见《诗经·大雅·板》;蹶,音 jué,动;泄泄(yì yì),《说文解字》作"呭呭",又作"詍詍",都是"多言"的意思。

⑦非:否定。

【译文】

"圣人既已用尽了视力,又用圆规、曲尺、水平仪、绳墨来制造方的、圆的、平的、直的各种器物,各种器物就用之不尽了;圣人既已用尽了听力,又用六律来校正五音,各种音阶也就运用无穷了;圣人既已用尽了脑力,又实行仁政,那么,仁德便广被天下了。所以说,就像筑高台一定要依靠山陵,挖深池一定要依赖沼泽那样,治国理政不依靠前代圣王之道,能说是聪明吗?因此,只有仁人应该处于统治地位。不仁的人而处于统治地位,就会把他的罪恶扩散给群众。在上的没有道德规范,在下的没有法律制度,朝廷不相信道义,工匠不相信尺度,官吏触犯义理,百姓触犯刑法,这样的国家还能勉强存在的,真是太侥幸了。

"所以说,城墙不坚固,军备不充足,不是国家的灾难;田野没开辟,经济不富裕,不是国家的祸害;但如果在上的人没有礼义,在下的人没有教育,违法乱纪的百姓都起来了,离国家灭亡的日子也就没几天了。《诗经》上说:'上天正在乱动,闭嘴切莫起哄!'瞎起哄就是胡说八道、喋喋不休的意思。侍奉君上无忠义之心,举止进退失礼仪之节,一说话便诋毁前代圣人之道,这样便是'胡说八道、喋喋不休'。所以说,用尧舜之道来要求君主才叫作'恭';向君主宣讲仁义,堵塞异端,这才叫'敬';如果认为自己的君主不能向善而有所作为,这便是'贼'。"

【评鉴】

这一章,一是仍然强调规矩、规范,也就是"遵先王之旧法""先王之道"。这给我们的启示是,文明的演进正是因为后人能够站在前人的肩膀之上,人要懂得择善而固执之,社会才会进步。二是提出了"惟仁者宜在高位"的看法。三是主张"事君以义",以"守义"责难君主才是"恭"和"敬",而认为君主没能力实行仁义,就不向君主宣讲仁义,那是戕害君主——这和"父母之爱子,则为之计深远"是一脉相通的。

7·2 孟子曰:"规矩,方员之至也①;圣人,人伦之至也。欲为君,尽君道;欲为臣,尽臣道。二者皆法尧舜而已矣。不以舜之所以事尧事君,不敬其君者也;不以尧之所以治民治民,贼其民者也。孔子曰:'道二,仁与不仁而已矣。'暴其民甚,则身弑国亡;不甚,则身危国削②,名之曰'幽''厉'③,虽孝子慈孙,百世不能改也。《诗》云:'殷鉴不远,在夏后之世④。'此之谓也。"

【注释】

①至:极。

②暴其民甚,则身弑国亡;不甚,则身危国削:《孟子译注》翻译这段为:"暴虐百姓太厉害,本身就会被杀,国家会被灭亡;不太厉害,本身也会危险,国力会被削弱,死了的谥号叫作'幽',叫作'厉'。"在注释中又说:"焦循《正义》从赵佑《温故录》之说作如此句读:'暴其民,甚,则身弑国亡;不甚,则身危国削。'译文便当如此:'暴虐百姓,重则本身被杀,国家被灭亡;轻则本身危险,国家削弱。''甚'和'不甚'不是指"暴"的程度,而是指后果的轻重,此说亦通。"今按,后一说不可通。因为,如果为前说,"甚""不甚"作补语,其语义指向为前文"暴其民";如此,则类似例子极多。如:"王之好乐甚,则齐国其庶几乎!"(《孟子·梁惠王下》)若如赵佑所读,则"甚""不甚"的语义指向为其后文"身弑国亡""身危国削""名之曰'幽''厉'",我们未见其例。

③幽厉:周朝有幽王和厉王,是昏君、暴君的代表。

④"殷鉴"两句:见《大雅·荡》;古代镜子是用铜铸的,叫作"鉴"。

【译文】

孟子说:"圆规和曲尺是方和圆的极致,圣人是为人的极致。要做君主,就要尽君主之道;要做臣子,就要尽臣子之道。这两者都只要效法尧和舜就行了。不像舜服事尧那样服事君上,便是对君主的不恭敬;不像尧治理百姓那样治理百姓,便是对老百姓的残害。孔子说:'治理国家无非二者,行仁政或不行仁政罢了。'暴虐百姓太过分,那君主便会被臣下所杀,国家也将随之灭亡;不太过分,君主也岌岌可危,国力也将随之削弱,死了也将被谥为'幽''厉',即使他有孝子贤孙,历经一百代也背着个坏名声而不能更改。《诗经》说过:'殷商的镜子并不遥远,就是那前一代的夏朝。'说的正是这个意思。"

【评鉴】

这一章,一是讲君主和臣子都当尽责,君主要效法尧舜,臣子要像舜事尧那样事君;二是讲君主不能残民以逞,否则"人相食"要上书的,"虽孝子慈孙,百世不能改也"——这是要让君主有所忌惮:坏事做绝了,终将留下千古骂名!

7·3 孟子曰:"三代之得天下也以仁,其失天下也以不仁。国之所以废兴存亡者亦然。天子不仁,不保四海;诸侯不仁,不保社稷;卿大夫不仁,不保宗庙①;士庶人不仁,不保四体。今恶死亡而乐不仁,是犹恶醉而强酒②。"

【注释】

①宗庙:卿大夫有采(cài)邑然后有宗庙,所以这宗庙实指采邑而言。

②强:音 qiǎng,勉强。

【译文】

　　孟子说:"夏、商、周三代获得天下是由于仁,它们失去天下是由于不仁。国家的兴起和衰败,生存和灭亡也是如此。天子如果不仁,便不能保有天下;诸侯如果不仁,便不能保有国家;卿大夫如果不仁,便不能保有他的祖庙;士和百姓如果不仁,便不能保全他们的身体。现在有的人怕死却乐于不仁,就好比怕醉却拼命喝酒一样。"

【评鉴】

　　这一章讲天子、诸侯的土地是否保得住,完全取决于是否实行仁义——即使出于私心,也应当实行仁义。在孟子看来,仁义和长远的、总体的利益总是一以贯之的。这一章和上一章给我们的启示是,说服对方,应当先换位思考。

　　7·4　孟子曰:"爱人不亲,反其仁;治人不治,反其智;礼人不答,反其敬——行有不得者皆反求诸己,其身正而天下归之。《诗》云:'永言配命,自求多福。'"

【译文】

　　孟子说:"我爱别人,别人却不亲近我,便反问自己仁爱是否足够;我治理别人,却没治理好,便反问自己知识智慧是否足够;我礼貌待人,可人家却不怎么搭理,便反问自己恭敬是否到了家。行为达不到目的的时候都要反躬自问。自己确实端正了,天下的人都会归附于他。《诗经》说得好:'永远配合天命,自己去求取更多福祉。'"

【评鉴】

　　这一章讲任何事情没有达到预期的效果都应当反躬自问。这种大智慧还可以启迪后人。

7·5 孟子曰:"人有恒言,皆曰,'天下国家'。天下之本在国,国之本在家,家之本在身。"

【译文】

孟子说:"大家有句口头禅,都说'天下国家'。可见天下的根本是国,国的根本是家,而家的根本则是每个人。"

【评鉴】

这一章强调天下国家的根本,是每一个人,即天下国家是为每一个人而存在的,而不是相反。这反映了孟子的民本思想,是《孟子》全书最大的亮点之一。反过来看,治理家国天下,也要先从自己做起,在自己身上下功夫,这与前一章所主张的自我的责任意识是相通的。

7·6 孟子曰:"为政不难,不得罪于巨室①。巨室之所慕,一国慕之;一国之所慕,天下慕之;故沛然德教溢乎四海。"

【注释】

①巨室:贤卿大夫之家。

【译文】

孟子说:"治国理政并不难,只是不要得罪贤明的卿大夫。因为他们所念念不忘的,国人都会念念不忘;国人所念念不忘的,天下人都会念念不忘,这样德教才会汹涌澎湃席卷天下。"

【评鉴】

这一章讲治国不要得罪贤明的卿大夫——因为他们是人们的榜样。

7·7-1 孟子曰:"天下有道,小德役大德①,小贤役大贤;天下无道,小役大,弱役强。斯二者,天也。顺天者存,逆天者亡。齐景公曰:'既不能令,又不受命,是绝物也②。'涕出而女于吴③。"

【注释】

①小德役大德:即"小德役于大德"之意;下三句同。

②是绝物也:此乃绝事也。物,事。

③女:去声,"嫁"的意思。

【译文】

孟子说:"政治清明的时候,道德不高的人被道德高的人管理,不太贤能的人被非常贤能的人管理;政治黑暗的时候,便是小的被大的管理,弱的被强的管理。这两种情况,都取决于天。顺天者存,逆天者亡。齐景公说过:'既不能发号施令,又不能安然受命,这样你怕会嫁不出去的。'因此流着眼泪把女儿嫁到吴国去了。"

7·7-2 "今也小国师大国而耻受命焉,是犹弟子而耻受命于先师也。如耻之,莫若师文王。师文王,大国五年,小国七年,必为政于天下矣。《诗》云①:'商之孙子,其丽不亿②。上帝既命,侯于周服③。侯服于周,天命靡常④。殷士肤敏⑤,祼将于京⑥。'孔子曰:'仁,不可为众也⑦。夫国君好仁,天下无敌。'今也欲无敌于天下而不以仁,是犹执热而不以濯也⑧。《诗》云:'谁能执热,逝不以濯⑨?'"

【注释】

①《诗》云:见《诗经·大雅·文王》。

②其丽不亿:丽,数;亿,十万。《孟子译注》翻译这句话"数目何止十万",恐不确。"不+数词(或数量结构)"格式一般都指不到这一数字。例如:"天子之地方千里;不千里,不足以待诸侯。诸侯之地方百里;

不百里,不足以守宗庙之典籍。"(《孟子·告子下》)大家耳熟能详的"战不三合,挥刀将~~斩于马下",也属于这种表达。

③侯:语气副词,无实义。

④靡:音 mǐ,无。

⑤肤:美也。

⑥祼将于京:祼,音 guàn,亦作"灌",古代祭祀中的一种仪节,把酒倒在地上以迎接鬼神;将,助;京,西周都城镐京,故址在今陕西西安市。

⑦仁,不可为众也:可,能够;为,成为,当作;众,人多。这句话直译就是"〔面临〕仁德,不能够形成人多势众"。意译则是"人多势众,在'仁'面前简直不值一提"。赵岐注:"孔子云:'行仁者,天下之众不能当也。'"得其大意。《墨子·明鬼下》:"故鬼神之明,不可为幽间广泽、山林深谷——鬼神之明必知之。鬼神之罚,不可为富贵众强、勇力强武、坚甲利兵——鬼神之罚必胜之。"《吕氏春秋·孟秋纪·禁塞》:"此七君者,大为无道不义,所残杀无罪之民者,不可为万数。""富贵众强、勇力强武、坚甲利兵"面对"鬼神之罚",简直不值一提,因为"鬼神之罚必胜之"。"万数"在"所残杀无罪之民"(的人数)面前简直不值一提,因为"所残杀无罪之民"远远不止"万数"。

⑧不以濯:不以之濯,不拿手去洗;濯,音 zhuó,洗,这里指在凉水里浸泡或在凉水下冲。

⑨谁能执热,逝不以濯:见《诗经·大雅·桑柔》。逝,语气词,无实义。

【译文】

"如今小国以大国为师,却以听命于人为耻,这就好比学生以听命于老师为耻一样。如果真以为耻,最好师法文王。师法文王,大国只要五年,小国只要七年,就一定可以号令天下了。《诗经》说过:'商代的子孙,其数已不到十万。他们只好臣服于周哇,只因为上天已经授命武王。只好臣服于周哇,又因为天意总是无常。酹酒于地助祭于周京啊,殷国的士子个个聪明漂亮。'孔子也说过：'人多势众，在仁德面前简直不值一提。君主如果爱好仁，就将无敌于天下。'如今有些诸侯一心只想无敌于天下，却又不行仁政，这就好比苦于暑热却不肯洗澡一样。《诗经》上说：'谁人不怕炎热，却又不肯在凉水下冲？'"

【评鉴】

这一章讲"顺天者存，逆天者亡"的道理。不论天下是否有道，都无非是天理。人们如果不能明白这个道理，在天下无道时还以为有贤德者理应役使无贤德者，就是违逆天理，只可能自取灭亡。所以小国要想强盛，就理当取法于大国，而不应首鼠两端。不过，孟子也给出了一条另外的出路，甚至可以说是捷径，那就是效法文王行仁政，这样纵然是小国，假以时日也必然"为政于天下"。

7·8 孟子曰："不仁者可与言哉？安其危而利其菑①，乐其所以亡者。不仁而可与言，则何亡国败家之有？有孺子歌曰：'沧浪之水清兮②，可以濯我缨③；沧浪之水浊兮，可以濯我足。'孔子曰：'小子听之！清斯濯缨，浊斯濯足矣。自取之也。'夫人必自侮，然后人侮之；家必自毁，而后人毁之；国必自伐，而后人伐之。《太甲》曰：'天作孽，犹可违；自作孽，不可活④。'此之谓也。"

【注释】

①安其危而利其菑：对危险安之若素，以灾祸为利益；安、利在此均为意动用法；菑，音 zāi，通"灾"。

②沧浪：即汉水；浪，音 láng。

③缨：系帽的丝带。

④"《太甲》曰"诸句：请参 3·4-2 的注⑤、注⑥、注⑦。

【译文】

孟子说:"不仁的人难道可以和他商议吗?身处危险,他无动于衷,安之若素;灾祸即将临头,却只见到其中的利益;对于即将到来的亡国败家的惨祸,他沉湎享受在其中。假如不仁的人还可以和他商议,那世上又如何会有亡国败家的惨祸呢?从前有个小孩歌唱道:'沧浪的水清啊,可以洗我的帽缨;沧浪的水浊呀,可以洗我的双足。'孔子说:'同学们听好了!水清就洗帽缨,水浊就洗双足,这取决于每个人自己。'所以人必先有自取其辱的行为,别人才侮辱他;家必先有自取毁坏的因素,别人才毁坏它;国必先有自取讨伐的原因,别人才讨伐它。《尚书·太甲》说:'天造作的罪孽,还可以逃掉;自己造作的罪孽,却无处可逃。'正是这个意思。"

【评鉴】

有种说法叫"人善被人欺,马善被人骑"。这一章则讲做人而不仁不善,足以亡国败家。一个人仁与不仁,完全取决于他自己。而一旦造下罪孽,便无处可逃。前一种说法叫人不要"善",后一种说法叫人向善。如果人人都不善,那么人人都"战战兢兢,如临深渊,如履薄冰",那活在这世上也太没意思了!

7·9-1 孟子曰:"桀纣之失天下也,失其民也;失其民者,失其心也。得天下有道:得其民,斯得天下矣;得其民有道:得其心,斯得民矣;得其心有道:所欲与之聚之①,所恶勿施尔也②。"

【注释】

①所欲与之聚之:民之所欲,为之积聚之。第一个"之",指"民";第二个"之",指民之"所欲"。与,为(wèi)。有人理解"与"为动词,"给"的意思;则此句意为"给与他们并为他们聚积(他们想要的)"。此说不

妥。因为像这种"动词+之+动词+之"结构,如《梁惠王上》的"经始灵台,经之营之",两"之"字一般都指代同一事物,且《孟子》除引文外未见此种结构的句子。但理解为"介词~动词~"结构则不同:两"之"字经常不指代同一事物。例如:"今有受人之牛羊而为之牧之者。"(《公孙丑下》)"为之牧之"指为他放牧牛羊。且《孟子》中多见这一格式。

②尔也:复合语气词,如此罢了。"尔也"不能如某些注家所标点的那样单独成句,但翻译为现代汉语时,可以单独成句。

【译文】

孟子说:"桀和纣的丧失天下,是由于失去了老百姓;失去了老百姓,是由于失去了民心。获得天下有方法:得到了老百姓,就得到天下了;获得老百姓有方法:赢得了民心,就得到老百姓了;赢得民心也有方法:他们所希望的,替他们聚积起来;他们所厌恶的,不要加在他们头上,如此罢了。"

7·9-2 "民之归仁也,犹水之就下,兽之走圹也①。故为渊驱鱼者,獭也②;为丛驱爵者,鹯也③;为汤武驱民者,桀与纣也。今天下之君有好仁者,则诸侯皆为之驱矣。虽欲无王,不可得已。今之欲王者,犹七年之病求三年之艾也④。苟为不畜,终身不得。苟不志于仁,终身忧辱,以陷于死亡。《诗》云:'其何能淑,载胥及溺⑤。'此之谓也。"

【注释】

①圹:同"旷",旷野。

②獭:音 tǎ,水獭,一种动物。

③为丛驱爵者,鹯也:爵,通"雀";鹯,音 zhān,一种鹰鹞类猛禽。

④三年之艾:艾,用以灸穴位者,愈陈则疗效愈佳。

⑤"其何"两句:见《诗经·大雅·桑柔》;淑,善;胥,都;及,与。

【译文】

"老百姓的归向仁政,就如同水的奔腾而下,兽的奔向旷野一样。所以,为深潭把鱼赶来的是水獭,为森林把鸟雀赶来的是鹞鹰,为商汤、周武把百姓赶来的,就是桀和纣了。当今天下的君主中如有好施仁政的,那其他诸侯都会为他把百姓赶来的。即使他不想用仁政一统天下,也是办不到的。不过如今这些希望用仁政一统天下的人,就比如害了七年的痼疾,要寻求三年的陈艾来医治;平时若不积蓄它,〔急来抱佛脚,便会导致一病不起,就等于〕终身都不会得到。〔同理,〕如果不立志于实行仁政,便将终身沉溺于忧患与屈辱,直到陷入或死去或逃亡的深渊。《诗经》上说:'那如何能办得好,全都落水淹死了。'正是说的这个。"

【评鉴】

这一章,一是讲得民心者得天下,不实行仁政而失去民心,便将终身沉溺于忧患与屈辱,直到陷入或死去或逃亡的深渊;二是讲实行仁政,志存长远,不能急来抱佛脚。这对有心实行仁政却难以下定决心的君主,不啻一剂清凉药。

7·10 孟子曰:"自暴者①,不可与有言也;自弃者,不可与有为也②。言非礼义③,谓之自暴也;吾身不能居仁由义,谓之自弃也。仁,人之安宅也;义,人之正路也。旷安宅而弗居,舍正路而不由,哀哉!"

【注释】

①暴:害。

②不可与有言、不可与有为:不可与之有言,不可与之有为;介词"与"的宾语未出现。有言,有为,均应看作固定短语;有言,"有善言"之意;"有为"亦作"有行","有所作为"之意。

③非:诋毁。

【译文】

　　孟子说:"自己摧残自己的人,不能和他讲什么大道理;自己抛弃自己的人,不能和他做什么大事情。开口便非议礼义,这便叫作自己摧残自己;认为自己不能以仁居心,不能践行道义,这便叫作自己抛弃自己。'仁'是人类最安稳的宅子,'义'是人类最正确的道路。空着最安稳的宅子不去住,放弃最正确的道路不去走,可悲呀!"

【评鉴】

　　这一章讲仁和义是人的安身立命之所,而抛弃仁义,无异自暴自弃。至少从整个人类发展的历程来看,这一表述是正确无比的。

7·11　　孟子曰:"道在迩而求诸远①,事在易而求诸难。人人亲其亲,长其长,而天下平。"

【注释】

　　①迩:音 ěr,近。

【译文】

　　孟子说:"〔怕就怕〕真理在近处却往远处求,事情本容易却往难处做。只要人人都亲爱自己的父母,尊敬自己的长辈,天下就太平了。"

【评鉴】

　　这一章讲真理并不遥远,只要爱父母,敬长辈,天下就太平了,这和《论语·述而》"我欲仁,斯仁至矣"意义相仿佛。

7·12　　孟子曰:"居下位而不获于上①,民不可得而治也。获于上有道,不信于友,弗获于上矣。信于友有道,事亲弗悦,弗信于友矣。悦亲有道,反身不诚,不悦于亲矣。诚身有道,不明乎善,不诚其身矣。是故诚者,天之道也;思诚者②,人之道也。至诚而不动者,未之有也;不诚,未有能动者也。"

【注释】

①获于上:获得上级信任。
②思诚:想着"诚",追求"诚"。

【译文】

孟子说:"职位低下,又得不到上级的信任,百姓是不可能治理好的。要得到上级的信任,是有方法的:得不到朋友的信任,也就不能让上级信任了。要使朋友信任,也是有方法的:侍奉父母不能让他们高兴,也就不能让朋友信任了。让父母高兴,也是有方法的:若自我反省孝心不诚,也就不能让父母高兴了。要让孝心出之于诚,也是有方法的:不明白什么是善,也就不能让孝心出之于诚了。所以'诚'是天定的道理,追求'诚'是做人的道理。出于至诚而不能打动人心,是从来没有过的事;而不诚心,是不能打动人心的。"

【评鉴】

这一章讲若要做好每件事情,先应当抱持虔诚的态度。也即"世界上怕就怕'认真'二字",一旦认起真来,没有事情是办不好的。不是真心去做,只想着装模作样,大伙儿哪有那么好糊弄呢?

7·13 孟子曰:"伯夷辟纣,居北海之滨①,闻文王作兴,曰②:'盍归乎来③!吾闻西伯善养老者④。'太公辟纣,居东海之滨⑤,闻文王作兴,曰:'盍归乎来!吾闻西伯善养老者。'二老者,天下之大老也,而归之,是天下之父归之也。天下之父归之,其子焉往?诸侯有行文王之政者,七年之内,必为政于天下矣。"

【注释】

①北海之滨:在今河北昌黎县西北。
②闻文王作兴,曰:作兴,兴起。此句不能断为"闻文王作,兴曰"。
③来:句末语气词,无实义。
④西伯:即周文王。
⑤东海之滨:在今山东莒县东;太公,姓姜名尚。

【译文】

孟子说:"伯夷避开纣王,住在北海边上,听说文王兴起来了,便说:'何不到西伯那里去呢!我听说他是善于赡养老者的人。'姜太公避开纣王,住在东海边上,听说文王兴起来了,便说:'何不到西伯那里去呢!我听说他是善于赡养老者的人。'这两位老人,是声名卓著于天下的老人,他们归向西伯,这等于天下的父亲都归向西伯了。天下的父亲归向西伯,他们的儿子去哪里呢?如果诸侯中有践行文王的政治的,顶多七年,就一定能治理天下了。"

【评鉴】

这一章讲行仁政必须善待年长的贤人,因为他们有风向标的作用,能决定人心的走向。

7·14 孟子曰:"求也为季氏宰,无能改于其德,而赋粟倍他日。孔子曰:'求非我徒也,小子鸣鼓而攻之可也①。'由此观之,君不行仁政而富之,皆弃于孔子者也,况于为之强战?争地以战,杀人盈野;争城以战,杀人盈城,此所谓率土地而食人肉,罪不容于死。故善战者服上刑②,连诸侯者次之③,辟草莱、任土地者次之④。"

【注释】

①"求也为季氏宰"诸句:其史实可参《论语·先进》《左传·哀公十

一年》;求,冉求,字子有,孔子弟子。

②上刑:重刑。

③连诸侯:连结诸侯,如苏秦、张仪之流。

④辟草莱、任土地:辟,开垦;任土地,谓分土授民;不过孟子所反对者,是统治者为谋私利,驱使百姓背井离乡,奔波路途。

【译文】

孟子说:"冉求当了季康子的总管,不能改变他的作风,田赋反而两倍于从前。孔子说:'冉求不再是我的学生,同学们可以大张旗鼓地攻击他。'从这事看来,君主不实行仁政,却去帮助他搜刮财富的人,都是孔子所唾弃的,何况为那不仁之君努力作战的人呢?〔这些人〕为争夺土地而战,杀得尸横遍野;为争夺城池而战,满城血海尸山,这就叫作席卷着大地让它吃人肉,死了也赎不了他们的罪。所以能征善战者应该受最重的刑罚,鼓吹合纵连横者该受次一等的刑罚,〔为了替君主搜刮财富而让百姓背井离乡去〕开垦草莽以尽地利的人该受再次一等的刑罚。"

【评鉴】

这一章讲兼并战争导致人民大量死亡,所以"善战者"必须"服上刑"。这对我们的启示是,和平是珍贵的,不要轻言战争。另外,替人办事,不要想着命令是出自上级,自己只管执行就可以甩脱罪责,做了坏事,报应终归是要自己扛的。

7·15　孟子曰:"存乎人者,莫良于眸子①。眸子不能掩其恶。胸中正,则眸子瞭焉②;胸中不正,则眸子眊焉③。听其言也,观其眸子,人焉廋哉④?"

【注释】

①眸子:瞳仁。

②瞭:明。

③眊:音 mào,目不明之貌。
④廋:音 sōu,隐匿,躲藏。

【译文】

孟子说:"一个人身上存于内而表现于外的,没有哪一处强过他的眼睛。眼睛不能掩盖一个人丑恶的灵魂。心正,眼睛就明亮;心不正,眼睛就昏暗。听一个人说话的时候,观察他的眼睛,这人的善恶能躲到哪里去呢?"

【评鉴】

这一章讲观察眼睛能看出一个人的善恶。美国人类学家弗朗茨·博厄斯说:"眼睛是灵魂的窗户,人的才智和意志可由此看出来。"孟子说这话比博厄斯早了两千多年,我们不能不佩服他的洞烛幽微。

7·16 孟子曰:"恭者不侮人,俭者不夺人。侮夺人之君,惟恐不顺焉,恶得为恭俭?恭俭岂可以声音笑貌为哉?"

【译文】

孟子说:"恭敬别人的人不会侮辱别人,节俭的人不会掠夺别人。侮辱人、掠夺人的诸侯,生怕别人不顺从自己,又如何能做到恭敬节俭?恭敬和节俭难道可以靠甜言蜜语和满脸堆笑装出来吗?"

【评鉴】

这一章讲人的善良和邪恶总会通过他们的行为表现出来,不是通过甜言蜜语和满脸堆笑能够长久伪装的。在职场的人们读到这里不能不深自警戒。

7·17 淳于髡曰①:"男女授受不亲,礼与?"
孟子曰:"礼也。"

曰:"嫂溺,则援之以手乎?"

曰:"嫂溺不援,是豺狼也②。男女授受不亲,礼也;嫂溺援之以手者,权也③。"

曰:"今天下溺矣,夫子之不援,何也?"

曰:"天下溺,援之以道;嫂溺,援之以手——子欲手援天下乎?"

【注释】

①淳于髡:姓淳于,名髡(kūn),齐国人,曾仕于齐威王、齐宣王和梁惠王之朝。

②嫂溺不援,是豺狼也:嫂溺不援,此豺狼也;嫂子掉在水里,不施以援手,这是豺狗和恶狼行径。是,略同于"此"。先秦汉语不用联系动词(系词)"是",译文中的"是"是翻译时补出来的。"豺狼"在现代汉语中无疑是一个词,它在《孟子》时代的语言中却可能是一个短语,如:"子也,熊虎之状,而豺狼之声,弗杀,必灭若敖氏矣。"(《左传·宣公四年》)"熊虎"是一个短语,"豺狼"也是一个短语。5·5-2篇中"狐狸"也分指狐狸和狸猫。

③权:变通之意。

【译文】

淳于髡问:"男女之间,不亲手交接东西,这是礼法吗?"

孟子答道:"是礼法。"

淳于髡说:"那嫂子掉在水里,用手去拉她吗?"

孟子说:"嫂子掉在水里,不去拉她,这简直是豺狗和恶狼。男女之间不亲手交接,这是平常的礼法;嫂子掉在水里,用手去拉她,这是通权达变。"

淳于髡说:"现在全天下的人都掉水里了,您不去救援,这是为什么?"

孟子说:"天下的人都掉在水里,要用'道'去救援;嫂子掉在水里,要用手去救援——你难道要我用手去救援天下人吗?"

【评鉴】

这一章讲"经权关系",也就是通权达变的道理——尽管男女授受不亲是礼仪所规定的(经),但嫂溺必须援之以手(权),否则就是豺狗和恶狼。不知通权达变的人,以所谓之"教条主义者",但在孟子看来,这种人不仅是一成不变的书呆子,更是怕担责任、自私自利的恶人。但同时我们也应意识到,尽管在生命攸关的时刻可以打破礼仪规范,但并不等于礼仪就此作废,人们并没有打破规范的权利,而是有救人的义务而已。

7·18 公孙丑曰:"君子之不教子,何也?"

孟子曰:"势不行也。教者必以正;以正不行,继之以怒。继之以怒,则反夷矣①。'夫子教我以正,夫子未出于正也',则是父子相夷也。父子相夷,则恶矣。古者易子而教之,父子之间不责善。责善则离,离则不祥莫大焉②。"

【注释】

①夷:伤。
②祥:善。

【译文】

公孙丑问:"君子不亲自督促训导孩子,为什么呢?"

孟子答道:"由于情势行不通。督促训导一定要讲正理,用正理讲不通,跟着就要发怒。一发怒,就反而造成了伤害。〔孩子会说:〕'您用正理督促训导我,可是您的行为却不出于正理',这样,父子间就互相伤害了。父子间互伤感情,这是大坏事。古时候交换小孩来督促训导,使父子之间不因追求善而互相责备。追求善而互相责备,就会产生隔阂;父子之间生出隔阂,没有比这更不好的事儿了。"

【评鉴】

　　这一章讲"易子而教"的道理,因为父亲教子会伤感情,这是应当极力避免的。现代人可能难以理解,但上古汉语"教""诲"有别。《王力古汉语字典》:"两个词都有'教导'义,但有细微差别。'教'带强制性,'诲'重在启发、诱导。"因此我们翻译"教"为"督促训导";督促训导往往使用强制性手段,这对父子之情是有所伤害的。而在早期儒家看来,家庭成员间的天然情感是最为可贵的,这也是孔子说"孝弟也者,其为仁之本"的道理所在。

　　7·19　孟子曰:"事,孰为大?事亲为大;守,孰为大?守身为大。不失其身而能事其亲者,吾闻之矣;失其身而能事其亲者,吾未之闻也。孰不为事?事亲,事之本也;孰不为守?守身,守之本也。曾子养曾晳①,必有酒肉;将彻②,必请所与;问有余,必曰:'有。'曾晳死,曾元养曾子③,必有酒肉;将彻,不请所与;问有余,曰:'亡矣。'——将以复进也。此所谓养口体者也。若曾子,则可谓养志也。事亲若曾子者,可也。"

【注释】

①曾晳:名点,孔子学生,曾子(曾参)之父。
②彻:通"撤"。
③曾元:曾子之子。

【译文】

　　孟子说:"侍奉谁最重要?侍奉父母最重要。守护什么最重要?守护自己〔的良心〕最重要。不失去自己的良心又能侍奉父母的,我听说过;失去了良心又能侍奉父母的,我没有听说过。侍奉谁不是侍奉?但侍奉父母是根本;守护谁不是守护?但守护自己的良心是根本。从前曾子奉养他的父亲曾晳,每餐一定都有酒有肉;撤席时一定要问剩下的给谁;曾晳若问是否还有剩余,一定答道:'还有。'曾晳死了,曾元养曾子,也一定有酒有肉;撤席时便不问剩下的给谁了;曾子若问是否还有剩余,便说:'没有了。'准备下餐再给曾子吃。这个叫作口体之养。至于曾子,才可以叫作顺从亲意之养。侍奉父母能做到像曾子那样,就可以了。"

【评鉴】

这一章讲侍奉父母不能仅仅"养口体",还要"养志"——让他们心情愉悦。这和《论语·为政》"今之孝者,是谓能养。至于犬马,皆能有养;不敬,何以别乎"是一脉相承的。

7·20 孟子曰:"人不足与适也[1],政不足间也[2];唯大人为能格君心之非[3]。君仁,莫不仁;君义,莫不义;君正,莫不正。一正君而国定矣。"

【注释】

[1]适:通"敌(敵)",敌对。《韩非子·存韩》:"荆人不动,魏不足患也,则诸侯可蚕食而尽,赵氏可得与敌矣。"

[2]间:音 jiàn,涉足,参与。

[3]格:纠正,匡正。

【译文】

孟子说:"当政的小人不值得和他对着干,他们的政治也不值得去插一腿;只有大德之人才能够纠正君主的不正确思想。君主仁,没有人不仁;君主义,没有人不义;君主正,没有人不正。一把君主端正了,国家也就安定了。"

【评鉴】

这一章有三层意思:1. 不值得和小人过多周旋。2. 只有大仁大德之人才能够纠正君主的不正确思想。3.国家要想治理好,君主必须率先垂范。和小人过多周旋,是浪费生命。一般人难以认识到某事的错误,即使能够认识到错误,为了迎合君主,也未必肯去纠正;只有大德之人,既能认识到君主的错误,也敢于纠正君主的错误。君主必须率先垂范,用孔子的话来说,就是:"君子之德风,小人之德草,草上之风,必偃。"(《论语·颜渊》)

7·21 孟子曰:"有不虞之誉①,有求全之毁。"

【注释】

①虞:料想。

【译文】

孟子说:"有意料不到的赞扬,也有过于苛求的诋毁。"

【评鉴】

这一章讲赞扬和诋毁都不可避免——人生在世不要太在意这些。

7·22 孟子曰:"人之易其言也①,无责耳矣②。"

【注释】

①易:轻易。

②无责耳矣:没有责任罢了。俞樾读"无责"为"毋责",意谓此人无足责怪,不确。因为"耳矣"用于陈述客观事实,而"毋责"是表达意志的句子,不能与"耳矣"匹配;事实上也从未见含"毋"表达意志的句子以"耳矣"煞句者。如将此句理解为"没有责任罢了",正是陈述事实,则毫无窒碍。

【译文】

孟子说:"一个人说话太随便,是因为他不必为此负责罢了。"

【评鉴】

这一章讲一个人若不必负责,便会讲话随便。一方面,如《公孙丑下》第五章,孟子说的话导致了蚔鼃的辞职,孟子并不认为自己有何不妥;因为自己无职无权,可以不必为自己说的话负责;另一方面,对未负有责任的人说出的较为随便的话,也不必耿耿于怀。这里给我们的一点启示是,咨询问题要问对人,对某事负责的人所给的答复才是可信的,旁人则可能随口应付。

7·23 孟子曰:"人之患在好为人师。"

【译文】

孟子说:"人的毛病在喜欢充当别人的老师。"

【评鉴】

这一章讲好为人师是个毛病,也即,教导别人前也须掂量掂量自己。

7·24 乐正子从于子敖之齐①。

乐正子见孟子。孟子曰:"子亦来见我乎?"

曰:"先生何为出此言也?"

曰:"子来几日矣?"

曰:"昔者②。"

曰:"昔者,则我出此言也,不亦宜乎?"

曰:"舍馆未定③。"

曰:"子闻之也,舍馆定,然后求见长者乎?"

曰:"克有罪④。"

【注释】

①子敖:盖(gě)大夫王驩的字。

②昔者:昨天。

③舍馆:招待所。

④克有罪:克,乐正子之名;有罪,有过错,有错误。

【译文】

乐正子跟随王子敖到了齐国。

乐正子去见孟子。孟子说:"你也来看我吗?"

乐正子答道:"老师为什么讲出这样的话呢?"

孟子问:"你来几天了?"

答道:"昨天才来。"

孟子说:"昨天来的,那我说这样的话,不也是应该的吗?"

乐正子说:"住所还没找好。"

孟子说:"你听说过,要住所找好了才来求见长辈吗?"

乐正子说:"我错了。"

【评鉴】

这一章讲远方的学生到了老师所在之地,就应赶快来拜见——在尊师重教的古代,这是理所当然的。这里给我们的启示是,事情的轻重决定事情的缓急,而不可颠倒过来。

7·25 孟子谓乐正子曰:"子之从于子敖来,徒哺啜也①。我不意子学古之道而以哺啜也。"

【注释】

①哺啜:哺,音 bū,吃;啜,音 chuò,喝。

【译文】

孟子对乐正子说:"你跟着王子敖来,只是吃吃喝喝罢了。我没想到你学习古人的大道,只是为了吃喝。"

【评鉴】

　　这一章讲光是吃吃喝喝不干正事不合古人的大道——孟子的意思是,学习做人救世的大道理,不是为了满足口腹之需。

7·26　孟子曰:"不孝有三①,无后为大。舜不告而娶,为无后也。君子以为犹告也。"

【注释】

　　①不孝有三:赵岐《注》云:"阿意曲从,陷亲不义,一不孝也;家贫亲老,不为禄仕,二不孝也;不娶无子,绝先祖祀,三不孝也。"

【译文】

　　孟子说:"不孝顺父母的事有三种,其中以没有子孙为最大。舜不先禀告父母就娶妻,为的是怕没有子孙,〔因为先禀告,他那狠毒的爹瞽瞍就会从中作梗。〕虽然他没有禀告,君子却认为他如同禀告了。"

【评鉴】

　　这一章讲"不孝有三,无后为大"。在讲究家族传承的宗法社会,这一关切是理所当然的。这里也间接表达了,如果一件事重要且是对的,就理应去做,而不能拘泥于繁文缛节。

7·27　孟子曰:"仁之实,事亲是也;义之实,从兄是也;智之实,知斯二者弗去是也;礼之实,节文斯二者是也①;乐之实,乐斯二者,乐则生矣;生则恶可已也? 恶可已,则不知足之蹈之手之舞之。"

【注释】

　　①文:音 wèn,文饰,修饰。

【译文】

孟子说:"仁的实质就是侍奉父母;义的实质就是顺从兄长;智的实质就是明白这二者的道理并坚持下去;礼的实质是对这二者加以调节与修饰;乐的实质就是以这二者为乐事,快乐于是就发生了;快乐一发生,又如何能止得住?一止不住,就会不知不觉地手舞足蹈起来了。"

【评鉴】

这一章讲仁义智礼乐的实质,是从侍奉父母、顺从兄长开始的。孔孟之道的一大特征,是大道理都出自人们习以为常的生活态度;把人们习以为常甚至未曾察觉的小善良放大扩展,就是大善大仁。

7·28 孟子曰:"天下大悦而将归己,视天下悦而归己,犹草芥也,惟舜为然。不得乎亲,不可以为人;不顺乎亲,不可以为子。舜尽事亲之道而瞽瞍厎豫①,瞽瞍厎豫而天下化,瞽瞍厎豫而天下之为父子者定,此之谓大孝。"

【注释】

①瞽瞍厎豫:瞽(gǔ)瞍,舜的父亲;厎,音 zhǐ,致;豫,乐。

【译文】

孟子说:"天底下的人都很喜欢自己,而且将归附自己,却把这好事看成草芥一般,只有舜是这样的。不能得到父母的欢心,不可以做人;不能顺从父母的旨意,不能做儿子。舜尽心竭力侍奉父母,结果瞽瞍变得高兴了;瞽瞍高兴了,天下的风俗也就随之变好;瞽瞍高兴了,天下父子间的伦常也由此确定,这便叫作大孝。"

【评鉴】

这一章讲大舜如何顺从父亲,使他高兴——尽管这父亲十分残忍,以此使得全天下的儿子都能孝顺。我们注意到,在孟子那儿,君与臣、父与子是有区别的。"君之视臣如土芥,则臣视君如寇仇。"而对父亲,则须顺从;毕竟父亲有生养之恩,即使不是好父亲。这大约也符合儒家的"爱有等差"吧!

　　归根到底,《离娄上》讲的都是君臣父子各色人等的行为规范。

离娄章句下 凡三十三章

8·1 孟子曰:"舜生于诸冯,迁于负夏,卒于鸣条①,东夷之人也。文王生于岐周,卒于毕郢②,西夷之人也。地之相去也,千有余里;世之相后也,千有余岁。得志行乎中国,若合符节③,先圣后圣,其揆一也④。"

【注释】

①诸冯、负夏、鸣条:这三处地名无考。

②毕郢:郢在今陕西咸阳市东;郢归毕管辖。

③符节:符和节都是古代表示印信之物,一般是可剖为两半,各执其一,相合无差,以代印信。

④揆:法则、法度。

【译文】

孟子说:"舜出生在诸冯,迁居到负夏,死在鸣条,那么他是东方民族的人。文王生在岐周,死在毕郢,那么他是西方民族的人。两地相隔一千多里,时代相差一千多年。他们得志时在中原华夏的所作所为,几乎一模一样,古代的圣人和后代的圣人,他们的原则是一样的。"

【评鉴】

这一章讲大舜和文王虽相隔千年,其法度却是一样的。这当然是指以仁义道德治理天下,可见仁义道德是有普适性的。

8·2 子产听郑国之政①,以其乘舆济人于溱洧②。孟子曰:"惠而不知为政③。岁十一月,徒杠成;十二月,舆梁成④,民未病涉也。君子平其政,行辟人可也⑤,焉得人人而济之?故为政者,每人而悦之,日亦不足矣。"

【注释】

①子产听郑国之政:子产,春秋时郑国贤相公孙侨的字;听,治理。

②"以其乘舆"句:舆本义为车箱,此处指车;乘舆,所乘之车;溱,音zhēn,水名,发源于河南新密市;洧,音wěi,水名,发源于河南登封市。

③惠:恩惠。

④徒杠成、舆梁成:杠,独木桥;徒杠,走人的独木桥;梁,桥;舆梁,行车的桥。赵岩在《从简牍文献看"桥""梁"的更替》一文中说:"在战国中期到秦朝时期的秦地出土文献中,'桥'完成了对'梁'的替代。"传世文献到汉代以后,基本上便用"桥"而不用"梁"了。

⑤辟:同"避";古代上层人物出外,前有执鞭者开道。

【译文】

子产主持郑国的行政,用他的专车帮助别人渡过溱水和洧水。孟子评论说:"是个好人,却并不懂治国理政。如果十一月修成走人的桥,十二月修成走车的桥,百姓就不会为渡河发愁了。君子只要修平政治,他外出时鸣锣开道都可以,哪能够一个个地帮人渡河呢?如果治国理政者一个个地去讨好人,时间也就会不够用了。"

【评鉴】

这一章讲行仁政应抓大放小,而不必事事躬亲——诸葛亮那么睿智,却因事必躬亲,而年寿不永。这也是《离娄上》第十七章讲"天下溺"不能"援之以手",而要"援之以道"的道理所在。

8·3 孟子告齐宣王曰:"君之视臣如手足,则臣视君如腹心;君之视臣如犬马,则臣视君如国人;君之视臣如土芥,则臣视君如寇仇。"

王曰:"礼,为旧君有服,何如斯可为服矣?"

曰:"谏行言听,膏泽下于民①;有故而去,则君使人导之出疆,又先于其所往②;去三年不反,然后收其田里。此之谓三有礼焉。如此,则为之服矣。今也为臣,谏则不行,言则不听;膏泽不下于民;有故而去,则君搏执之③,又极之于其所往④;去之日,遂收其田里。此之谓寇仇。寇仇,何服之有?"

【注释】

①膏泽:恩惠,恩泽。
②先:令人先去布置之意。
③搏执:拘捕,逮捕。
④极之:得罪人到顶点,把坏事做绝。

【译文】

孟子告诉齐宣王说:"君主把臣子看作自己的手和脚,那臣子就会把君主看作自己的腹和心;君主把臣子看作狗和马,那臣子就会把君主看作平常人;君主把臣子看作泥土草芥,那臣子就会把君主看作强盗仇敌。"

王说:"礼制规定,已经离职的臣子还得为过去的君主穿丧服,君主要怎样做,臣子才会为他服丧呢?"

孟子说:"忠告他接受,建议他听从;恩惠落实到老百姓;有缘故不得不离开,君主一定派人引导他离开国境,又先派人到他要去的地方布置一番;离开好几年还不回来,才收回他的土地和住房。这个叫作三有礼。这样做,臣子就会为他服丧了。现在做臣子的,忠告,他不接受;建议,他不听从;老百姓也得不到实惠;臣子有缘故不得不离开,那君主还把他给抓起来,还到他要去的地方把坏事做绝,叫他走投无路;离开那一天,马上收回他的土地和住房。这个叫强盗仇敌。对强盗仇敌般的旧君,为何要为他服丧呢?"

【评鉴】

这一章讲"君之视臣如手足,则臣视君如腹心;君之视臣如犬马,则臣视君如国人;君之视臣如土芥,则臣视君如寇仇"。这段话最为专制君主所忌惮,朱元璋曾为之勃然大怒。当然,这段话也就顺理成章地成为反抗暴政者的口号和信条。

8·4 孟子曰:"无罪而杀士,则大夫可以去!无罪而戮民,则士可以徙!"

【译文】

孟子说:"士人并没犯罪,却被杀掉,那么大夫就可以离去。百姓并没犯罪,却被杀掉,那么士人就可以搬走!"

【评鉴】

这一章认为离开暴政之国并没有什么不对——自然不能以"叛国"视之。

8·5 孟子曰:"君仁,莫不仁;君义,莫不义。"

【译文】

孟子说:"君主如果仁,没有人不仁;君主如果义,没有人不义。"

【评鉴】

这一章强调君主的表率作用。孔子曾对季康(鲁国实际执政者)说:"子为政,焉用杀?子欲善而民善矣。君子之德风,小人之德草,草上之风,必偃。"(《论语·颜渊》)本章与之异曲同工。

8·6 孟子曰:"非礼之礼,非义之义,大人弗为。"

【译文】

孟子说:"不符合礼的'礼',不符合义的'义',有德行的人是不用的。"

【评鉴】

这一章讲不能用似是而非的礼和义。什么是似是而非的礼和义?孟子在《尽心下》三十七章中说:"孔子曰:'恶似而非者:恶莠,恐其乱苗也;恶佞,恐其乱义也;恶利口,恐其乱信也;恶郑声,恐其乱乐也;恶紫,恐其乱朱也;恶乡原,恐其乱德也。'"乡原,即乡愿,好好先生。这些人把道德搞乱,正如狗尾巴草掺杂在禾苗中一样。

8·7 孟子曰:"中也养不中①,才也养不才,故人乐有贤父兄也。如中也弃不中,才也弃不才,则贤不肖之相去,其间不能以寸。"

【注释】

①中也养不中:中,中正,正直;养,教养。

【译文】

孟子说:"品质好的人教养品质不好的人,有才能的人教养没才能的人,所以人人都喜欢有好父兄。如果品质好的人不去教养品质不好的人,有才能的人不去教养没才能的人,那么,所谓好和不好,他们的间距也就近得不能用分寸来计量了。"

【评鉴】

这一章讲好人、能人必须负起教育品质不好的人、没才能的人的责任;如果好人、能人放弃了教育后者的责任,那他和乡愿有什么不一样呢?孔子说:"乡愿,德之贼也。"(乡愿是道德的伤害者)就是这个意思。

8·8 孟子曰:"人有不为也,而后可以有为。"

【译文】

孟子说:"人要有所不为,才能有所作为。"

【评鉴】

这一章接着讲人必须有所为有所不为。这句话言简意深,值得咀嚼回味!

8·9 孟子曰:"言人之不善,当如后患何?"

【译文】

孟子说:"说人家的坏话,有了后患,又怎么办呢?"

【评鉴】

这一章讲不要背后讲人坏话。世上没有不透风的墙,一旦传出,后果很严重。这一点古今相同。

8·10 孟子曰:"仲尼不为已甚者。"

【译文】

孟子说:"仲尼不做太过分的事。"

【评鉴】

这一章讲孔子从不做太过分的事情。所谓"做人留一线,日后好相见""枪口抬高三公分"。这不是庸俗的类似乡愿的价值观,而是做人的底线。比如某人犯法,可以将他判刑入狱,却不必因此劝他妻子和他离婚,逼他的子女和他脱离父子关系。

8·11 孟子曰:"大人者,言不必信,行不必果,惟义所在。"

【译文】

孟子说:"有德行的人,说话不一定要句句守信,行为不一定要事事遂行,只以是否合乎大义为标准。"

【评鉴】

这一章讲有德之人,不必事事讲信用,一切必须符合"义"。这就是孔子所说:"大德不逾闲(界限),小德出入可也。"(《论语·子张》)

8·12 孟子曰:"大人者,不失其赤子之心者也。"

【译文】

孟子说:"有德行的人,是能保持天真纯朴童心的人。"

【评鉴】

这一章讲有德之人,必须保持一颗赤子之心。也就是说,要不忘初心,做一个理想主义者;而不能相反,自以为很有情商,却不过是精致的利己主义者。

8·13 孟子曰:"养生者不足以当大事,惟送死可以当大事。"

【译文】

孟子说:"光能〔妥善〕赡养父母,还不足以承担大任务,只有能〔妥善〕给他们送终才足以承担大任务。"

【评鉴】

这一章讲侍奉父母,尚不足以承担大任,只有妥善地给他们送终,才足以承担大任。一是因为只有这样,才算善始善终,尽到了人子之责。

二是操办丧事,纷繁复杂,头绪极多,需要较强的组织协调能力。能妥善操办丧事而不失礼,这人便足以承担大任了。

8·14 孟子曰:"君子深造之以道①,欲其自得之也。自得之,则居之安;居之安,则资之深②;资之深,则取之左右逢其原③,故君子欲其自得之也。"

【注释】

①深造:穷究。造,到……去。
②资:资助,供给,帮助。
③原:"源"的本字,字形像山崖边泉孔中有水涌出;而"源"是"原"的后起加形旁字,类似"暮"与"莫"、"燃"与"然"的关系。

【译文】

孟子说:"君子依循正确方法深入探究学问,就是希望他的探究学问是自觉的。自觉地探究它,就能把它变成自己内在的;把它变成自己内在的,就能帮助它不断深入堂奥;帮助它不断深入堂奥,就能左右逢源而取之不尽,所以君子希望他的探究学问是自觉的。"

【评鉴】

这一章讲学习研究要靠自觉,才能把知识变成内在的,并不断深入堂奥,因而运用知识时左右逢源。学习要怎样才能自觉?爱因斯坦说:"热爱是最好的老师。"孔子说:"知之者不如好之者,好知者不如乐之者。"(《论语·雍也》)

8·15 孟子曰:"博学而详说之,将以反说约也。"

【译文】

孟子说:"广博地学习,详细地解说,是为了〔融会贯通以后,〕能做到深入浅出执简驭繁呢。"

【评鉴】

这一章讲博学详说,是为了执简驭繁。什么意思呢?数学家华罗庚有一个著名的读书公式:薄—厚—薄。"博学详说,以反说约",就是书本由厚变薄的过程:融会贯通以后,厚厚的书本就变薄了。

8·16 孟子曰:"以善服人者①,未有能服人者也;以善养人,然后能服天下。天下不心服而王者,未之有也。"

【注释】

①善:指仁义礼智等。

【译文】

孟子说:"用善来收服人心,从没有过完全令人心服的;用善来教养人,这才能使天下的人都归服。天下人不心服而能统一天下的,是从来没有过的事。"

【评鉴】

这一章,一是讲用善来收服人心,还不能令人心服;只有用善教养人,才能使人心服,才能王天下。为什么?用善来收服恶人之心,他可能利用你的善,玩弄你于股掌之中。古今中外这种事儿太多了!你用善去教养恶人,精诚所至,金石为开。二是讲统一天下,必须令人心服。

8·17 孟子曰:"言无实不祥;不祥之实,蔽贤者当之①。"

【注释】

①蔽贤者当之:蔽贤者等于它(不祥之实);当,承担,担当。

【译文】

孟子说:"言之无物,固然不好;但所谓不好的言之有物,说的就是阻碍任用贤者的人。"

【评鉴】

这一章谴责阻碍任用贤人。往贤者身上泼脏水,即使有些根据,也是不好的。正确的做法是"为贤者讳"。

8·18 徐子曰①:"仲尼亟称于水②,曰:'水哉,水哉!'何取于水也?"

孟子曰:"源泉混混③,不舍昼夜,盈科而后进④,放乎四海。有本者如是,是之取尔⑤。苟为无本,七八月之间雨集⑥,沟浍皆盈;其涸也,可立而待也。故闻声过情⑦,君子耻之。"

【注释】

①徐子:徐辟;参见《滕文公上》第三章。
②亟:音qì,屡次。
③混混:水流浩大的样子。段玉裁《说文解字注》说,"混"古音读作"衮",俗字作"滚"。也就是说,"源泉混混"即"源泉滚滚",不过今天仍然要读作hùn。
④科:坎。
⑤是之取尔:"取是尔"的倒装;尔,语气词,同"耳"。
⑥七八月之间雨集:周历七八月相当于夏历五六月,正是雨多的时候。
⑦闻:音wèn,名誉。

【译文】

徐子说:"孔子好几次称赞水,说:'水呀,水呀!'他看中了水的哪一点呢?"

孟子说:"泉水滚滚向前,昼夜不息,灌满坑坑坎坎,又继续奔流,一直奔向大海。凡有本源的事物都是这样,而这一点正是孔子所看中的。如果没有本源,即使七八月间大雨滂沱,把大小沟渠都灌满了;但是它的干涸,也就一会儿的工夫。所以声誉超过实情的,君子以它为耻。"

【评鉴】

这一章指出有源之水,终将流入大海,而无源之水会马上干涸。因此人不能如无源之水求取虚名,必须追求实至名归——投机取巧最终会害了自己。

8·19 孟子曰:"人之所以异于禽兽者几希①,庶民去之,君子存之。舜明于庶物②,察于人伦,由仁义行,非'行'仁义也。"

【注释】

①几希:很少。
②庶物:万物,众物;庶,众多。

【译文】

孟子说:"人和禽兽不同的地方只有一点点,一般百姓丢弃它,正人君子保存它。舜懂得事物的道理,了解人类的常情,只是〔快快乐乐自然而然地〕走在仁义的路上,不是〔勉强地当作任务、责任〕贯彻实行仁义的。"

【评鉴】

这一章讲人和禽兽不同之处很少,君子应珍惜保护这点不同。人之所以为人,是因为仁义内在于人性当中,所以仁人君子能够"由仁义行",而不只是行仁义。前者出于自己的本心,后者往往只是做做样子。

8·20 孟子曰:"禹恶旨酒而好善言。汤执中,立贤无方①。文王视民如伤,望道而未之见。武王不泄迩,不忘远②。周公思兼三王,以施四事;其有不合者,仰而思之,夜以继日;幸而得之,坐以待旦。"

【注释】

①无方:无论何方,即不拘泥于常度。

②不泄迩,不忘远:泄,通"媟(xiè)",轻慢,亵渎;迩,近。这两句是说不轻慢朝臣和远处的诸侯。

【译文】

孟子说:"禹厌恶美酒,却喜欢于人进德有益的言论。汤秉持中正之道,提拔人才不拘一格。文王总把百姓当作受伤者一样〔,加以怜爱〕,追求仁义之道,又似乎没看到它〔而永不止歇〕。武王不〔特别〕亲近朝廷之中的近臣,也不遗忘散在四方的远臣。周公想要兼学夏、商、周的君王,来实践禹、汤、文、武的事业;如果有不合当前情状的,便抬着头夜以继日地思考;若总算想通了,便坐着等到天亮〔就马上付诸实施〕。"

【评鉴】

这一章细数禹汤文武的美德。这些美德虽并不相同,却都基于一个"仁"字。

8·21 孟子曰:"王者之迹熄而《诗》亡①,《诗》亡然后《春秋》作。晋之《乘》,楚之《梼杌》,鲁之《春秋》②,一也:其事则齐桓、晋文,其文则史。孔子曰:'其义则丘窃取之矣。'"

【注释】

①迹:有人认为"迹"应该是"迒"字之讹,这是不对的。

②《乘》《梼杌》《春秋》:"春秋"本为各国史书的通名,楚又别名"梼杌"(táo wù),晋又别名"乘"。此处"鲁之《春秋》",乃鲁国当日史书名,而非孔子所修的《春秋》,只是他所依据的原始资料。

【译文】

孟子说:"圣王的事迹成为绝响,《诗》也就消亡了;《诗》消亡了,孔子创作的《春秋》便应运而生。〔各国都有叫作'春秋'的史书,〕晋国的又叫《乘》,楚国的又叫《梼杌》,鲁国的只叫《春秋》,都是一个样:所载之事不过齐桓公、晋文公之类,而其文风不过一般史书的笔法。〔孔子的《春秋》有所不同,〕他说:'《诗》三百篇以微言褒贬善恶的做法,我私下在《春秋》里借用过了。'"

【评鉴】

这一章讲《诗》三百篇以微言褒贬善恶的做法,为孔子的《春秋》所借用。孔子确实在《春秋》中寓大义于微言,他可能也确实认为《诗经》真是如此因而效法之,但后者却未必真如此。

8·22　孟子曰:"君子之泽五世而斩,小人之泽五世而斩[1]。予未得为孔子徒也,予私淑诸人也[2]。"

【注释】

[1]泽:泽惠,影响,流风余韵。

[2]私淑诸人:私下取善于人。淑,善,这里活用为动词,取善;诸,"之于"的合音字;人,别人,他人。

【译文】

孟子说:"君子〔留给后世子孙〕的德泽,传了五代便断绝了;平民〔留给后世子孙〕的德泽,传了五代也断绝了。我没有能够成为孔子的学生,我是私下取善于他人的。"

【评鉴】

这一章讲君子的德泽,仅能流传几世。可见倚仗祖上的余荫,不如自己努力来得可靠。

8·23 孟子曰:"可以取,可以无取,取伤廉;可以与,可以无与,与伤惠;可以死,可以无死,死伤勇①。"

【注释】

①伤惠,伤勇:战国之世,士多以一掷千金,轻生重谊为尚,所以孟子以此语诫之。

【译文】

孟子说:"可以拿也可以不拿时,拿了便是对廉洁的伤害;可以给也可以不给时,给了便是对恩惠的滥用;可以死也可以不死时,死了便是对勇德的亵渎。"

【评鉴】

这一章告诫除非不得已,不要一掷千金,轻生重谊——生命是可贵的。文明越是进步,越是强调这一点。

8·24-1 逢蒙学射于羿①,尽羿之道,思天下惟羿为愈己,于是杀羿。孟子曰:"是亦羿有罪焉。"

公明仪曰:"宜若无罪焉。"

曰:"薄乎云耳,恶得无罪?郑人使子濯孺子侵卫,卫使庾公之斯追之。子濯孺子曰:'今日我疾作,不可以执弓,吾死矣夫!'"

【注释】

①逢蒙学射于羿:逢蒙,既是羿的徒弟,又是他的家将,后叛变,助寒浞杀羿;逢,音 péng,又音 páng;羿,神射手,夏代有穷国的君主。

【译文】

古时候,逢蒙跟羿学射箭,完全学到了羿的本领,便想,天下只有羿比自己强了,因此便把羿给杀了。孟子说:"这事羿也有错误。"

公明仪说:"好像没什么错误吧。"

孟子说:"错误不大罢了,怎么能说一点也没有呢?郑国从前派子濯孺子侵犯卫国,卫国便派庾公之斯来追击他。子濯孺子说:'今天我的病发作了,拿不了弓,我算死定了吧!'"

8·24-2 "问其仆曰:'追我者谁也?'其仆曰:'庾公之斯也。'曰:'吾生矣。'其仆曰:'庾公之斯,卫之善射者也;夫子曰吾生,何谓也?'曰:'庾公之斯学射于尹公之他,尹公之他学射于我。夫尹公之他,端人也,其取友必端矣。'庾公之斯至,曰:'夫子何为不执弓?'曰:'今日我疾作,不可以执弓。'曰:'小人学射于尹公之他,尹公之他学射于夫子。我不忍以夫子之道反害夫子。虽然,今日之事,君事也,我不敢废。'抽矢叩轮去其金①,发乘矢而后反②。"

【注释】

①抽矢叩轮去其金:抽出箭,在车轮上敲击,去掉箭簇。叩,敲;叩轮,在轮子上敲;金,指箭簇。

②乘矢:四支箭;一乘是四匹马,因此"乘"有四个的意思。

【译文】

"他又问驾车的人说:'追我的是谁呀?'驾车的人回答:'庾公之斯。'他便说:'我死不了啦。'驾车的人说:'庾公之斯是卫国有名的射手,您反说能活命了,这是什么道理呀?'答道:'庾公之斯跟尹公之他学射,尹公之他又跟我学射。那尹公之他可是个正派人,他选取的朋友学生也一定正派。'庾公之斯追上了,问道:'老师为何不拿弓?'子濯孺子说:'今天我的病发作了,拿不了弓。'庾公之斯便说:'我跟尹公之他学射,尹公之他又跟老师您学射。我不忍心拿您的本领反过来伤害您。但是,今天的事情是国家的公事,我又不敢废弃。'便抽出箭,在车轮上敲了几下,去掉箭头,发射四箭然后就回去了。"

【评鉴】

这一章以正反两个例子说明授徒应慎重择人。

8·25　孟子曰:"西子蒙不洁,则人皆掩鼻而过之;虽有恶人①,齐戒沐浴②,则可以祀上帝。"

【注释】

①恶:丑。
②齐:同"斋"。

【译文】

孟子说:"如果西施沾上了污秽,那别人走过的时候,也会捂着鼻子;但即便是面目丑陋的人,如果他斋戒沐浴,也就可以祭祀上帝。"

【评鉴】

这一章说的道理和龟兔赛跑寓言看似类似,说的却是人人可以为善的道理。

8·26　孟子曰:"天下之言性也,则故而已矣①。故者以利为本②。所恶于智者,为其凿也。故智者若禹之行水也,则无恶于智矣。禹之行水也,行其所无事也。如智者亦行其所无事,则智亦大矣。天之高也,星辰之远也,苟求其故③,千岁之日至④,可坐而致也。"

【注释】

①故:原故,本性,本源。

②利:有利,优点。
③故:往常的轨迹。
④日至:夏至与冬至,此处指冬至。

【译文】

孟子说:"天下的人都说万物本性,只要能弄清楚它的本源便行了。弄清它的本源,才对它是有利的。我们之所以讨厌小聪明,是因为小聪明容易让人钻牛角尖。如果小聪明像禹疏导河道一样让它顺其自然,就不必讨厌它了。禹的治理水患,就是让水的运行像没事一样〔,顺着它的本性流向下游,奔腾入海〕。如果聪明人也都能像没事一样〔顺着大自然的法则而行〕,那就具有大智慧了。天极高,星辰极远,只要能弄清楚它们往常的轨迹,以后一千年的冬至,都可以坐着推算出来。"

【评鉴】

这一章说明只有弄清楚万事万物的本源本性,任何高深的道理,都容易弄清楚,浮在面上的小聪明,不仅经不起检验,还是有害的。这让我们惊诧研究自然科学、社会科学的铁律,两千多年前的孟子如何知晓得如此透彻?

8·27 公行子有子之丧①,右师往吊②。入门,有进而与右师言者,有就右师之位而与右师言者。孟子不与右师言,右师不悦曰:"诸君子皆与驩言,孟子独不与驩言,是简驩也。"

孟子闻之,曰:"礼,朝廷不历位而相与言③,不逾阶而相揖也。我欲行礼,子敖以我为简,不亦异乎?"

【注释】

①公行子有子之丧:公行子,齐国大夫;丧,音 sāng,丧事。
②右师:官名,其人即"盖大夫王驩"(《公孙丑下》第六章),字子敖。
③历:跨越,越位。

【译文】

公行子为儿子举办丧事,右师去吊唁。他一进门,就有人上前和他说话;〔他坐下后,〕又有人走近他的座位和他说话。孟子没有和他说话,他不高兴,说:"各位大夫都和我说话,只有孟子不和我说话,这是怠慢我王驩哪。"

孟子听说了,便说:"依礼节,在朝廷中,谈话不能越位,作揖也不能越过石阶。我依礼而行,子敖却以为我怠慢了他,这不很奇怪吗?"

【评鉴】

这一章讲述在丧礼上,孟子依礼节规范不和王驩说话,后者怪罪,孟子据实反驳。这可和4·6合参。王驩位高权重,习惯了他人的巴结逢迎并认为理所当然。孟子不吃这一套,照规矩做事,他可就不高兴了。古今中外这种事儿多得很!

8·28　孟子曰:"君子所以异于人者,以其存心也。君子以仁存心,以礼存心。仁者爱人,有礼者敬人。爱人者,人恒爱之;敬人者,人恒敬之。有人于此,其待我以横逆[1],则君子必自反也:我必不仁也,必无礼也,此物奚宜至哉?其自反而仁矣,自反而有礼矣,其横逆由是也,君子必自反也:我必不忠。自反而忠矣,其横逆由是也,君子曰:'此亦妄人也已矣。如此,则与禽兽奚择哉[2]?于禽兽又何难焉[3]?'

"是故君子有终身之忧,无一朝之患也。乃若所忧则有之[4]:舜,人也;我,亦人也。舜为法于天下,可传于后世,我由未免为乡人也,是则可忧也。忧之如何? 如舜而已矣。若夫君子所患则亡矣。非仁无为也,非礼无行也。如有一朝之患,则君子不患矣。"

【注释】

①横逆:蛮横,强暴,不讲理;横,音 hèng。
②择:区别,不同。
③难:责难。
④乃若:连词,至于,至于说到。

【译文】

孟子说:"君子和一般人不同的地方,就在于居心不同。君子心里老惦记着仁,老惦记着礼。仁人爱他人,有礼的人尊敬他人。爱他人的人,别人总是爱他;尊敬他人的人,别人总是尊敬他。假如这里有个人,他对待我蛮横无礼,那君子一定反躬自问:我一定不够仁,一定不够有礼,不然,这种态度怎么会来呢? 反躬自问后仍然觉得,我实在仁,实在有礼,那人的蛮横无礼还是原样,君子一定又反躬自问:我对待别人一定不够尽心竭力。反躬自问后仍然觉得,我实在尽心竭力,那人的蛮横无礼还是原样,君子就会说:'这不过是个妄人罢了,这样不讲理,那和禽兽有什么区别呢? 对于禽兽又有什么好责备的呢?'

"所以君子有一生的忧虑,却没有突发的畏惧。但是,下面这样的忧虑是有的:舜是人,我也是人。舜为天下人所效法,能流芳百世,我却仍然不免只是个世俗之人。这个才是值得忧虑的事。有了忧虑怎么办呢? 尽力向舜学习罢了。至于君子畏惧什么,可是没有的。不是仁义的事不干,不合礼节的事不做。即使有突发的祸患,君子也不会畏惧的。"

【评鉴】

这一章所述,一是遭遇横逆时,君子应反躬自问,这点上一篇第四章也说了;二是君子要为进德修业不如圣人而忧虑,这点以后还会反复说。

8·29 "禹、稷当平世,三过其门而不入,孔子贤之。颜子当乱世,居于陋巷①,一箪食,一瓢饮,人不堪其忧,颜子不改其乐,孔子贤之。孟子曰:"禹、稷、颜回同道。禹思天下有溺者,由己溺之也;稷思天下有饥者,由己饥之也,是以如是其急也。禹、稷、颜子易地则皆然。今有同室之人斗者,救之,虽被发缨冠而救之②,可也;乡邻有斗者,被发缨冠而往救之,则惑也;虽闭户可也③。"

【注释】

①陋巷:偏远的巷子;陋,偏僻,偏远。

②被发缨冠:比喻急迫;被,披;缨,冠上系带,这里指系带没系上而垂着。

③闭户可也:隐指颜回。

【译文】

"禹、稷处在政治清明的年代,几次经过家门都不进去,孔子认为他们贤明。颜子处在政治昏暗的年代,住在偏远的巷子里,一篮子饭,一瓜瓢水,别人都忍受不了那苦日子,他却不改变自己一贯的快乐,孔子认为他贤良。孟子说:"禹、稷和颜回的处世之道其实是一样的。禹觉得天下有人遭了水淹,就如同自己淹了他似的;稷觉得天下有人饿着肚子,就如同自己饿了他似的,所以他们拯救百姓才如此急迫。禹、稷和颜子如果互换位置,也都会那样做的。假若有同住一室的人互相斗殴,我去救他,即使披散着头发,连帽带也不系好去救,都是可以的;如果本乡的邻居家在斗殴,也披着头发帽带也不系好去救,那就是糊涂了;即使把门关着都是可以的。"

【评鉴】

这一章指出,大禹、后稷认为天下有人受苦受难,都是自己没做好,他们以天下为己任,那是政治清明的时代;而颜回居于陋巷,安贫乐道,这是处在昏暗时代的做法。三人所处位置有差异,故行事不同;但互换位置,都会像对方那样做的——所处环境决定具体的行为方式。

8·30　公都子曰:"匡章,通国皆称不孝焉,夫子与之游,又从而礼貌之,敢问何也?"

孟子曰:"世俗所谓不孝者五:惰其四支①,不顾父母之养,一不孝也;博弈好饮酒,不顾父母之养,二不孝也;好货财,私妻子,不顾父母之养,三不孝也;从耳目之欲②,以为父母戮③,四不孝也;好勇斗很④,以危父母,五不孝也。章子有一于是乎?夫章子,子父责善而不相遇也⑤。责善,朋友之道也;父子责善,贼恩之大者。夫章子,岂不欲有夫妻子母之属哉?为得罪于父,不得近,出妻屏子⑥,终身不养焉。其设心以为不若是,是则罪之大者,是则章子而已矣。"

【注释】

①四支:通"四枝""四肢",双手双脚。

②从:同"纵",放纵。

③戮:羞辱。

④很:今作"狠";"很"是本字。

⑤子父责善而不相遇:章子之母得罪其父,其父杀之,而埋于马栈之下;大约章子曾谴责其父而其父不听,遂使父子失和。

⑥屏:音 bǐng,使退去。

【译文】

公都子说:"匡章,全国人都说他不孝,您却跟他来往,不但如此,还相当敬重他,请问这是为什么?"

孟子说:"一般人所公认的不孝之事有五件:四肢不勤,对父母的生活不管不顾,是第一个不孝;好下棋喝酒,对父母的生活不管不顾,是第二个不孝;好钱财,偏爱妻室儿女,对父母的生活不管不顾,是第三个不孝;放纵耳目的欲望,使父母蒙受羞辱,是第四个不孝;逞勇敢好打架,以此危及父母,是第五个不孝。章子在这五项之中占了哪一项呢? 那章子,不过是儿子和父亲之间要求做到善而把关系弄僵了而已。以善相要求,这是朋友相处之道;父子之间以善相要求,是最伤感情的事。那章子,难道不想有夫妻母子的团聚吗?就因为得罪了父亲,不能和他亲近,因此把自己的妻室也赶出去;把儿子也赶得远远的,终身不要他们赡养。他觉得不这样做,那罪过可更大了,这就是章子的为人呢。"

【评鉴】

　　这一章为友人匡章辩护,孟子认为匡章的所谓不孝与一般人不同。他所做的是"父子责善",也就是要求父亲做好人,从而触怒了父亲。"父子责善"往往会伤害感情,这是匡章做得不对的地方,但他的不孝与"不孝者五"的差别不可以道里计。况且匡章因为得罪父亲已然深深自责,所以孟子觉得对他不应苛责。这则故事也反映出社会舆论的吊诡之处:对于真正恶劣的行径,因为很多人都这么干就习以为常;对那些本来情有可原的事情,却因为表现得异于常人而大加挞伐。

　　8·31　曾子居武城①,有越寇②。或曰:"寇至,盍去诸?"曰:"无寓人于我室,毁伤其薪木。"寇退,则曰:"修我墙屋,我将反。"

　　寇退,曾子反。左右曰:"待先生如此其忠且敬也,寇至,则先去以为民望;寇退,则反,殆于不可③。"沈犹行曰④:"是非汝所知也。昔沈犹有负刍之祸⑤,从先生者七十人,未有与焉。"

　　子思居于卫⑥,有齐寇。或曰:"寇至,盍去诸?"子思曰:"如伋去,君谁与守?"

　　孟子曰:"曾子、子思同道。曾子,师也,父兄也;子思,臣也,微也。曾子、子思易地则皆然。"

【注释】

　　①武城:地名,在今山东费县西南九十里。

②有越寇:越灭吴后,与鲁交界。

③殆:近。

④沈犹行:曾子弟子。

⑤负刍:人名。刍,音 chú。东汉赵岐说负刍是人名,朱熹《孟子集注》说:"时有负刍者作乱。"有的注本便理解朱熹主张是背草的人(负刍者)作乱。其实朱熹之说也可理解为名叫"负刍"的人作乱。当时名叫"负刍"的人很多,曹国、魏国、楚国都有。

⑥子思:孔子的孙子孔伋,字子思;《中庸》是子思所作。

【译文】

曾子住在武城时,越国军队来侵犯。有人便说:"敌寇要来了,何不离开这里呢?"曾子:"〔好吧,但是〕不要让别人借住在我这里,破坏那些树木。"敌寇退了,曾子便说:"把我的墙屋修理修理吧,我要回来了。"

敌寇退了,曾子也回来了。他旁边的人说:"武城军民对您是这样的忠诚恭敬,敌寇来了,便早早地走开,给百姓做了个坏榜样;敌寇退了,马上回来,这事儿恐怕做不得的吧?"沈犹行说:"这个不是你们所晓得的。从前先生住在我那里,有个名叫负刍的来捣乱,跟随先生的七十个人也都早早地走开了。"

子思住在卫国,齐国军队来侵犯。有人说:"敌人来了,何不走开呢?"子思说:"如果连我都走开了,君主和谁来守城呢?"

孟子说:"曾子、子思其实殊途同归。曾子是老师,是前辈;子思是臣子,是小官。曾子、子思如果互换位置,他们也会像对方那样做的。"

【评鉴】

这一章的主旨和本篇第二十九章相仿,曾子、子思"易地则皆然"!

8·32　储子曰①:"王使人瞯夫子②,果有以异于人乎?"

孟子曰:"何以异于人哉?尧舜与人同耳。"

【注释】

①储子:齐人;参见《告子下》第五章。
②瞯:音 jiàn,也写作"间",窥伺。

【译文】

储子说:"王派人来窥探您,看果真有什么跟他人不同的地方吗?"

孟子说:"有什么跟别人不同呢?尧舜也和别人一样呢。"

【评鉴】

这一章和本篇二十八章有相通处,二十八章说要向圣人看齐,这章说尧舜其实和常人没有两样——常人只要不断努力,也可成为尧舜。

8·33-1 齐人有一妻一妾而处室者,其良人出①,则必餍酒肉而后反②。其妻问所与饮食者,则尽富贵也。其妻告其妾曰:"良人出,则必餍酒肉而后反;问其与饮食者,尽富贵也,而未尝有显者来。吾将瞯良人之所之也。"

蚤起③,施从良人之所之④,遍国中无与立谈者。卒之东郭墦间⑤,之祭者,乞其余;不足,又顾而之他——此其为餍足之道也。

【注释】

①良人:丈夫。
②餍酒肉而后反:餍,音 yàn,饱;反,同"返"。
③蚤:通"早"。
④施:音 yí,逶迤,弯曲绵延。
⑤墦:音 fán,坟。

【译文】

齐国有一个人,和一妻一妾住在一起。那丈夫每次外出,一定酒足肉饱然后回家。他妻子问他一道吃喝的都是什么人,他说都是些有钱有势的人。他妻子便告诉小妾说:"丈夫外出,一定酒足肉饱然后回家,问他一道吃喝的是什么人,总答道是些有钱有势的人,但从没见过什么显贵人物到家来。我准备跟踪看看他究竟到什么地方去了。"

第二天清早起来,她便若即若离地跟在丈夫后面走,走遍全城,没有一个人站住和她丈夫聊天的。最后一直走到东郊外的墓地,他便走向祭扫坟墓的人那儿,讨些祭祀之余的供品;不够,又东张西望地走到别的坟墓去——这就是他酒足肉饱的办法。

8·33-2 其妻归,告其妾,曰:"良人者,所仰望而终身也,今若此……"与其妾讪其良人①,而相泣于中庭②,而良人未之知也,施施从外来③,骄其妻妾。

由君子观之,则人之所以求富贵利达者,其妻妾不羞也,而不相泣者,几希矣④。

【注释】

①讪:音 shàn,诋毁。
②相泣于中庭:相,相与,共同;中庭,庭中。
③施施:走路不顺的样子;这里指醉酒的步态。
④人之所以求富贵利达者……几希矣:这句话的主语是"人之所以求富贵利达其妻妾不羞而不相泣者",谓语是"几希";几希,不多,很少,一点点。

【译文】

他妻子回家后,便把所看到的都告诉小妾,并且说:"丈夫,是我们需要仰仗一辈子的人,现在他却这样……"于是她俩一道在庭中咒骂着,哭泣着,而那丈夫还不知道,深一脚浅一脚地从外边回来,又在妻妾面前吹牛皮,耍威风。

由君子看来，有些人用以乞求升官发财的办法，能不让他的妻和妾引为羞耻相对而哭的，真是太少了！

【评鉴】

这一章以一个有趣的故事结束《离娄下》及整个《离娄》篇，最后归结为，在君子看来，这世上，有些人用以乞求升官发财的办法，能不让他的妻和妾引为羞耻相对而哭的，真是太少了！不过，现如今少数人的妻和情妇可能还以她们的丈夫或情人如此升官发财为荣而到处显摆呢！

这部分讲的依然是君臣父子各色人等的行为规范。也就是说，《离娄》全篇所讲的，都可归结为这一点。

万章章句上 凡九章

9·1-1 万章问曰:"舜往于田,号泣于旻天①,何为其号泣也?"

孟子曰:"怨慕也②。"

万章曰:"'父母爱之,喜而不忘;父母恶之,劳而不怨③。'然则舜怨乎?"

曰:"长息问于公明高曰④:'舜往于田,则吾既得闻命矣;号泣于旻天,于父母,则吾不知也。'公明高曰:'是非尔所知也。'夫公明高以孝子之心,为不若是恝⑤:我竭力耕田,共为子职而已矣⑥,父母之不我爱,于我何哉⑦?帝使其子九男二女,百官牛羊仓廪备,以事舜于畎亩之中⑧,天下之士多就之者,帝将胥天下而迁之焉⑨。为不顺于父母,如穷人无所归⑩。"

【注释】

①号泣于旻天:号泣,号啕大哭;旻(mín)天,即天。
②慕:依恋。
③"父母爱之"诸句:这话引用自曾子。
④长息,公明高:长息,公明高弟子;公明高,曾子弟子。
⑤恝:音jiá,忽视,不在乎,怡然自得的样子。
⑥共:当读为"供"。

⑦于我何哉:跟我有什么关系呢。
⑧畎亩:田地;畎,音 quǎn。
⑨胥:尽。
⑩穷人:穷乏困顿之人。

【译文】

万章问道:"舜到田地里去,向着苍天哭诉,为什么要哭诉呢?"

孟子答道:"对父母又怨恨又依恋哪。"

万章说:"〔曾子说过:〕'父母喜爱,兴高采烈,总不会忘记;父母厌恶,心劳力竭,却不会怨恨。'那么,舜怨恨父母吗?"

孟子说:"从前长息曾经问过公明高,他说:'舜到田里去,我是已经懂得的了;他向着苍天哭诉,呼喊着父母哭诉,那我却还弄不明白。'公明高说:'这不是你所能明白的。'公明高的意思,以为孝子的心理是不能如此满不在乎:我尽力耕田,完成我为人子的职责罢了;父母不喜爱我,我有什么办法呢? 帝尧打发他的孩子九男二女以及百官,一起带着牛羊、粮食等东西到田野中去侍奉舜;天下的士人也有很多到舜那里去,尧也把整个天下让给了舜。却因为没有得到父母欢心,舜便好像穷困不得志之人孤苦无依一般。"

9·1-2 "天下之士悦之,人之所欲也,而不足以解忧;好色①,人之所欲,妻帝之二女,而不足以解忧;富,人之所欲,富有天下,而不足以解忧;贵,人之所欲,贵为天子,而不足以解忧。人悦之、好色、富贵,无足以解忧者,惟顺于父母可以解忧。人少,则慕父母;知好色,则慕少艾②;有妻子,则慕妻子;仕则慕君,不得于君则热中③。大孝终身慕父母。五十而慕者,予于大舜见之矣。"

【注释】

①好色:美丽的女子;好,音 hǎo;下文"知好色"的"好"读作 hào。

②少艾:亦作"幼艾",年轻美貌之人。

③热中:赵岐注:"心热恐惧也。"《素问·脉要精微论》:"粗大者,阴不足阳有余,为热中也。"

【译文】

"天下的士人喜爱他,是谁都希望获得的,却不足以消除忧愁;美丽的姑娘,是谁都希望娶到的,他娶了尧的两个女儿,却不足以消除忧愁;财富,是谁都希望获得的,富而至于领有天下,却不足以消除忧愁;尊贵,是谁都希望获得的,尊贵而至于君临天下,却不足以消除忧愁。大家都喜爱他、美丽的姑娘、财富和尊贵都不足以消除忧愁,只有得到父母的欢心才可以消除忧愁。人在幼小的时候,就依恋父母;长大到有了情欲,便思慕年轻貌美的女子;有了妻室儿女,便依恋妻室儿女;做了官,便依恋君主;不得君主欢心,便心急火燎。只有最孝顺的人才终身依恋父母。到了五十岁还依恋父母的,我在伟大的舜身上看到了。"

【评鉴】

《万章上》共九章,这九章都是孟子回答学生万章的问题。这一章讲舜的"大孝":虽贵为天子,富有四海,但不得父爱,仍"号泣于旻天""如穷人无所归",只有得到父母的欢心才可以消除忧愁。亲情是天然的情感,也是最宝贵的道德基石,不应随着年龄的增长、阅历的增加、职位的升迁、财富的积累而有所改变。从舜身上我们可以看到孝子,或者说是一个有道德的人应当如何对待父母。

9·2-1 万章问曰:"《诗》云,'娶妻如之何?必告父母①'。信斯言也,宜莫如舜,舜之不告而娶,何也?"

孟子曰:"告则不得娶。男女居室,人之大伦也。为告②,则废人之大伦,以怼父母③,是以不告也。"

万章曰:"舜之不告而娶,则吾既得闻命矣;帝之妻舜而不告,何也?"

曰:"帝亦知告焉则不得妻也。"

万章曰:"父母使舜完廪④,捐阶⑤,瞽瞍焚廪。使浚井⑥,出,从而掩之⑦。象曰⑧:'谟盖都君咸我绩⑨,牛羊父母,仓廪父母,干戈朕,琴朕,弤朕⑩,二嫂使治朕栖⑪。'象往入舜宫,舜在床琴。象曰:'郁陶思君尔⑫。'忸怩⑬。舜曰:'惟兹臣庶⑭,汝其于予治⑮。'不识舜不知象之将杀己与?"

【注释】

①"娶妻"两句:见《诗经·齐风·南山》,舜时未必有此诗句,万章说"信斯言也,宜莫如舜",不过以为舜时也有此礼而已。

②为:如果。

③怼:音 duì,怨。

④完廪:完,修葺;廪,音 lǐn,粮仓。

⑤捐阶:捐,捐弃,拿走;阶,梯。

⑥浚井:疏浚水井;浚,音 jùn。

⑦掩:就是"掩"字。

⑧象:舜同父异母弟。

⑨谟盖都君咸我绩:谟,即"谋"字;盖,覆盖,掩盖,掩埋;都,于;君,指舜。《梁惠王下》:"诸侯多谋伐寡人者,何以待之?"可见动词"谋"常带谓词性宾语。

⑩弤:音 dǐ,雕弓。

⑪栖:床。

⑫郁陶:思念的样子。

⑬忸怩:音 niǔ ní,惭愧的样子。

⑭惟:思念。

⑮于:为。

【译文】

万章问道:"《诗经》说过,'娶妻应该怎么办?定要事先告父母'。相信这句话的,应该没人比得上舜。舜却没向父母报告而娶了妻子,这是为什么呢?"

孟子答道:"报告便娶不成。男女结婚,是人与人之间的大伦常。如果舜报告了,那么,这一大伦常在舜身上便废弃了,结果便将怨恨父母,所以他便不报告了。"

万章说:"舜不报告父母而娶妻,这事我已经受教了;尧把女儿嫁给舜,也不向舜的父母说一声,又是什么道理呢?"

孟子说:"尧也知道,假若事先说一声,便会嫁娶不成了。"

万章问道:"舜的父母打发舜去修缮谷仓,〔等舜上了屋顶,〕便抽去梯子,他父亲瞽瞍还放火烧那谷仓。〔幸而舜设法逃下来了。〕于是又打发舜去淘井,〔他不知道舜从旁边的洞穴〕出来了,便填塞井眼。舜的兄弟象说:'出谋划策活埋舜,都是我的功劳啊!牛羊分给父母,仓廪分给父母,干戈归我,琴归我,弤弓归我,两位嫂嫂要让她们为我铺床叠被。'当象走进舜的住房,〔却看到〕舜坐在床边弹琴,象说:'我好想念你呀!'却显得十分不自然。舜说:'我想念着这些臣下和百姓,你替我管理管理吧!'我不清楚舜是否知道象要杀自己呢?"

9·2-2 曰:"奚而不知也①?象忧亦忧,象喜亦喜。"

曰:"然则舜伪喜者与?"

曰:"否;昔者有馈生鱼于郑子产,子产使校人畜之池②。校人烹之,反命曰:'始舍之,圉圉焉③,少则洋洋焉④;攸然而逝⑤。'子产曰:'得其所哉!得其所哉!'校人出,曰:'孰谓子产智?予既烹而食之,曰,得其所哉,得其所哉。'故君子可欺以其方,难罔以非其道。彼以爱兄之道来,故诚信而喜之,奚伪焉?"

【注释】

①奚:为什么。

②使校人畜之池:校人,主池沼小吏;畜,音 xù,今写作"蓄",养的意思。

③圉圉:鱼在水中气息奄奄的样子;圉,音 yǔ。

④洋洋:舒缓摇尾之貌。

⑤攸然:今作"悠然"。

【译文】

孟子答道:"哪里会不知道呢?象忧愁,他也忧愁;象高兴,他也高兴。"

万章说:"那么,舜是假装高兴吗?"

孟子说:"不;从前有个人送条活鱼给郑国的子产,子产使主管池塘的小吏把它放养在池塘里,那人却煮着吃了,回报说:'刚放回水里,它还要死不活的;一会儿,摇摆着尾巴动了起来,突然间远远地游走了。'子产说:'它得到了好地方啊!得到了好地方啊!'那人出来了,说:'谁说子产聪明,我已经把那条鱼煮着吃了,他还说:"它去了适合的地方哪!它去了适合的地方哪!"'所以对于君子,可以用合乎人情的方法来欺骗他,不能用违反道理的诡诈蒙骗他。象既然装出一副敬爱兄长的样子来,舜因此真心相信而高兴起来,又哪里是假装呢?"

【评鉴】

这一章接着第一章,先讲舜不告父母而娶,是因为告了便娶不成,而不孝有三无后为大,所以先斩后奏。然后讲舜明知父亲和异母弟要害死自己,在脱险后还装不知道,继续孝亲友弟。一般而言,先秦儒家强调"父慈子孝",这是双向的——父不慈则子可不孝。孟子主张"君之视臣如土芥,则臣视君如寇仇",也是双向的。孟子对舜的赞美,固然强调他以德报怨的难能可贵,但这是就人践行孝友之道的极致而言,勾勒出的是一个道德完人的形象——遇到任何问题都先反躬自省,但对他人宽容。今天我们学习这一章,需要注意,不应将"舜式的孝道"扩大到公共领域,将之视作人人都应遵守的行为规范;也不宜将之引申到其他关系中,如君臣关系;也不能就此将父子亲人之间的关系理解成单向的尽责。"君要臣死,臣不得不死;父要子亡,子不得不亡"的习语并非出自儒家经典,也从不是孔孟的真精神。

9·3 万章问曰:"象日以杀舜为事,立为天子则放之,何也?"

孟子曰:"封之也;或曰,放焉。"

万章曰:"舜流共工于幽州①,放驩兜于崇山②,杀三苗于三危③,殛鲧于羽山④,四罪而天下咸服,诛不仁也。象至不仁,封之有庳⑤。有庳之人奚罪焉?仁人固如是乎——在他人则诛之,在弟则封之?"

曰:"仁人之于弟也,不藏怒焉,不宿怨焉,亲爱之而已矣。亲之,欲其贵也;爱之,欲其富也。封之有庳,富贵之也。身为天子,弟为匹夫,可谓亲爱之乎?"

"敢问或曰放者,何谓也?"曰:"象不得有为于其国,天子使吏治其国而纳其贡税焉,故谓之放。岂得暴彼民哉?虽然,欲常常而见之,故源源而来,'不及贡,以政接于有庳⑥',此之谓也。"

【注释】

①舜流共工于幽州:共工,水官名;幽州,在今北京市密云区东北。

②放驩兜于崇山:放,流放;驩(huān)兜,尧舜时大臣;崇山,在今湖南张家界市。

③杀三苗于三危:三苗,国名;三危,山名,在今甘肃敦煌市东南。

④殛鲧于羽山：殛(jí)，诛杀；鲧，大禹的父亲；羽山，当在今江苏赣榆县界。

⑤有庳：古籍均认为有庳在今湖南道县北；庳，音 bì。

⑥不及贡，以政接于有庳：这两句疑是《尚书》逸文。

【译文】

万章问道："象天天把谋杀舜作为头等大事，等舜做了天子，却仅仅流放他，这是为什么呢？"

孟子答道："其实是封他为诸侯，也有人说是流放。"

万章说："舜流放共工到幽州，发配骥兜到崇山，在三危杀了三苗之君，在羽山诛杀了鲧，这四人被治罪，便天下归服，这是惩处了不仁之人的缘故。象最不仁，却封给他有庳之国。有庳国的百姓又有什么罪过呢？仁人难道应该这样做吗——对别人，就加以惩处；对弟弟，就封以国土？"

孟子说："仁人对于弟弟，不忍气吞声，也不耿耿于怀，只是亲近他喜爱他罢了。亲近他，便想让他贵；喜爱他，便想让他富。把有庳国封给他，就是让他又富又贵。本人做了天子，弟弟却是个老百姓，可以说是亲近他喜爱他吗？"

万章说："我请问，为什么有人说是流放呢？"孟子说："象不能在他国土上为所欲为，天子派遣了官吏来治理国家，缴纳贡税，所以有人说是流放。能让象对那些百姓施暴吗？〔当然不能。〕即便这样，舜还是想常常看到象，象也不断地来和舜相见。〔古书上说：〕'不必等到朝贡的时候，平常也以政治需要为由而来接待'，就是说的这事。"

【评鉴】

这一章中的故事就是著名的"封象有庳"。万章提问："仁人难道应该这样做吗——对别人，就加以惩处；对弟弟，就封以国土？"万章所提，似乎涉及一个公平公正的问题。学者们针对这一章讨论热烈，一些学者认为"封象有庳"正是"中国式腐败"的理论根源。

如果不考虑时代差异,直接把这则故事中舜的所作所为移植到今天的社会环境中,用今天的价值观评判,那么"舜式的安排"有正当性吗?试想,如果某个地方的一把手,平时用人铁面无私,到了安排自己家里人的时候,就想着把歪瓜裂枣往油水足的岗位上送,那么他一定是徇私舞弊,一定是腐败。因为他在损公肥私——他行使着人民的权利,却想着为家里人兑现。但如果我们换一个情境来设想,评价可能又有所不同。如果一个大老板,要给自己不争气的弟弟安排工作,让他在自己公司里某个部门做名义上的一把手,实际上工作由二把手负责,这样弟弟有工资拿,出门有面子,公司的事情也没耽误。在这个情境中,似乎"舜式的安排"又不必遭受责备。原因在于,公司是老板的,他相当于拿自己的钱养自己的弟弟,他当然有权利这么做。

这两个情境似乎都能用来比附"封象有庳"的故事,批评孟子的人以不容置疑的口吻将"封象有庳"对应到了第一个情境中。可是为什么不能对应到第二个情境呢——这样对舜和孟子都比较有利——他们又说不出所以然来。想要弄明白究竟哪个情境更适合对应这则故事,脱离文本的语境,凭借直觉就做评价看来是不可取的,我们还是要回到《孟子》文本来看这个问题。问题的关键是:舜究竟行使的是自己的权利还是"别人"的权利。

在之前的评鉴中我们提到,孟子承认国家是人民的,这是孟子思想的进步之处。但孟子的时代,天的信仰是根深蒂固的,说天下是天下人的,其实跳了一步,准确地说,天下是天的(见本篇第五章),但因为"天不言",要考察天意就必须"天视自我民视,天听自我民听"。因此可以说百姓的福祉是天之所向,民意即天意。在民与君之间实际上还有天这一环。舜获得天子之位,固然是出于民意,但他的位置原则上却是天给的,是天将天下交给了他。所以要说天下是舜的也无不可——但从根源上讲,天下是天的,舜只是代替天去管理——他可以享受天下的财富(税赋),接受天下的供养,行使他作为天子的职权,只要他的管理是造福百姓的,是获得百姓支持的,他就拥有坐天下的合法性。

孟子的设计中,象是否掌握有庳的行政权是极为关键的问题。如果象只是得到有庳的供养,那么他所享用的本就是舜的福利,"封象有庳"就不存在什么腐败。但如果他还可以为祸一方的话,那就相当于舜间接地祸害了百姓,从而动摇了他做天子的合法性。所以,孟子的设计不可谓不精妙。

当然,我们也可以从根本上就不同意孟子对于天下归属的看法。但须知,孟子民贵君轻的政治思想,重视民意的态度以及主张革命的理论,都是对他所在时代的针砭。他的政治设计是有前瞻性的,虽然放到今天未必适用,但如果我们罔顾时代差异去苛责孟子,实际上并非是在说孟子腐败,而是在说历史都是腐败的历史,这样一来学习历史也就没有必要了,一切过往的智慧就都可以进入字纸篓。站在今天的高度,我们当然很容易就可以菲薄古人,但如果想以史为鉴,就需要有历史感,要能进入到相应的历史情境之中去对话古人。

9·4-1 咸丘蒙问曰[①]:"语云:'盛德之士,君不得而臣,父不得而子。'舜南面而立,尧帅诸侯北面而朝之,瞽瞍亦北面而朝之。舜见瞽瞍,其容有蹙[②]。孔子曰:'于斯时也,天下殆哉,岌岌乎[③]!'不识此语诚然乎哉?"

孟子曰:"否;此非君子之言,齐东野人之语也[④]。尧老而舜摄也。《尧典》曰[⑤],'二十有八载,放勋乃徂落[⑥],百姓如丧考妣[⑦],三年,四海遏密八音[⑧]'。孔子曰:'天无二日,民无二王。'舜既为天子矣,又帅天下诸侯以为尧三年丧,是二天子矣。"

【注释】

①咸丘蒙:孟子弟子。

②有蹙:"有"无实义;蹙,音 cù,不安的样子。

③天下殆哉,岌岌乎:为"天下岌岌乎殆哉"的倒装。

④齐东野人:齐国东边的种地的。赵岐认为"东"不是方位词,恐不

确。《管子·轻重》:"齐西水潦而民饥,齐东丰庸而糶贱……今齐西之粟釜百泉,则鏂二十也;齐东之粟釜十泉,则鏂二钱也。"《韩非子·外储说右上》:"公望东封于齐,齐东海上有居士曰狂矞、华士昆弟。"

⑤"《尧典》曰"诸句:实为今《尚书·舜典》文。
⑥放勋乃徂落:放勋,尧的号;徂(cú)落,死。
⑦考妣:父母。
⑧四海遏密八音:遏,止;密,通"谧",安静;八音,指八种质料——金、石、丝、竹、匏(páo)、土、革、木——所做的乐器。

【译文】

咸丘蒙问道:"俗话说:'道德最高的人,君主不能够把他当臣子,父亲不能够把他当儿子。'舜面朝南方站在天子位置,帝尧率领诸侯面向北方去朝拜他,舜的父亲瞽瞍也面向北方去朝拜他。舜看见了瞽瞍,容貌局促不安。孔子说:'在这个时候,天下真岌岌可危呀!'不晓得这话可不可信?"

孟子答道:"不;这不是君子的话,而是齐国东边的土老帽瞎传的。不过是尧老了时,让舜摄政罢了。《尧典》上说过,'过了二十八年,放勋才逝世。群臣好像死了父母一样,服丧三年,天下一切音乐都停止'。孔子说过:'天上没有两个太阳,百姓没有两个天子。'假若舜已在尧死前做了天子,又率领天下诸侯为尧服丧三年,这便是两个天子并列了。"

9·4-2 咸丘蒙曰:"舜之不臣尧,则吾既得闻命矣。《诗》云:'普天之下,莫非王土;率土之滨,莫非王臣①。'而舜既为天子矣,敢问瞽瞍之非臣,如何?"

曰:"是诗也,非是之谓也;劳于王事而不得养父母也。曰:'此莫非王事,我独贤劳也②。'故说诗者,不以文害辞③,不以辞害志。以意逆志④,是为得之。如以辞而已矣,《云汉》之诗曰,'周余黎民,靡有孑遗⑤'。信斯言也,是周无遗民也。孝子之

221

至,莫大乎尊亲;尊亲之至,莫大乎以天下养。为天子父,尊之至也;以天下养,养之至也。《诗》曰:'永言孝思,孝思维则⑥。'此之谓也。《书》曰:'祗载见瞽瞍,夔夔齐栗,瞽瞍亦允若⑦。'是为父不得而子也?"

【注释】

①"《诗》云"以下诸句:见《诗经·小雅·北山》。

②贤劳:多劳。

③以文害辞:文,字;辞,词句,语句。

④逆:揣测。

⑤周余黎民,靡有孑遗:两句见《诗经·大雅·云汉》;黎民,即老百姓。

⑥"《诗》曰"至"维则":引自《诗经·大雅·下武》。

⑦"《书》曰"至"允若":当为《尚书》逸篇;祗,音 zhī,敬;载,事;夔(kuí)夔齐(同"斋")栗,恭敬谨慎的样子;允,信,真的;若,顺。

【译文】

咸丘蒙说:"舜不以尧为臣,这事我已经受教了。《诗经》又说过:'普天之下,无不是天子的土地;四境之内,无不是天子的臣民。'舜既做了天子,请问瞽瞍却不是臣民,这是为什么呢?"

孟子说:"《北山》这首诗,不是你说的那个意思,而是说作者勤劳国事以致不能够奉养父母。他说:'这些事没一件不是天子之事啊,为什么就我一人这么辛劳呢?'所以解说诗的人,不要拘于字面而误解词句,也不要拘于词句而误解原意。用自己切身的体会去推测作者的本意,这就对了。假如拘于词句,那《云汉》诗说过,'周朝剩余的百姓,没有一个存留'。相信了这一句话,便是周朝没有留下一个人了。孝子行为的极致,没有什么超过尊敬双亲的;尊敬双亲的极致,没有什么超过以天下来奉养父母的。瞽瞍做了天子的父亲,可说是尊贵到极致了;舜以天下来奉养他,可说是奉养的极致了。《诗经》又说:'永远地讲究孝道,孝道便是准则。'也正是这个意思。《书经》又说:'舜小心恭敬来见瞽瞍,战战兢兢的样子,瞽瞍于是也真的恭顺了。'这难道是'父亲不能够把他当儿子'吗?"

【评鉴】

以天下(的财赋)来供养父母,让父母处天下之尊位,当然是为人子能提供的最好的奉养。但这样还是不够,对父母仍然要和颜悦色、小心恭谨,这才是为人子之道。因为舜已贵为天子,又恭敬孝顺,即使混蛋如瞽瞍,也不可能再像以前那样无理取闹了。"瞽瞍允若"带来很好的社会效应,那就是天下的父子都能慈爱孝顺了,这是很好的示范。

9·5-1 万章曰:"尧以天下与舜,有诸?"

孟子曰:"否;天子不能以天下与人。"

"然则舜有天下也,孰与之?"

曰:"天与之。"

"天与之者,谆谆然命之乎?"

曰:"否;天不言,以行与事示之而已矣。"

曰:"以行与事示之者,如之何?"

曰:"天子能荐人于天,不能使天与之天下;诸侯能荐人于天子,不能使天子与之诸侯;大夫能荐人于诸侯,不能使诸侯与之大夫。昔者,尧荐舜于天,而天受之;暴之于民①,而民受之;故曰,天不言,以行与事示之而已矣。"

【注释】

①暴:音 pù,露,公开。

【译文】

万章问道:"尧把天下交给舜,有这么回事吗?"

孟子答道："不；天子不能够把天下交给他人。"

万章又问："那么，舜领有天下，是谁交给的呢？"

答道："天交给的。"

又问道："天交给的，是反复叮嘱告诫后交给他的吗？"

答道："不是；天不说话，拿行动和事迹来表示罢了。"

问道："拿行动和事迹来表示，是怎样的呢？"

答道："天子能把人推荐给天，却不能让天把天下交给他；〔正如〕诸侯能把人推荐给天子，却不能让天子把诸侯之位交给他；大夫能把人推荐给诸侯，却不能让诸侯把大夫之位交给他。从前，尧将舜推荐给天，天接受了；公开介绍他给百姓，百姓也接受了；所以说，天不说话，拿行动和事迹来表示罢了。"

9·5-2 曰："敢问荐之于天，而天受之；暴之于民，而民受之，如何？"

曰："使之主祭，而百神享之，是天受之；使之主事，而事治，百姓安之，是民受之也。天与之，人与之，故曰，天子不能以天下与人。舜相尧二十有八载，非人之所能为也，天也。尧崩，三年之丧毕，舜避尧之子于南河之南①，天下诸侯朝觐者，不之尧之子而之舜；讼狱者，不之尧之子而之舜；讴歌者，不讴歌尧之子而讴歌舜，故曰，天也。夫然后之中国②，践天子位焉；而居尧之宫③，逼尧之子，是篡也，非天与也。《太誓》曰：'天视自我民视，天听自我民听④。'此之谓也。"

【注释】

①南河：河名，流经今河南范县。

②夫然后之中国：夫，远指代词，那，那样；之，到……去；中国，国中，国度之中。

③而居尧之宫：焦循《孟子正义》引王引之《经传释词》说："而，如

也。"按,这一"而"表示转折,不可训为"如";上古汉语经常缺乏表示假设的标记,译文中的"如果"是将原文中隐含的假设呈现出来,只是恰恰位于句首,与原文中的"而"相对应罢了。

④"《太誓》"至"民听":今本《太誓》为梅赜伪古文,这两句话也被采用。

【译文】

问道:"我大胆地问,把他推荐给天,天接受了;公开介绍给百姓,百姓也接受了,是怎样的呢?"

答道:"叫他主持祭祀,所有神明都来享用,这便是天接受了;叫他主持政务,工作井井有条,百姓都感到安适,这便是百姓接受了。天交给他,百姓交给他,所以说,天子不能够拿天下交给人。舜辅佐尧二十八年,这不是某一个人所能做到的,而是天意。尧逝世了,三年之丧完毕,舜〔为了要使尧的儿子能够继承天下,〕自己便躲避尧的儿子而到南河的南边去。可是,天下诸侯朝见天子的,不到尧的儿子那里,却到舜那里;打官司的,也不到尧的儿子那里,却到舜那里;民歌手们,也不歌颂尧的儿子,而歌颂舜。所以说,这是天意。那样,舜才回到首都,坐了朝廷。而如果自己居住在尧的宫室,逼迫尧的儿子〔让位给自己〕,这是篡夺,不是天授了。《太誓》说过:'百姓看到的,天也就看到;百姓听到的,天也就听到。'正是这个意思。"

【评鉴】

这一章阐明所谓天意,实际上是民意。西周以来,人们认识到统治者的道德水平和天命(政治合法性、执政基础等)有关联,而统治者道德的主要表现就是能否善待百姓。把民意视作天意,是对当时这一主流思想的发展。

9·6-1 万章问曰:"人有言:'至于禹而德衰,不传于贤,而传于子。'有诸?"

孟子曰:"否,不然也;天予贤,则予贤;天与子,则与子。昔者,舜荐禹于天,十有七年,舜崩,三年之丧毕,禹避舜之子于阳城①,天下之民从之,若尧崩之后不从尧之子而从舜也。禹荐益于天,七年,禹崩,三年之丧毕,益避禹之子于箕山之阴②。朝觐讼狱者不之益而之启③,曰:'吾君之子也。'讴歌者不讴歌益而讴歌启,曰:'吾君之子也。'丹朱之不肖④,舜之子亦不肖。舜之相尧、禹之相舜也,历年多,施泽于民久。启贤,能敬承继禹之道。益之相禹也,历年少,施泽于民未久。舜、禹、益相去久远,其子之贤不肖,皆天也,非人之所能为也。"

【注释】

①阳城:在今河南登封市东南三十五里的告成镇。

②箕山:在今河南登封市东南。

③启:禹之子。

④丹朱:本名朱,后封于丹,故称丹朱。

【译文】

万章问道:"人们总说:'到禹的时候道德就衰微了,天下不传给贤良,却传给儿子。'有这样的事吗?"

孟子答道:"不,不是这样的;天让授予贤良,便予贤良,天让授予儿子,便授予儿子。从前,舜把禹推荐给天,十七年之后,舜逝世了,三年之丧完毕,禹〔为着要让位给舜的儿子,〕便躲避到阳城去。天下百姓跟随禹,就好像尧死了以后他们不跟随尧的儿子却跟随舜一样。禹把益推荐给天,七年之后,禹死了,三年之丧完毕,益〔又为着让位给禹的儿子,〕便回避到箕山之北去。当时朝见天子的人、打官司的人都不去益那里,而去启那里,说:'他是我们君主的儿子啊。'民歌手也不歌颂益,而歌颂启,说:'他是我们君主的儿子啊。'尧的儿子丹朱不好,舜的儿子也不好。而且舜辅佐尧,禹辅佐舜,经年历久,为老百姓谋幸福的时间长。

〔启和益的事就不同。〕启很贤明,能够认真地继承禹的传统。益辅佐禹,未能历久经年,为百姓谋幸福的时间短。从舜到禹,再从禹到益,相隔已经好长时间了,他们儿子是好是坏,都是天意,不是人力所能做到的。"

9·6-2 "莫之为而为者,天也;莫之致而至者,命也。匹夫而有天下者,德必若舜禹,而又有天子荐之者,故仲尼不有天下。继世以有天下,天之所废,必若桀纣者也,故益、伊尹、周公不有天下。伊尹相汤以王于天下,汤崩,太丁未立,外丙二年,仲壬四年①。太甲颠覆汤之典刑,伊尹放之于桐②。三年,太甲悔过,自怨自艾③,于桐处仁迁义;三年,以听伊尹之训己也。复归于亳④。周公之不有天下,犹益之于夏、伊尹之于殷也。孔子曰:'唐虞禅,夏后殷周继,其义一也。'"

【注释】

①外丙、仲壬:甲骨文作"卜丙""中壬"。
②桐:在今河南偃师市西南五里。
③自艾:自我惩罚;艾,音 yì,惩戒,惩治。
④亳:此时之亳地当在今河南偃师市西。

【译文】

"没有人很想做而竟做到了的,是天意;没有人叫他来而竟来了的,是命运。凭老百姓的身份而得到天下的,他的德行必然要像舜和禹那样,而且还要有天子推荐他,所以孔子才没有得到天下。世袭而拥有天下,却被天所废弃的,一定要像夏桀、商纣那样暴虐无道,所以益、伊尹、周公才没有得到天下。伊尹辅佐汤推行王道于天下,汤死了,太丁未立即死,外丙在位二年,仲壬在位四年〔,太丁的儿子太甲又继承王位〕。太甲推翻了汤的法度,伊尹便流放他到桐邑。三年之后,太甲悔过,自我怨恨,自我惩戒,在桐邑那地方,能够以仁居心,向义努力;三年之后,能够听从伊尹对自己的教训了,然后又回到亳都做天子。周公的未能得到天下,正好像益的在夏朝、伊尹的在殷朝一样。孔子说过:'唐尧虞舜以天下让贤,夏商周三代却传于子孙,道理是一样的。'"

【评鉴】

这一章针对"禹的时候道德衰微,天下不传贤而传子"的传言来辩诬。孟子的解释,一是禹的儿子启贤,而接班人益辅佐禹时间尚短禹就去世,所以百姓都归向启而不归向益了。二是归结为天命,舜和禹都是贤人,但恰逢尧、舜的后代不肖,才成为天子;商汤、周武王都是贤人,恰逢夏桀、商纣无道,才成为天子;伊尹、周公都是贤人,但他们辅佐的太甲和成王都不是败德的君主,所以他们当不了天子。孟子似乎是想说,家天下才是常情,尧舜禅让固然高风亮节,但也是由于子孙不肖而情非得已。

9·7-1 万章问曰:"人有言,'伊尹以割烹要汤①',有诸?"

孟子曰:"否,不然;伊尹耕于有莘之野②,而乐尧舜之道焉。非其义也,非其道也,禄之以天下,弗顾也;系马千驷,弗视也。非其义也,非其道也,一介不以与人③,一介不以取诸人。汤使人以币聘之④,嚣嚣然曰⑤:'我何以汤之聘币为哉?我岂若处畎亩之中,由是以乐尧舜之道哉?'汤三使往聘之,既而幡然改曰:'与我处畎亩之中⑥,由是以乐尧舜之道,吾岂若使是君为尧舜之君哉?吾岂若使是民为尧舜之民哉?吾岂若于吾身亲见之哉?'"

【注释】

①要:音 yāo,要官做。

②莘:音 shēn,国名,故址在今河南开封市。
③介:通"芥",微不足道的东西。
④币:帛,这里的意思是以布帛相赠。
⑤嚣嚣:空闲的样子。
⑥与:与其。

【译文】

万章问道:"人们总说,'伊尹通过做厨子来向汤求取',有这么回事吗?"

孟子答道:"不,不是这样的;伊尹在莘国的郊野种地,而以尧舜之道为乐。如果不合乎道,不合乎义,纵然把天下给他作俸禄,他也不会扫它一眼;纵然有四千匹马系在那里,他也不会看它一下。如果不合乎仁义的原则和仁义的方法,便一点也不给别人,也一点不从别人那儿拿走。汤曾让人拿礼物去聘请他,他却平静地说:'我要汤的聘礼做什么呢?我何不待在田野里,就这样以尧舜之道自娱呢?'汤几次派人去聘请他,不久,他便完全改变了态度,说:'我与其待在田野里,就这样以尧舜之道自娱,又为何不让当今的君主做尧舜一样的君主呢?又为何不让现在的百姓做尧舜时代一样的百姓呢?〔尧舜的盛世,〕我为何不让它在我有生之年亲眼见到呢?'"

9·7-2 "'天之生此民也,使先知觉后知,使先觉觉后觉也。予,天民之先觉者也;予将以斯道觉斯民也。非予觉之而谁也?'思天下之民匹夫匹妇有不被尧舜之泽者,若己推而内之沟中①。其自任以天下之重如此,故就汤而说之以伐夏救民②。吾未闻枉己而正人者也,况辱己以正天下者乎?圣人之行不同也,或远,或近;或去,或不去;归洁其身而已矣。吾闻其以尧舜之道要汤,未闻以割烹也。《伊训》曰:'天诛造攻自牧宫,朕载自亳③。'"

【注释】

①内:同"纳"。

②说:音 shuì,游说。

③"《伊训》曰"诸句:《伊训》,《尚书》逸篇名,今本《尚书·伊训》为伪古文;造,开始;牧宫,桀所居之处;朕,伊尹自称;载,开始。

【译文】

"'上天生育人民,就是要让先知先觉者来启发后知后觉者。我呢,是百姓中的先觉者;我就得拿尧舜之道让这些人民有所觉悟。不由我去唤醒他们,那又有谁呢?'伊尹是这样想的:在天下的百姓中,只要有一个男子或一个妇女,没有被尧舜之道的雨露所沾溉,便好像自己把他推进山沟里让他去死一样。他就是如此把匡服天下的重担挑在自己肩上。所以一到汤那儿,便用讨伐夏桀、拯救百姓的道理来说服汤。我没有听说过,先自己不正,却能够匡正别人的;更何况先自取其辱,却能够匡正天下的呢? 圣人的行为,各有不同,有的疏远君主,有的靠拢君主,有的离开朝廷,有的留恋朝廷,归根到底,都要洁身自好而已。我只听说过伊尹用尧舜之道向汤求取任用,没有听说过他用的是厨子的身份去求取。《伊训》说过:'上天的讨伐,是在牧宫开始的,我不过从亳邑开始谋划罢了。'"

【评鉴】

这一章为伊尹辩诬:不是"以割烹要汤",而是伊尹想要"使是君为尧舜之君""使是民为尧舜之民",他是以"天下之民匹夫匹妇有不被尧舜之泽者,若己推而内之沟中"的强烈使命感,"就汤而说之以伐夏救民"。如果伊尹以猥琐的手段获得辅佐汤的机会,那么他一定不可能使商汤为尧舜之君,因为"枉己"者不能"正人"。

9·8 万章问曰:"或谓孔子于卫主痈疽①,于齐主侍人瘠环②，有诸乎③？"

孟子曰："否，不然也；好事者为之也。于卫主颜雠由④。弥子之妻与子路之妻⑤，兄弟也⑥。弥子谓子路曰：'孔子主我，卫卿可得也。'子路以告。孔子曰：'有命。'孔子进以礼，退以义，得之、不得曰'有命'⑦。而主痈疽与侍人瘠环，是无义无命也。孔子不悦于鲁卫，遭宋桓司马将要而杀之⑧，微服而过宋。是时孔子当厄，主司城贞子，为陈侯周臣。吾闻观近臣⑨，以其所为主；观远臣⑩，以其所主。若孔子主痈疽与侍人瘠环，何以为孔子？"

【注释】

①主痈疽：以痈疽为主人，住在痈疽家。痈疽，即《史记·孔子世家》的雍渠，和下文的瘠环一样，也是阉人，即后世所谓太监。

②侍人：一作"寺人"，阉人。

③有诸乎：此句应为"有诸"，"乎"乃衍文，后人所加。因为：1."有诸"常见于《论语》《孟子》二书。《论语》《孟子》中"有诸"凡十三见（《论语》三见，《孟子》十见），而"有诸乎"仅一见。2.其中"诸"是"之乎"的合音字，再加上"乎"则成赘疣。3.《论语》《孟子》中未见"有之乎"，因为"有诸"实际上就是"有之乎"；"有之乎"见于《论语》《孟子》之外的其他典籍，如《管子·形势解》："唯夜行者独有之乎？"

④颜雠由：卫国的贤大夫。雠，音chóu。

⑤弥子：卫灵公宠臣弥子瑕。

⑥兄弟：先秦汉语，正如"子"包括儿子、女儿一样，兄弟也包括兄弟、姊妹。所以，如需区别，称呼姊妹为"女兄弟"；称呼姐姐为"女兄"，称呼妹妹为"女弟"。

⑦得之、不得曰"有命"：得到官位或得不到官位都听从命运。"得之"的"之"不能理解为"与"，因为那一时代的语言中，有一类动词，存在"动词+之""不+动词"的格式，即肯定形式带宾语"之"时，其否定形式

一般都不出现"之"。例如:"知之为知之,不知为不知,是知也。"动词"得"是这类动词的典型。

⑧要:音 yāo,拦截。

⑨近臣:在朝之臣。

⑩远臣:远方来仕者。

【译文】

万章问道:"有人说,孔子在卫国住在〔卫灵公所宠幸的宦官〕痈疽家里,在齐国,也住在宦官瘠环家里。真有这回事吗?"

孟子说:"不,不是这样的;这是好事之徒编造的。孔子在卫国,住在颜雠由家中。弥子瑕的妻子和子路的妻子是姊妹。弥子瑕对子路说:'孔子住在我家里,可以得到卫国卿相的位置。'子路把这话告诉了孔子。孔子说:'命中注定。'孔子依礼法而进,依道义而退,所以他得到或得不到官位都是命中注定。如果他住在痈疽和宦官瘠环家里,这便是无视礼义和命运了。孔子不得志于鲁国和卫国,又碰上了宋国的司马桓魋预备拦截并杀死他,只得化装悄悄地路过宋国。这时候,孔子正处于困境,便住在司城贞子家中,做了陈侯周的臣子。我听说过,观察身边的臣子,看他所招待的客人;观察外来的臣子,看他所寄居的主人。如果孔子真的以痈疽和宦官瘠环为主人,那还是'孔子'吗?"

【评鉴】

这一章为孔子辩诬。针对"孔子于卫主痈疽,于齐主侍人瘠环"的传言,孟子这次辩诬有理有据有事实,合情合理。

9·9 万章问曰:"或曰:'百里奚自鬻于秦养牲者五羊之皮,食牛以要秦穆公①。'信乎?"

孟子曰:"否,不然;好事者为之也。百里奚,虞人也。晋人以垂棘之璧与屈产之乘假道于虞以伐虢②。宫之奇谏;百里奚不谏——知虞公之不可谏而去之秦③,年已七十矣。曾不知以食牛干秦穆公之为污也④,可谓智乎?不可谏而不谏,可谓不智乎?知虞公之将亡而先去之,不可谓不智也。时举于秦,知穆公之可与有行也而相之⑤,可谓不智乎?相秦而显其君于天下,可传于后世,不贤而能之乎?自鬻以成其君,乡党自好者不为,而谓贤者为之乎?"

【注释】

①百里奚自鬻于秦养牲者五羊之皮,食牛以要秦穆公:为了帮助理解,将这两句话稍加改动:百里奚以五羊之皮自鬻于秦之养牲者,饲牛以要秦穆公。要,音 yāo,要官做。

②晋人以垂棘之璧与屈产之乘假道于虞以伐虢:垂棘,晋国地名,今未详所在;屈产之乘,屈地所生足以驾车的良马;假道,借道,借路。

③去之秦:离开(虞国)到秦国去;去,离开。

④曾不知以食牛干秦穆公之为污也:曾,竟然;食(sì),给……吃;食牛,即给牛吃,喂牛;干(gān),求。

⑤有行:有为。

【译文】

万章问道:"有人说:'百里奚五张羊皮的价钱把自己卖给秦国养牲畜的人,替人家饲养牛,以此来干求秦穆公。'是真的吗?"

孟子答道:"不,不是这样的;这是好事之徒编造的。百里奚是虞国人。晋人用垂棘产的璧和屈地所产的马向虞国借路,来攻打虢国。宫之奇加以劝阻;百里奚却不加劝阻。他知道虞公是劝不动的,因而离开故土,搬到秦国,这时已经七十岁了。他竟不知道用饲养牛的方法来干求秦穆公是一种龌龊行为,可以说是聪明吗?但是,他预见到虞公不可能纳谏,便不加劝阻,谁又能说这人不聪明呢?他又预见到虞公将被灭亡,因而早早离开,又不能说他不聪明。他在秦国被推举出来,恰逢其时,更知道秦穆公是一位可以一道有所作为的君主,因而辅佐他,谁又能说这人不聪明呢?当上秦国的卿相,使穆公声名赫赫于天下,而且流芳后世,不是贤者,能够做到这些吗?卖掉自己来成全君主,乡村中洁身自爱的人尚且不肯,反而说贤者愿意干吗?"

【评鉴】

这一章为百里奚辩诬。针对"百里奚自鬻于秦养牲者五羊之皮,食牛以要秦穆公"的说法,孟子用一系列的反问句来为百里奚辩解,虽然气势极盛,咄咄逼人,在逻辑上却不能自足,也未列举出相关的事实依据。

《万章上》主要是为古人辩诬,但重点讨论了天、民与君主统治之间的关系。

万章章句下 凡九章

10·1-1 孟子曰:"伯夷,目不视恶色,耳不听恶声。非其君,不事;非其民,不使。治则进,乱则退。横政之所出①,横民之所止,不忍居也。思与乡人处,如以朝衣朝冠坐于涂炭也。当纣之时,居北海之滨,以待天下之清也。故闻伯夷之风者,顽夫廉②,懦夫有立志。伊尹曰:'何事非君?何使非民?'治亦进,乱亦进,曰:'天之生斯民也,使先知觉后知,使先觉觉后觉。予,天民之先觉者也。予将以此道觉此民也。'思天下之民匹夫匹妇有不与被尧舜之泽者,若己推而内之沟中——其自任以天下之重也。"

【注释】

①横:音 hèng,凶暴,横逆,不讲理。

②顽:贪。

【译文】

孟子说:"伯夷,眼睛不看丑恶的事物,耳朵不听邪恶的声音。不是他理想的君主,不去侍奉;不是他理想的百姓,不去使唤。天下太平,就出来做事;天下混乱,就退居乡野。施行暴政的国家,住有暴民的地方,他都不忍心去居住。他认为和世俗之人相处,就好比穿戴着礼服礼帽坐在泥涂炭灰之上。就在商纣的时候,他住在北海边上,期盼着天下的清平。所以闻知伯夷高风亮节的人中,贪夫都能变得廉洁,懦夫也能独立不移。伊尹说:'哪个君主,不可以侍奉?哪个百姓,不可以使唤?'天下太平时出来做官,天下混乱也出来做官,他说:'上天生育这些百姓,就是要让先知先觉的人来开导后知后觉的人。我是天生之民中的先觉者,我将以尧舜之道来开导芸芸众生。'他这样想:在天下的百姓中,只要有一个男子或一个妇女,没有被尧舜之道的雨露所沾溉,便好像自己把他推进山沟里让他去死一样。他就是如此把匡服天下的重任一肩挑上。"

10·1-2 "柳下惠不羞污君,不辞小官。进不隐贤,必以其道。遗佚而不怨,厄穷而不悯。与乡人处,由由然不忍去也。'尔为尔,我为我,虽袒裼裸裎于我侧,尔焉能浼我哉①?'故闻柳下惠之风者,鄙夫宽,薄夫敦②。孔子之去齐,接淅而行③;去鲁,曰:'迟迟吾行也,去父母国之道也。'可以速而速,可以久而久,可以处而处,可以仕而仕,孔子也。"

【注释】

①浼:音 měi,污染。
②鄙夫、薄夫:心胸狭隘的人、心肠刻薄的人。
③接淅:许慎《说文解字》引作"滰淅"(jiàng xī);滰,滤干;淅,淘米。

【译文】

"柳下惠不以侍奉坏君为可羞,也不因官小而辞掉。立于朝廷,见有贤人,从不隐瞒,但荐举他一定按自己的原则办事。弃若敝屣之时,他不怨恨;一筹莫展之际,他不忧愁。和世俗之人相处,轻松自然而不忍离开。〔他说:〕'你是你,我是我,你就是在我边上一丝不挂,哪能够玷污我呢?'所以闻知柳下惠高风亮节的人中,胸襟狭小的变宽厚了,刻薄寡恩的也敦厚了。孔子离开齐国,不等把米淘完滤干就走;离开鲁国,却说:'我们慢慢走吧,这是离开祖国的做法啊!'应该马上走就马上走,应该继续干就继续干,应该闲居就闲居,应该做官就做官,这便是孔子。"

10·1-3 孟子曰:"伯夷,圣之清者也;伊尹,圣之任者也;柳下惠,圣之和者也;孔子,圣之时者也。孔子之谓集大成。集大成也者,金声而玉振之也。金声也者,始条理也;玉振之也者,终条理也。始条理者,智之事也;终条理者,圣之事也。智,譬则巧也;圣,譬则力也。由射于百步之外也①,其至,尔力也;其中,非尔力也。"

【注释】

①由:通"犹"。

【译文】

孟子又说:"伯夷是圣人之中清廉的人,伊尹是圣人之中负责的人,柳下惠是圣人之中平和的人,孔子则是圣人之中与时俱进的人。孔子,可以叫他为集大成者。'集大成'的意思,就像先敲青铜镈钟,最后用玉制特磬收束一样。先敲镈钟,是节奏条理的开始;用特磬收束,是节奏条理的终结。条理的开始在于智,条理的终结在于圣。智好比技巧,圣好比气力。就好像在百步以外射箭,射那么远,凭你的力量;能够射中,却不凭你的力量。"

【评鉴】

这一章和3·9、9·7、14·17内容有些重复,3·9比较了伯夷、柳下惠的作风,并得出"伯夷隘,柳下惠不恭;隘与不恭,君子不由"的结论。本章将9·7讲伊尹"岂若使是君为尧舜之君""岂若使是民为尧舜之民"和14·17讲孔子"去鲁,曰,迟迟吾行;去齐,接淅而行"的内容与之合并,比较四人,最终得出"伯夷,圣之清者也;伊尹,圣之任者也;柳下惠,圣之和者也;孔子,圣之时者也。孔子之谓集大成"的结论,并对"集大成"作了定义和描写,从而得出结论:孔子是具有大智慧的圣人。

10·2-1 北宫锜问曰①:"周室班爵禄也②,如之何?"

孟子曰:"其详不可得闻也,诸侯恶其害己也,而皆去其籍③;然而轲也尝闻其略也。天子一位,公一位,侯一位,伯一位,子、男同一位,凡五等也。君一位,卿一位,大夫一位,上士一位,中士一位,下士一位,凡六等。天子之制,地方千里,公侯皆方百里,伯七十里,子、男五十里,凡四等。不能五十里,不达于天子,附于诸侯,曰附庸。天子之卿受地视侯④,大夫受地视伯,元士受地视子、男。"

【注释】

①北宫锜:卫人;锜,音qí。

②班:规定等级。

③去其籍:除去其典籍;去,除去。

④视:比照。

【译文】

北宫锜问道:"周朝排定的官爵和俸禄的等级制度是怎么回事呢?"

孟子答道:"详细情况已经不能够知道了,因为诸侯厌恶它妨碍自己,都把那些文献毁灭了。但是,我也曾听说过一些大致情形。天子为一级,公一级,侯一级,伯一级,子和男合起来算一级,一共五级。君为一级,卿一级,大夫一级,上士一级,中士一级,下士一级,共六级。按照规定,天子管理的土地纵横各一千里,公和侯各一百里,伯七十里,子、男各五十里,一共四级。土地不够五十里的国家,够不着天子,因此附属于诸侯,叫作'附庸'。天子的卿,其封地等同于侯;大夫,其封地等同于伯;元士,其封地等同于子、男。"

10·2-2 "大国地方百里,君十卿禄,卿禄四大夫,大夫倍上士,上士倍中士,中士倍下士,下士与庶人在官者同禄,禄足以代其耕也。次国地方七十里,君十卿禄,卿禄三大夫,大夫倍上士,上士倍中士,中士倍下士,下士与庶人在官者同禄,禄足以代其耕也。小国地方五十里,君十卿禄,卿禄二大夫,大夫倍上士,上士倍中士,中士倍下士,下士与庶人在官者同禄,禄足以代其耕也。耕者之所获,一夫百亩;百亩之粪,上农夫食九人,上次食八人,中食七人,中次食六人,下食五人。庶人在官者,其禄以是为差[①]。"

【注释】

①差:差别,等差,等级。

【译文】

"大国土地纵横各一百里,君主的俸禄为卿的十倍,卿为大夫的四倍,大夫为上士的两倍,上士为中士的两倍,中士为下士的两倍,下士的俸禄和平民任小官者相同,其俸禄足以抵偿他们耕种的收入了。稍小一点的国的土地为方圆七十里,君主的俸禄为卿的十倍,卿为大夫的三倍,大夫为上士的两倍,上士为中士的两倍,中士为下士的两倍,下士的俸禄和平民任小官者相同,其俸禄足以抵偿他们耕种的收入了。小国的土地纵横各五十里,君主的俸禄为卿的十倍,卿为大夫的两倍,大夫为上士的两倍,上士为中士的两倍,中士为下士的两倍,下士的俸禄和平民任小官者相同,其俸禄足以抵偿他们耕种的收入了。农夫的耕种收入,一夫一妇分田百亩。百亩田地的耕作,上上等农夫可以养活九个人,上次等养活八个人,中上等养活七个人,中次等养活六个人,下等养活五个人。平民之任小官者,他们的俸禄也比照上文分等级。"

【评鉴】

这一章介绍周朝排定官爵和俸禄等级制度的具体内容,可以作为历史学者和经济学者的参考,对其他读者了解那时的经济制度也有所助益。不过,据经济史家研究,孟子这里所说,和历史的真实尚有所距离,更应看作是对理想政治制度的设想。

10·3-1 万章问曰:"敢问友。"

孟子曰:"不挟长,不挟贵,不挟兄弟而友①。友也者,友其德也,不可以有挟也。孟献子②,百乘之家也,有友五人焉:乐正裘,牧仲,其三人,则予忘之矣。献子之与此五人者友也,无献子之家者也。此五人者,亦有献子之家,则不与之友矣。非惟百乘之家为然也,虽小国之君亦有之。费惠公曰③:'吾于子思,则师之矣;吾于颜般,则友之矣;王顺、长息则事我者也。'"

【注释】

①挟:音 xié,倚仗。
②孟献子:鲁国大夫仲孙蔑。
③费:音 bì,小国名。

【译文】

万章问道:"请问如何交朋友。"

孟子答道:"不要仗着自己年纪大,不要仗着自己地位高,不要仗着自己兄弟富贵来交友。所谓交朋友,是心灵品德的交集,绝不能有所倚仗。孟献子是有着一百辆车马的大夫之家,他有五位朋友:乐正裘,牧仲,其他三位,我忘记了。献子和这五位相交,并不会想到自己有着富贵之家。这五位,如果也想着献子有着富贵之家,就不会和他交友了。不单单是有着一百辆车马的大夫如此,即使小国之君也有朋友。费惠公说:'我对子思,只是把他当作老师;对于颜般,只是把他当作朋友;王顺和长息,不过是侍奉我的人罢了。'"

10·3-2 "非惟小国之君为然也,虽大国之君亦有之。晋平公之于亥唐也,入云则入,坐云则坐,食云则食①,虽蔬食菜羹②,未尝不饱,盖不敢不饱也。然终于此而已矣。弗与共天位也,弗与治天职也,弗与食天禄也,士之尊贤者也,非王公之尊贤也。舜尚见帝③,帝馆甥于贰室④,亦飨舜⑤,迭为宾主,是天子而友匹夫也。用下敬上⑥,谓之贵贵;用上敬下,谓之尊贤。贵贵尊贤,其义一也。"

【注释】

①入云、坐云、食云:"云入""云坐""云食"之倒文。
②蔬食:"蔬"同"疏";"蔬食",即《论语》"饭疏食饮水曲肱而枕之"的"疏食",粗粝之食。
③尚:略同"上",但意义抽象些;以匹夫而晋谒天子,故云"上"。
④甥:女婿;舜是尧的女婿。
⑤飨舜:设酒宴招待舜;飨,音 xiǎng,设酒宴招待。
⑥用:以。

【译文】

"不单单小国的君主如此,即使大国之君也有朋友。晋平公如何对待亥唐?亥唐叫他进去,便进去;叫他坐,便坐;叫他吃饭,便吃饭。即便是糙米饭蔬菜汤,未曾没吃饱过,因为不敢不吃饱。然而也就做到这个地步罢了。不和他共有天授之位,不和他共治天授之职,不和他共食天授之禄,这不过是士人尊敬贤者的态度,不是天子诸侯尊敬贤者应抱有的态度。舜谒见尧,尧请女婿住在另一处官邸中,也请他吃饭,接着互为客人和主人,这就是天子和老百姓的交友。以卑贱者身份尊敬高贵者,叫作尊重贵人;以高贵者身份尊敬卑贱者,叫作尊敬贤者。尊重贵人和尊敬贤者,道理是一样的。"

【评鉴】

这一章是对万章问如何交友的回答:"不挟长,不挟贵,不挟兄弟而友。友也者,友其德也。"并以具体事例说明之。朋友之交理应是对对方品德的认同,不应为其他外部条件所左右,否则便是想利用对方,不是真正地交友。近年网络上关于同学聚会遭遇糟心事的报道和讨论颇多,如果人人都能"不挟长,不挟贵,不挟兄弟"来参与聚会,这些糟心事大概会减少很多。

10·4-1　万章问曰:"敢问交际何心也?"

孟子曰:"恭也。"

曰:"'却之却之为不恭[①]',何哉?"

曰:"尊者赐之[②],曰,'其所取之者义乎,不义乎?'而后受之,以是为不恭,故弗却也。"

曰:"请无以辞却之,以心却之,曰,'其取诸民之不义也。'而以他辞无受,不可乎?"

曰:"其交也以道,其接也以礼,斯孔子受之矣。"

【注释】

[①]却之却之为不恭:对尊者的赐予,一再推却,是不恭敬的。却,推却。"却之却之"是用重叠形式表示反复"却之"。《孟子·梁惠王下》:"戒之戒之!出乎尔者,反乎尔者也。"

[②]尊者:与"长者"不同;长者以年齿言,尊者以地位言。

【译文】

万章问道:"请问互相交流的时候,要抱持什么态度?"

孟子答道:"毕恭毕敬。"

万章说:"〔俗话说,〕'一再拒绝人家的礼物,这是不恭敬。'为什么呢?"

孟子说:"尊者有所赐予,还得想想:'他得来这礼物合于义呢?还是不合于义呢?'然后才接受,这是不恭敬的。因此便不拒绝。"

万章说:"我说,我不用言辞拒绝他的礼物,用心来拒绝罢了,心里说,'这是他取自百姓的不义之财呀。'再用托词来拒绝,难道不可以吗?"

孟子说:"他依规矩和我交往,依礼节和我接触,这样,孔子都会接受礼物的。"

10·4-2 万章曰:"今有御人于国门之外者①,其交也以道,其馈也以礼,斯可受御与?"

曰:"不可;《康诰》曰:'杀越人于货,闵不畏死,凡民罔不譈②。'是不待教而诛者也③。殷受夏,周受殷,所不辞也;于今为烈,如之何其受之?"

曰:"今之诸侯取之于民也,犹御也。苟善其礼际矣,斯君子受之,敢问何说也?"

曰:"子以为有王者作,将比今之诸侯而诛之乎④?其教之不改而后诛之乎?夫谓非其有而取之者盗也,充类至义之尽也⑤。孔子之仕于鲁也,鲁人猎较⑥,孔子亦猎较。猎较犹可,而况受其赐乎?"

【注释】

①御:拦截,禁止。

②"《康诰》曰"诸句:今本《尚书·康诰》作"杀越人于货,暋不畏死,罔弗憝";"越"为语气词,无实义;于,往;于货,取货;闵,通"暋"(mǐn),强悍,强横;譈,同"憝"(duì),怨恨,憎恶。

③不待教而诛:赵岐《注》:"若此之恶,不待君之教命,遭人则讨之。"杨伯峻先生《孟子译注》则译为"这是不必先去教育他就可以诛杀的"。按,后说得之。《论语·尧曰》:"子张曰:'何谓四恶?'子曰:'不教

而杀谓之"虐"……'"《荀子·宥坐》:"孔子慨然叹曰:'呜呼!上失之,下杀之,其可乎?不教其民而听其狱,杀不辜也。'"

④比:音 bì,同。

⑤充类至义:强调到顶点。

⑥猎较:狩猎时,竞争谁能夺得禽兽。

【译文】

万章说:"如今有一个在国都郊外拦路抢劫的人,他也依规矩和我交往,也依礼节送我吃的,这样就可以接受赃物了吗?"

孟子说:"不可以;《康诰》说:'杀人越货的亡命之徒,是人人都可以杀掉的。'可见这种人是不必先教育就可以诛杀的。这种法律,殷商受之于夏朝,周朝受之于殷商,没有更改;如今这法律更是显赫昭彰,又怎么可以接受赃物呢?"

万章说:"今天这些诸侯,他们的财物取自于民,也和拦路抢劫差不多。假如做好交流时的礼节,那么君子也就接受了,请问这又如何解说呢?"

孟子说:"你以为若有圣王兴起,对于今天的诸侯,是不加区别全部诛杀呢?还是先行教育,如有不改悔者,然后〔分别不同情形再行〕诛杀呢?而且,不是自己所有,而取得它,将这种行为说成抢劫,这只是把它归类到'义'的顶点才说的话。孔子在鲁国做官的时候,鲁国人争夺猎物,孔子也争夺猎物。争夺猎物都可以,何况接受赐予呢?"

10·4-3 曰:"然则孔子之仕也,非事道与①?"

曰:"事道也。"

"事道奚猎较也②?"

曰:"孔子先簿正祭器③,不以四方之食供簿正。"

曰:"奚不去也?"

曰:"为之兆也④。兆足以行矣,而不行,而后去,是以未尝有所终三年淹也。孔子有见行可之仕,有际可之仕,有公养之仕⑤。于季桓子,见行可之仕也;于卫灵公,际可之仕也;于卫孝公,公养之仕也。"

【注释】

①事道:行道;所争夺来的猎物原来是为了祭祀,既然不能用来供祭祀,便无所用之,争夺猎物的风气自然可以逐渐衰灭了。

②猎较:打猎竞赛,争夺猎物的竞赛。

③孔子先簿正祭器:孔子首先用修订簿书来匡正宗庙祭祀之器。

④兆:开始,试行,试验。

⑤际可、公养:"际可"为独对某一人之礼遇,"公养"则是对当时一般人之礼待。

【译文】

万章说:"然而,孔子出来做官,不是为了行道吗?"

孟子说:"是为了行道。"

"既然为了行道,为什么又争夺猎物呢?"

孟子说:"孔子先用文书规定祭祀所用器物和祭品,但不用各处的食物来满足文书规定的祭祀〔,所以必须通过争夺猎物来提供祭品〕。"

万章说:"他为什么不离开呢?"

孟子说:"孔子做官,总要试验一下。试验之后,主张可以实行,君主却不肯实行,这才离开,所以他未曾在一个朝廷停留达到三年。孔子有因可以行道而做官,也有因为君主礼遇他而做官,也有因国君养贤而做官。对于季桓子,是因为可以行道而做官;对于卫灵公,是因为礼遇而做官;对于卫孝公,是因为国君养贤而做官。"

【评鉴】

这一章主要是谈道德评判在人际交往(礼尚往来)中的边界问题。一方面,别人馈赠礼物,不能非要先搞清楚对方的经济来源,等确认了没问题才接受,这样是对对方的不尊重,不可取。另一方面,明知对方是歹徒,对方的馈赠是赃物,还要接受,那也是不对的。还有一方面,对于那些盘剥民众的统治者,他们的性质与杀人越货者毕竟不同,不能从道德制高点出发,一意要求隔绝所有人和他们的礼尚往来。从第一和第三两个方面我们可以知道,孟子不是泛道德主义者,他是尊重正当的人际往来的。这一点与我们今天的伦理规范也是相容的。

最后,孟子还引用了孔子出仕的例子,他做官有的是为了行道,有的是因为君主的礼遇,有的则是因为君主的养贤,总归都是为了推行仁政。推行仁政离不开君主的支持,把道德上有瑕疵的君主一竿子打翻,也不利于仁政的推行。

10·5 孟子曰:"仕非为贫也,而有时乎为贫;娶妻非为养也,而有时乎为养。为贫者,辞尊居卑,辞富居贫。辞尊居卑,辞富居贫,恶乎宜乎?抱关击柝①。孔子尝为委吏矣②,曰:'会计当而已矣。'尝为乘田矣③,曰:'牛羊茁壮长而已矣。'位卑而言高,罪也;立乎人之本朝④,而道不行,耻也。"

【注释】

①抱关击柝:抱关,守城门的军卒;柝,音 tuò,值更所击的木头,中空,类今之木鱼。

②委吏:管仓库的小官。

③乘田:管畜牧的小官;乘,音 shèng。

④本朝:朝廷。

【译文】

孟子说:"做官不是因为贫穷,但有时候也是因为贫穷。娶妻不是为了奉养父母,但有时候也是为了奉养父母。因为贫穷而做官的,便该拒绝高官,而居于卑位;拒绝厚禄,而只拿薄薪。拒绝高官,居于卑位;拒绝厚禄,只拿薄薪,怎样才合适呢?去守门打更好了。孔子曾经当过管理仓库的小官,他说:'账目清楚就行了。'也曾做过管理牲畜的小官,他说:'牛羊壮实成长就行了。'位置低下,而纵论天下古今,是罪过;站在别人朝廷上做官,而政治主张不能推行,是耻辱。"

【评鉴】

　　古今中外的诸多道德学说都从不同的方面主张行为(事务、职业等)应当保持纯粹性,比如工作就是为了尽责,做官就是为了服务百姓等。但在这一章中,孟子从现实出发,一定程度上接受了"为五斗米折腰"的做法,并对"折腰"和尽职尽责间的紧张关系做了细致而发人深省的梳理。

　　因为政治黑暗等原因不愿出仕,但又为了糊口而不得不做官,那么应该怎么办呢?孟子提出的原则是"辞尊居卑,辞富居贫"——当小官,少拿钱,并举了孔子"抱关击柝""为委吏""为乘田"的例子。因为政治黑暗,官做得越大就越难尽职尽责,比如在朝廷做大官,自己的政治主张不能推行,那么就相当于不能尽职责。不能尽职责还赖在位置上不走,那就是贪图富贵,在儒者看来是可耻的。相反,小官小吏职责小,只要做好分内的事就算对得起岗位了,那么尽管在心理状态上是不愿意做这些事情的,但在行为结果上还是做到了尽职尽责。

　　孟子的观点是深具现实智慧的,"辞尊居卑,辞富居贫"的为官方式,既让那些因为现实困难不得不从事违心的工作的人不至于受到道德的苛责(不能从事危害社会的工作,《滕文公下》中的"攘鸡"者,不属于此列),又杜绝了那些以"不得已"为借口使劲往上爬,进而尸位素餐,徒享高官厚禄的做法。

　　10·6-1　万章曰:"士之不托诸侯,何也?"

　　孟子曰:"不敢也。诸侯失国,而后托于诸侯,礼也;士之托于诸侯,非礼也。"

万章曰:"君馈之粟,则受之乎?"

曰:"受之。"

"受之何义也?"

曰:"君之于氓也①,固周之②。"

曰:"周之则受,赐之则不受,何也?"

曰:"不敢也。"

曰:"敢问其不敢何也?"

曰:"抱关击柝者皆有常职以食于上。无常职而赐于上者,以为不恭也。"

【注释】

①氓:自他国流亡而来之民。

②周:周济,接济。

【译文】

万章说:"士人不仰仗别国诸侯生活,为什么呢?"

孟子说:"不敢这样。诸侯失去了国家,然后才仰仗别国诸侯,这是合于礼的;士仰仗别国诸侯,是不合于礼的。"

万章说:"君主如果送给他谷米,那接受吗?"

孟子说:"接受。"

"接受又有个什么说法呢?"

答道:"君主对于流亡者,本来可以周济他。"

问道:"周济他,就接受;赐予他,就不接受,为什么呢?"

答道:"不敢啊。"

问道:"请问,不敢接受,又是为什么呢?"

答道:"守门打更的人都有一定的职务,因而接受上面的给养。没有一定的职务,却接受上面的赐予的,这被认为是不恭敬的。"

10·6-2　曰:"君馈之,则受之,不识可常继乎?"

曰:"缪公之于子思也,亟问①,亟馈鼎肉②。子思不悦。于卒也,摽使者出诸大门之外③,北面稽首再拜而不受④,曰:'今而后知君之犬马畜伋。'盖自是台无馈也⑤,悦贤不能举,又不能养也,可谓悦贤乎?"

曰:"敢问国君欲养君子,如何斯可谓养矣?"

曰:"以君命将之⑥,再拜稽首而受。其后廪人继粟,庖人继肉⑦,不以君命将之。子思以为鼎肉使已仆仆尔亟拜也⑧,非养君子之道也。尧之于舜也,使其子九男事之,二女女焉,百官牛羊仓廪备,以养舜于畎亩之中,后举而加诸上位⑨。故曰,王公之尊贤者也。"

【注释】

①问:问讯,问候。

②鼎肉:熟肉。

③摽:音 biāo,挥手让别人走开。

④稽首再拜:碰头于地叫作稽首;再拜,作揖两次;"再拜稽首"是吉拜,表示接受礼物;"稽首再拜"是凶拜,表示拒绝礼物。

⑤自是台无馈:台,仆役。赵岐注:"台,贱官主使令者。《传》曰:'仆臣台。'从是之后,台不持馈来,缪公愠也。"杨树达先生认为此句应读为"自是始无馈",恐非。因为,"自是+名词+动词"格式的句子在《孟子》成书年代语言中较为常见:"初,丽姬之乱,诅无畜群公子,自是晋无公族。"(《左传·宣公二年》)而读为"自是始无馈",则只能归纳为"自是+动词"格式,后者仅见一例:"孙文子自是不敢舍其重器于卫。"(《左传·成公十四年》)况且,"始无"这一短语,最早见于典籍者,为成书于南北朝梁代之《南齐书·列传第五》:"民始无惊恐。"

⑥将:送。

⑦庖人：官名，类似现在的食堂主任。
⑧仆仆尔：烦猥的样子。
⑨加：加官。

【译文】

问道："君主给他馈赠，他也就接受，不知道可以经常这样做吗？"

答道："鲁缪公对于子思，就是屡次问候，屡次送给他肉食，子思不高兴。最后一次，子思便挥手把来人赶出大门，然后朝北面磕头作揖拒绝了，并说：'今天才知道君主把我当狗当马畜养。'大概从此才不让仆役给子思送礼了。喜悦贤人，却不能重用，又不能有礼貌地照顾生活，可以说是喜悦贤人吗？"

问道："国君要在生活上照顾君子，要怎样才能照顾得好呢？"

答道："先称述君主的旨意送给他，他便作揖磕头而接受。然后管理仓库的人经常送来谷米，掌管伙食的人经常送来肉食，这些都不用称述君主的旨意了〔，接受者也就可以不再作揖磕头了〕。子思认为为了一块肉便让自己劳神费力作揖行礼，这便不是照顾君子生活的方式了。尧对于舜，让自己的九个儿子向他学习，把自己的两个女儿嫁给他，而且百官、牛羊、仓库具备，来让舜在田野中得到周到的生活照顾，然后提拔他到很高的职位上。所以说，这才算是王公尊敬贤者呀！"

【评鉴】

这一章讲述士人不仰仗别国诸侯生活，但可以接受周济的道理，其原则是"无功不受禄"。诸侯供养士人，最好的方式是提供给他发挥自己热量的岗位，比如尧让舜教诲自己的九子，给他很高的职位。即便因为种种原因不能提供岗位，如果诸侯仍想供养士人，那么也应注意士人的尊严和体面，不要让他们"仆仆尔亟拜"。现在的知识分子当然不应仰仗别国统治者而生活，但领导人应当注意知识分子的尊严和体面，则是题中应有之义。

10·7-1 万章曰:"敢问不见诸侯,何义也?"

孟子曰:"在国曰市井之臣,在野曰草莽之臣,皆谓庶人。庶人不传质为臣①,不敢见于诸侯,礼也。"

万章曰:"庶人,召之役,则往役;君欲见之,召之,则不往见之,何也?"

曰:"往役,义也;往见,不义也。且君之欲见之也,何为也哉?"

【注释】

①传质:拿礼物(贽,也就是质)求见,必先由守门者传达,这叫作"传贽"。

【译文】

万章问道:"请问士子不去谒见诸侯,这是什么道理呢?"

孟子答道:"不曾有过职位的人,住在城市,便叫作市井之臣;住在乡野,便叫作草莽之臣,这都叫作庶人。庶人不送见面礼而取得臣属资格,不敢去谒见诸侯,这是礼节。"

万章说:"庶人,召他去服役,便去服役;君主想要接见他,召唤他,却不去谒见,这又为什么呢?"

孟子说:"去服役,是应该的;去谒见,是不应该的。而且君主想要见他,为的是什么呢?"

10·7-2 曰:"为其多闻也,为其贤也。"

曰:"为其多闻也,则天子不召师,而况诸侯乎? 为其贤也,则吾未闻欲见贤而召之也。缪公亟见于子思①,曰:'古千乘之国以友士,何如?'子思不悦,曰:'古之人有言曰,事之云乎,岂曰友之云乎②?'子思之不悦也,岂不曰:'以位,则子,君也;我,臣也;何敢与君友也? 以德,则子事我者也,奚可以与我友?'千乘之君求与之友而不可得也,而况可召与?齐景公田,招虞人以旌,不至,将杀之。志士不忘在沟壑,勇士不忘丧其元。孔子奚取焉?取非其招不往也。"

【注释】

①见于子思:被子思接见。

②岂曰友之云乎:即"岂曰云友乎",应译为:"难道说是指的交友吗?"云,说的,指。

【译文】

万章说:"为的是他见多识广,为的是他品德高尚。"

孟子说:"如果为的是他见多识广,那天子都不能召唤老师,何况诸侯呢?如果为的是他品德高尚,那我也没听说过想要和贤人见面却召唤他去的。鲁缪公屡次拜访子思,说:'古代有着千辆兵车的国君和士人交友,会怎么样?'子思不高兴,说:'古代人说的意思,是说以士人为师吧,难道是说和士人交友吗?'子思的不高兴,难道不是心里这样说:'论地位,那你是君主,我是臣子,哪敢和你交朋友呢?论道德,那你是向我学习的人,怎么够格和我交朋友呢?'千乘之国的国君追求和他交朋友都办不到,何况召唤他呢?齐景公田猎,用旌来召唤猎场管理员;他不来,准备杀他。有志之士不怕〔死无葬身之地,〕弃尸山沟;勇敢的人〔见义勇为,〕不怕丢掉脑袋。孔子对这个管理员取他哪一点呢?就是取不是该招他的礼,他硬是不去。"

10·7-3 曰:"敢问招虞人何以?"

曰:"以皮冠,庶人以旃①,士以旂②,大夫以旌。以大夫之招招虞人,虞人死不敢往;以士之招招庶人,庶人岂敢往哉?况乎以不贤人之招招贤人乎?欲见贤人而不以其道,犹欲其入而闭之门也。夫义,路也;礼,门也。惟君子能由是路,出入是门也。

《诗》云③:'周道如底④,其直如矢;君子所履,小人所视⑤。'"

万章曰:"孔子,君命召,不俟驾而行;然则孔子非与?"

曰:"孔子当仕有官职,而以其官召之也。"

【注释】

①旃:音 zhān,曲柄旗。

②旂:音 qí,有铃铛的旗。

③"《诗》云"以下四句:见《诗经·小雅·大东》。

④周道如底:周道,大道;"底"当作"厎","厎"即"砥"字,磨刀石。

⑤视:看着,看齐,效法。

【译文】

问道:"请问召唤猎场管理员该用什么呢?"

答道:"用皮帽子。召唤老百姓用旃,召唤士用旂,召唤大夫用旌。用召唤大夫的礼节去召唤猎场管理员,猎场管理员死也不敢去;用召唤士人的礼节去召唤庶人,庶人难道敢去吗?更何况用召唤不贤之人的礼节去召唤贤人呢?想和贤人会面,却不依循规矩礼节,就好比要请他进来却闭上门。义好比是路,礼好比是门。只有君子能从这条路上走,从这扇门里进。《诗经》说:'大路平似磨刀石,又像箭矢一般直。君子在它上面走,小人以它为法式。'"

万章问道:"孔子,国君之命在召唤,不等车马驾好便径行走去。这样看来,孔子错了吗?"

答道:"那是因为孔子正在做官,有职务在身,国君用他担任的官职去召唤他。"

【评鉴】

这一章讲述士人不去谒见诸侯但可以去服役的道理。服役是对国家有责任,去谒见,却没什么道理;如果这人博学多才,诸侯应该上门来看他,而不是让他折节去谒见;即使想要邀请他来,也一定要依循相应的礼节。当然,如果士人想主动去见诸侯,也要依循相应的礼节。这个道理现在并没有过时,仍是宝贵的思想资源。

10·8 孟子谓万章曰:"一乡之善士斯友一乡之善士,一国之善士斯友一国之善士,天下之善士斯友天下之善士。以友天下之善士为未足,又尚论古之人①。颂其诗②,读其书,不知其人,可乎?是以论其世也。是尚友也。"

【注释】

①尚:略同"上"。
②颂:通"诵"。

【译文】

孟子对万章说:"一乡的优秀人物才结交那一乡的优秀人物,一国的优秀人物才结交那一国的优秀人物,天下的优秀人物才结交天下的优秀人物。觉得结交天下的优秀人物还不够,便又追论古代的人物。吟诵他们的诗歌,阅读他们的著作,不了解他为何许人,可以吗?所以要讨论他那一个时代。这就是上溯古人和他们交朋友。"

【评鉴】

这一章讲善士要互相交流,才能进德修业;互相交流仍不够,要上溯古人和他们交朋友:"读其书,不知其人,可乎?"——重点在读书应知人论世,才能体会更深。

10·9 齐宣王问卿。

孟子曰:"王何卿之问也?"

王曰:"卿不同乎?"

曰:"不同;有贵戚之卿①,有异姓之卿。"

王曰:"请问贵戚之卿。"

曰:"君有大过则谏;反覆之而不听,则易位。"

王勃然变乎色。

曰:"王勿异也。王问臣,臣不敢不以正对。"

王色定,然后请问异姓之卿。

曰:"君有过则谏,反覆之而不听,则去。"

【注释】

①贵戚之卿:同姓之卿。

【译文】

齐宣王问有关公卿的事。

孟子说:"王所问的是哪种公卿?"

王说:"公卿难道还有不同吗?"

孟子说:"不同;有和王室同宗的公卿,有非王族的公卿。"

王说:"我请问和王室同宗的公卿。"

孟子说:"国君若有重大错误,他便劝谏;反复劝谏而不听从,就废掉他而改立别人。"

宣王突然变了脸色。

孟子说:"王不要奇怪。王问我,我不敢不告诉你正确的。"

宣王脸色淡定了,又请问非王族的公卿。

孟子说:"国君若有错误,他便劝谏;反复劝谏而不听从,就离去。"

【评鉴】

这一章说贵戚之卿对君主有劝谏之责,反复劝谏而不改,可以改立君主。即使异姓之卿,也应当"君有过则谏,反复之而不听,则去"。这就否定了君主的绝对权威。君主如果有罪过,那么为了维护百姓的福祉,不仅革命是正当的,政变也是正当的。并非贵戚的官员也可以以辞职来表示不合作。

这一部分除第一、第二章外,可以抽绎出关键词:态度、原则、责任。

告子章句上 凡二十章

11·1 告子曰:"性犹杞柳也[1],义犹桮桊也[2];以人性为仁义,犹以杞柳为桮桊。"

孟子曰:"子能顺杞柳之性而以为桮桊乎?将戕贼杞柳而后以为桮桊也?如将戕贼杞柳而以为桮桊,则亦将戕贼人以为仁义与?率天下之人而祸仁义者,必子之言夫!"

【注释】

①杞柳:榉树;杞,音 qǐ。
②桮桊:一种大杯;桮,同"杯";桊,音 quān。

【译文】

告子说:"人的本性好比榉柳树,义理好比杯盘;把人的本性做成仁义,正好比用榉柳树来做成杯盘。"

孟子说:"您是顺着榉柳树的本性来做成杯盘呢?还是扭曲榉柳树的本性来做成杯盘呢?如果要扭曲榉柳树的本性之后才做成杯盘,那不也要扭曲人的本性之后才做成仁义吗?率领天下的人来祸害仁义的,一定是您的这些话吧!"

【评鉴】

这一章告子说,把人的本性做成仁义,正好比用榉柳树来做成杯盘,意思为仁义是对人本性的扭曲。孟子则反驳,如果顺着而非扭曲榉柳树的本性来做成杯盘,岂非仁义是顺从人性吗?

在缺乏形式逻辑而以比喻为主要说理手段的古代,这种辩论虽能一时分出高下,却不能自拔于诡辩论的泥淖。

11·2 告子曰:"性犹湍水也,决诸东方则东流,决诸西方则西流。人性之无分于善不善也,犹水之无分于东西也。"

孟子曰:"水信无分于东西①,无分于上下乎?人性之善也,犹水之就下也。人无有不善,水无有不下。今夫水,搏而跃之,可使过颡②;激而行之,可使在山。是岂水之性哉?其势则然也。人之可使为不善,其性亦犹是也。"

【注释】

①信:诚,真的。
②颡:音 sǎng,额头。

【译文】

告子说:"人性好比急流水,东方开了缺口便朝东流,西方开了缺口便朝西流。人性不分善和不善,正好比水性的不管东流西流。"

孟子说:"水诚然不分朝东流朝西流,难道也不分朝上流或朝下流吗?人性的善良,正好比水性朝下流。人没有不善良的,水没有不朝下流的。现在那儿有一汪水,拍它而让它涌起来,可以高过额角;戽水使它倒流,可以引上高山,这难道是水的本性吗?某种势力让它这样罢了。人之所以能够做坏事,这件事的本质也正是这样。"

【评鉴】

这一章的内容与上一章相近,告子将本性比喻成急流水,哪边决口往哪边流,比喻人性没有一定的(道德性的)内容,它表现为有道还是无道,是由外部环境决定的。孟子顺着告子的比喻说开去——水的确没有向某个方向流的本性,但水总是往下流,所以水之性还是有内容的,因此人的本性也是有内容的,向善就是人性的内容。如同上一章,水的向下流和人性本善,也是没有什么内在逻辑关系的。

11·3 告子曰:"生之谓性①。"

孟子曰:"生之谓性也,犹白之谓白与?"

曰:"然。"

"白羽之白也,犹白雪之白;白雪之白犹白玉之白与?"

曰:"然。"

"然则犬之性犹牛之性,牛之性犹人之性与?"

【注释】

①生之谓性:"生"和"性"是同源字,意义上有联系;与生俱来的本能叫作"性"。

【译文】

告子说:"天生的叫作本性。"

孟子说:"天生的叫作本性,就好比白色的东西都叫作白色吗?"

答道:"是这样。"

"白羽毛的白色如同白雪的白色,白雪的白色如同白玉的白色吗?"

答道:"是这样。"

"那么,狗性如同牛性,牛性如同人性吗?"

【评鉴】

这一章讨论与生俱来的是否就是本性。孟子使用的论辩术叫作归谬法,也就是用类比的方法引诱对手暴露自己逻辑上的错误。但在这则材料中的使用却未见得是成功的。孟子引诱告子说出狗性、牛性等于人性的说法,好似曝光了告子人性说的荒谬,但他只是赢得了气势,并没有在逻辑上战胜告子。运用语言学的知识我们可以发现,白羽、白雪、白玉只是共用了"白"这个语词的能指,即白色的;但"白"的所指并不是共用的,白羽、白雪、白玉实际的颜色完全可以在光谱上有所不同。同样的道理,狗性、牛性和人性也只是共用了"性"的能指,即与生俱来的属性,狗、牛和人具体是什么属性则不必相同。所以孟子对告子的反驳在逻辑上是无效的。

但是,这里孟子对告子的驳斥也并非没有道理,孟子和告子对人性的不同理解其实反映出的是对人性两种截然不同的界定方式。告子说"生之谓性",认为人出生的原初状态就是人性——之所以强调原初状态,是因为要排除后天的干扰,包括教育、风俗、习惯等方面的影响——这样的人性就可以涵盖诸多方面的内容,比如下一章所说的"食色"。因此,"生之谓性"看似是对人性的描述,其实并未规定任何具体的内容,只是对人性的一种界定方法。孟子则不同,他说:"口之于味也,目之于色也,耳之于声也,鼻之于臭也,四肢之于安佚也,性也,有命焉,君子不谓性也。"(《尽心下》第二十四章)这些生理性的内容固然也是人的属性,但它们是人所控制不了的,于是孟子主动把它们排除到人性之外。为什么呢?因为"人之所以异于禽兽者几希"(《离娄下》第十九章),孟子说的人性是指的人的类特性,也就是说人区别于禽兽以及"物"的属性,也可以说是人之所以为人的特殊性。孟子规定的人性是有具体内容的,那就是仁义。

11·4 告子曰:"食色,性也。仁,内也,非外也;义,外也,非内也。"

孟子曰:"何以谓仁内义外也?"

曰:"彼长而我长之,非有长于我也;犹彼白而我白之,从其白于外也,故谓之外也。"

曰:"异于白[①]。马之白也,无以异于白人之白也;不识长马之长也,无以异于长人之长与?且谓长者义乎?长之者义乎?"

曰:"吾弟则爱之,秦人之弟则不爱也,是以我为悦者也,故谓之内。长楚人之长,亦长吾之长,是以长为悦者也,故谓之外也。"

曰:"耆秦人之炙②,无以异于耆吾炙,夫物则亦有然者也,然则耆炙亦有外欤?"

【注释】

①异于白:年长是有异于白色的。
②耆秦人之炙:耆,同"嗜";炙,音zhì,烤肉。

【译文】

告子说:"吃喝以及性欲,是人的本性。仁是内在的,不是外在的;义是外在的,不是内在的。"

孟子说:"为什么说仁是内在的而义是外在的呢?"

答道:"因为他年纪大,我才尊敬他,这尊敬不是我固有的;正好比那东西是白的,是因为它的白是它自己表现在外的,我便把它叫作白东西,所以说它是外在的。"

孟子说:"年长和白色是两码事。马的白和白人的白或许并无不同,但是不知道对老马的尊敬和对长者的尊敬,是否也没有什么不同呢?而且,您是说长者义呢?还是说尊敬长者的人义呢?"

答道:"是我的弟弟妹妹我便爱他,是秦国人的弟弟妹妹我便不爱他,这是因我自己高兴这样做,所以说仁是内在的。尊敬楚国的长者,也尊敬我自己的长者,这是因为他们年长而令人高兴。所以说义是外在的。"

孟子说:"喜欢吃秦国人的烧肉,和喜欢吃自己的烧肉并无不同,各种事物也有这样的情形,那么,难道喜欢吃烧肉也是外在的吗?〔那不和您说的饮食是本性的论点相矛盾了吗?〕"

【评鉴】

这一章讨论人的本性的具体内容。如上一章评鉴所述,孟子和告子都承认,必须是人与生俱来的属性才能叫作人性,但是孟子对人性有具体的规定,告子则没有。孟子排除了食色是人性,告子却将义排除在人性之外。其理由是什么呢? 告子认为,义不是人与生俱来的属性,而是外部环境规定的,因此不能算是人性。孟子则力求说明义也是人与生俱来的属性。

仁与义在孟子时代的语境中抽象程度还不高,往往对应于具体的行为(仁者人也;义者宜也)。比如仁表现为爱自己的亲人,是自己的亲人自然就会爱,因此告子也同意仁是人的本性。义表现为尊敬长辈,不是自己的长辈也要去尊敬,告子认为这不是一种天然的情感,因此算不得是人性,只是因为外部原因(社会规范)规定人要尊敬长者,所以才去尊敬。孟子举出尊敬老马的例子,他想要说明的是,并不仅仅是因为外部原因决定了人要尊敬长者;而用喜欢吃肉做比喻,是想说明尊敬长者也是有自发的原因的。

11·5 孟季子问公都子曰[①]:"何以谓义内也?"

曰:"行吾敬,故谓之内也。"

"乡人长于伯兄一岁,则谁敬?"

曰:"敬兄。"

"酌则谁先?"

曰:"先酌乡人。"

"所敬在此,所长在彼,果在外,非由内也。"

公都子不能答,以告孟子。孟子曰:"敬叔父乎? 敬弟乎? 彼将曰,'敬叔父。'曰,'弟为尸[②],则谁敬?'彼将曰,'敬弟。'子曰,'恶在其敬叔父也?'彼将曰,'在位故也。'子亦曰,'在位故也。庸敬在兄[③],斯须之敬在乡人。'"

季子闻之,曰:"敬叔父则敬,敬弟则敬,果在外,非由内也。"

公都子曰："冬日则饮汤,夏日则饮水,然则饮食亦在外也?"

【注释】

①孟季子:不详其人。

②尸:古代祭祀不用牌位或者神主,更无画像,而用男女儿童为受祭代理人,叫作"尸"。

③庸:平,平时。

【译文】

孟季子问公都子说:"为什么说义是内在的呢?"

答道:"我所贯彻的是我内心的恭敬,所以说是内在的。"

"一般人比大哥年长一岁,那你尊敬谁?"

答道:"尊敬大哥。"

"那么,先给谁斟酒?"

答道:"先斟酒给本乡长者。"

"内心恭敬的在这里,先敬礼的却在那里,可见义果真是外在的,不是发自内心的。"

公都子不能对答,便来告诉孟子。孟子说:"〔你可以说:〕'恭敬叔父呢?还是恭敬弟弟呢?'他会说,'恭敬叔父。'你又说,'弟弟若做了代受祭者,那又恭敬谁呢?'他会说,'恭敬弟弟。'你便说,'那又怎么解释刚才所说的敬叔父呢?'他会说,'这是由于弟弟在尊位的缘故。'那你也可以说,'那也是由于本乡长者在尊位的缘故。平常的恭敬在哥哥,暂时的恭敬在本地长者。'"

季子听到了这话,又说:"对叔父也是恭敬,对弟弟也是恭敬,毕竟义是外在的,不是发自内心的。"

公都子说:"冬天喝热水,夏天喝凉水,那么,难道吃喝〔不是出自本性,〕也是外在的吗?"

【评鉴】

　　这一章继续辩论义是内在的还是外在的。通过乡人、兄长、叔叔、弟弟的例证,进一步告诉我们,敬长(义)的行为同时受内外两方面因素的影响,内因是人的恭敬之心,外因则包括年齿、是否"在位"等诸多方面的因素。孟子认为,内在的恭敬之心是更为关键的,所以义是人本性的内容之一。

11·6-1　公都子曰:"告子曰:'性无善无不善也。'或曰:'性可以为善,可以为不善;是故文武兴,则民好善;幽厉兴,则民好暴。'或曰:'有性善,有性不善;是故以尧为君而有象;以瞽瞍为父而有舜;以纣为兄之子,且以为君,而有微子启、王子比干。'今曰'性善',然则彼皆非与?"

【译文】

　　公都子说:"告子说:'本性没有什么善良,也没有什么不善良。'也有人说:'本性可以让人做好事,也可以让人做坏事;所以当周文王、武王兴起时,百姓便一心向善;周幽王、厉王兴起时,百姓便变得横暴。'也有人说:'有些人本性善良,有些人本性不善良;所以,以尧为君,也有象这样的百姓;以瞽瞍为父,也有舜这样的儿子;以纣为侄儿,而且贵为君主,也有微子启、王子比干这样的仁人。'如今老师说本性善良,那么,他们的说法都错了吗?"

11·6-2　孟子曰:"乃若其情①,则可以为善矣,乃所谓善也。若夫为不善,非才之罪也②。恻隐之心,人皆有之;羞恶之心,人皆有之;恭敬之心,人皆有之;是非之心,人皆有之。恻隐之心,仁也;羞恶之心,义也;恭敬之心,礼也;是非之心,智也。仁义礼智,非由外铄我也③,我固有之也,弗思耳矣。故曰:'求则得之,舍则失之。'或相倍蓰而无算者,不能尽其才者也。《诗》曰:'天生蒸民,有物有则。民之秉彝,好是懿德。④'孔子曰:'为此诗者,其知道乎!故有物必有则;民之秉彝也,故好是懿德。'"

【注释】

①乃若:至于。

②才:与上文"乃若其情"的"情"都是说人的资质。

③铄:销熔,引申为抽象意义的熔化、渗透。

④"《诗》曰"诸句:见《诗经·大雅·烝民》;"蒸民",《诗经》作"烝民";烝,众;物,事;则,法则;秉,持;彝,常;懿,美。

【译文】

孟子说:"从人天生的资质看,是可以做好事的,这便是我所说的人性善良。至于有些人做坏事,不能归罪于他的资质。同情心,人人都有;羞耻心,人人都有;恭敬心,人人都有;是非心,人人都有。同情心属于仁,羞耻心属于义,恭敬心属于礼,是非心属于智。这仁义礼智,不是从外面渗透给我的,是我本身固有的,只是不曾光大它罢了。所以说:'追求它,就得到它;放弃它,就失去它。'人与人相差一倍、五倍以致无数倍的,就是不能释放人们善良本质的缘故。《诗经》说:'天生育众民,万物便有规则。百姓秉持着那些通则,喜爱那优良的品德。'孔子说:'这篇诗的作者真懂得道哇!有事物,便会有其通则;百姓秉持了这些通则,所以喜爱那优良的品德。'"

【评鉴】

这一章,针对孟子主张的"性善",公都子举出"性无善无不善""性可以为善,可以为不善""有性善,有性不善"三种说法。除了第一种告子的说法之外,后两种说法都是根据人在现实环境中的表现来直接界定人性的善恶。这样的说法无疑十分浅薄,所以孟子并未予以反驳,只是正面陈述了自己的观点。

孟子用恻隐、羞恶、恭敬、是非这四端之心为每个人所固有来论证性善说,认为人只要有这四种向善的本性就可以说是性善了。至于人在现实环境中表现出恶的一面,那是由诸多因素造成的,不能归结到人的本性上。

这一章还指出,恻隐、羞恶、恭敬、是非是仁、义、礼、智四德的情感基础,人正是因本来就具有这四种情感,才会自然而然地热爱仁义礼智这些"理义"。

11·7-1 孟子曰:"富岁,子弟多赖①;凶岁,子弟多暴,非天之降才尔殊也,其所以陷溺其心者然也。今夫麰麦②,播种而耰之③,其地同,树之时又同,浡然而生,至于日至之时④,皆熟矣。虽有不同,则地有肥硗⑤、雨露之养、人事之不齐也。故凡同类者,举相似也,何独至于人而疑之?圣人,与我同类者。故龙子曰:'不知足而为屦,我知其不为蒉也⑥。'屦之相似,天下之足同也。"

【注释】

①赖:善良。
②麰麦:大麦;麰,音 móu。
③耰:音 yōu,一种松土的农具;这里指松土。
④日至:这里指"夏至"。
⑤硗:音 qiāo,土地贫瘠。
⑥蒉:音 kuì,筐子。

【译文】

孟子说:"丰年,年轻人多半善良;荒年,年轻人多半强暴,并不是天生的资质有这样不同,是由于不好的环境使他们心思变坏了。好比麰麦,播种耪地,如果土地一样,种植的时候一样,便会蓬勃地生长,到了夏至,就都成熟了。即便有所不同,那便是由于土地的肥瘦,雨露的多少,工作者的勤惰不同的缘故。所以一切同类之物,无不大体相同,为什么一讲到人类就怀疑了呢?圣人也是我们的同类。龙子曾经说过:'不看清脚样去编草鞋,我准知道编不成筐子。'草鞋的相似,是因为天下人的脚大体相同。"

11·7-2 "口之于味,有同耆也;易牙先得我口之所耆者也①。如使口之于味也,其性与人殊②,若犬马之与我不同类也,则天下何耆皆从易牙之于味也?至于味,天下期于易牙,是天下之口相似也。惟耳亦然③。至于声,天下期于师旷,是天下之耳相似也。惟目亦然。至于子都④,天下莫不知其姣也。不知子都之姣者,无目者也。故曰,口之于味也,有同耆焉;耳之于声也,有同听焉;目之于色也,有同美焉。至于心,独无所同然乎?心之所同然者何也?谓理也,义也。圣人先得我心之所同然耳。故理义之悦我心,犹刍豢之悦我口⑤。"

【注释】

①易牙:齐桓公宠臣。
②其性与人殊:《孟子译注》说:"此宜云'人与人殊',原文盖省一'人'字。"按,此处"与人殊"之"人"指别人、他人,前面不必有一"人"字。那一时期,"名词短语 + 与人 + 形容词"格式的句子很常见,例如:"尧、舜与人同耳。"(《孟子·离娄下》)"其性与人殊"正是这样的句子。而"人与人"之后一般接"相 + 动词",其中动词为及物动词。例如:"人与人不相爱,则必相贼……人与人相爱,则不相贼。"(《墨子·兼爱》)而此句既无"相","殊"也不是及物动词,故不应补一"人"字。
③惟:语首助词,无实义。
④子都:春秋时郑国的美男子;按,"都"有优美义。

⑤刍豢：食草的如牛羊叫作"刍"；食谷的如犬豕叫作"豢"；豢，音 huàn。

【译文】

"口对于味道，有相同的嗜好；易牙早就摸准了这一嗜好。假使口对于味道，他的体验和别人不同，而且像狗及马和人的不同类一样，那么，为什么天下的人都追随着易牙的口味呢？一讲到口味，天下人都期望做到易牙那样，这就说明了天下人味觉大体相同。耳朵也这样。一讲到声音，天下人都期望做到师旷那样，这就说明了天下人的听觉大体相同。眼睛也这样。一讲到子都，天下没有人不知道他英俊。不认为子都英俊的，那是没有眼睛的人。所以说，口对于味道，有相同的嗜好；耳对于声音，有相同的听觉；眼睛对于容色，有相同的美感。谈到心，就偏偏没有相同的地方吗？心相同的地方是什么呢？是理，是义。圣人早就懂得了我们内心相同的理义。所以理义使我心高兴，正和猪狗牛羊肉合乎我的口味一般。"

【评鉴】

这一章进一步阐明外部环境对人后天表现的影响。"凶岁，子弟多暴"是由于外在的不好的环境使得本来的"善性"表现不出来，并通过味觉、听觉、视觉的人人相同来证明是非善恶感的人人相同。这一论证，较之纯用比喻来说理，逻辑性强多了。

11·8 孟子曰："牛山之木尝美矣①，以其郊于大国也②，斧斤伐之，可以为美乎？是其日夜之所息，雨露之所润，非无萌蘖之生焉③，牛羊又从而牧之④，是以若彼濯濯也⑤。人见其濯濯也，以为未尝有材焉。此岂山之性也哉？虽存乎人者，岂无仁义之心哉？其所以放其良心者，亦犹斧斤之于木也。旦旦而伐之，可以为美乎？其日夜之所息，平旦之气，其好恶与人相近也者几希;则其旦昼之所为⑥,有梏亡之矣⑦。梏之反复,则其夜气不足以存;夜气不足以存,则其违禽兽不远矣。人见其禽兽也,而以为未尝有才焉者,是岂人之情也哉?故苟得其养,无物不长;苟失其养,无物不消。孔子曰:'操则存,舍则亡;出入无时,莫知其乡⑧。'惟心之谓与?"

【注释】

①牛山:位于齐国国都临淄(在今山东淄博市)之南。

②郊于大国:位于大国的郊外;大国,大都市,指临淄,当时的大都市之一。

③萌蘖:新的枝条;萌,草木发芽,树木分蘖;蘖,树木被砍伐或倒下后再生的枝芽。

④牛羊又从而牧之:牛羊又跟着被放牧了。

⑤濯濯:白而无杂质貌,这里用来形容光秃秃无一点绿色;濯,音 zhuó。

⑥旦昼:明天。

⑦有梏亡之矣:有,通"又";梏,同"牿(gù)",圈禁。

⑧莫知其乡:乡,家乡,住的地方。赵岐《注》:"乡犹里,以喻居也。"焦循《正义》读"乡"为"向",《孟子译注》采纳其说。周秦文献中未见"其向"连文者,焦说恐非。"其乡"则多见,"乡"基本上都如字读。如:"乡长治其乡。"(《墨子·尚同》)赵岐《注》可从。

【译文】

孟子说:"牛山的树木曾经是很茂盛的,因为它长在大都市的郊外,老用斧子去砍伐,还能够茂盛吗?当然,它日日夜夜在生长着,雨水露珠在滋润着,不是没有新条嫩芽生长出来,但紧跟着就放羊牧牛,所以变成那样光秃秃了。人们看见那光秃秃的样子,便以为这山不曾有过大树木,这难道是山的本性吗?在某些人身上,难道没有仁义之心吗?他之所以丧失他的良心,也正像斧子对于树木一般,天天去砍伐它,能够茂盛吗?他在白天黑夜里发出来的善心,他在天刚亮时呼吸到的清明之气,那时节他心里的好恶跟一般人相近的,本来就很少;可是一到第二天白昼,他的所作所为又把它消灭了。反复地消灭,那么,他夜里产生出的善念自然不能存在;夜里产生出的善念不能存在,便和禽兽差不离了。别人看到他简直是禽兽,便以为他不曾有过善良的本质。这难道也是这些人的本性吗?所以,如果得到滋养,没有东西不生长;失掉滋养,没有东西不消亡。孔子说过:'抓紧它就有,手一松就无;出出进进不定时,没人知它哪里住。'这是指人心而说的吧?"

【评鉴】

这一章告诫说:1.人人都有其善良本性。2.如果不好好保养它而任由外在不良环境摧折,那这人离禽兽也就不远了。3.即使一个人看上去已经坏透了,只要停止不良环境的影响,他也是能够向善的,这便是他的善性在起作用。前面许多篇章都已经论述过珍惜内在善良本性的重要。

11·9　孟子曰:"无或乎王之不智也①。虽有天下易生之物也,一日暴之,十日寒之,未有能生者也。吾见亦罕矣,吾退而寒之者至矣,吾如有萌焉何哉②?

"今夫弈之为数③,小数也;不专心致志,则不得也。弈秋,通国之善弈者也。使弈秋诲二人弈,其一人专心致志,惟弈秋之为听。一人虽听之,一心以为有鸿鹄将至④,思援弓缴而射之⑤,虽与之俱学,弗若之矣。为是其智弗若与?曰:非然也。"

【注释】

①或:通"惑"。
②有萌:"有",动词词头;萌,草木发芽,发端。
③弈之为数:弈,围棋;数,技也。

④鸿鹄：天鹅。

⑤缴：音 zhuó，生丝，用来系在箭上，因此也把系着丝线的箭称之为"缴"。

【译文】

孟子说："不要对王的不明智感到奇怪。即使有一种最容易成长的植物，晒它一天，冷它十天，也没见到能够成活的。我和王相见的次数实在太少了，我每次回去后，来'冷'王的〔佞幸小人〕就接踵而至了；那么，我对于王善良之心的萌芽能起什么作用呢？

"譬如下棋，只是个小技艺，但如果不一心一德，也不能学好。弈秋下棋，全国第一。假使让他培养两个人下棋，其中一人一心一德，只听弈秋的话。另一人呢，虽然也听着弈秋说话，心里却老想着有只天鹅快要飞来，想着拿起弓箭去射它。这样，即使和前一人一道学习，成绩一定不如人家。是因为他的才智不如人家吗？不是这样的。"

【评鉴】

这一章以"弈秋诲二人弈"的故事说明"专心致志"是成功的阶梯，与《庄子》"庖丁解牛"故事一样广为人知。

11·10-1 孟子曰："鱼，我所欲也，熊掌亦我所欲也；二者不可得兼，舍鱼而取熊掌者也。生亦我所欲也，义亦我所欲也；二者不可得兼，舍生而取义者也。生亦我所欲，所欲有甚于生者，故不为苟得也；死亦我所恶，所恶有甚于死者，故患有所不辟也。如使人之所欲莫甚于生，则凡可以得生者，何不用也？使人之所恶莫甚于死者，则凡可以辟患者，何不为也？由是则生而有不用也，由是则可以辟患而有不为也。是故所欲有甚于生者，所恶有甚于死者。"

【译文】

　　孟子说:"鱼是我想要的,熊掌也是我想要的;如果两者不能兼得,便放弃鱼而获取熊掌。生命是我想要的,道义也是我想要的;如果两者不能兼得,便放弃生命而获取道义。生命固然是我想要的,但是我想要的还有比生命更宝贵的,所以我不做苟且偷生的事;死亡固然是我所厌恶的,但是我厌恶的还有比死亡更不堪忍受的,所以有的祸患我不能逃避。假如人们想要的没有比生命更宝贵的,一切可以求得生存的手段,为什么会有人不去用它呢?假如人们所厌恶的没有比死亡更不堪忍受的,一切可以免除祸患的事情,为什么也会有人不去做它呢?由此可知,〔有时候分明〕可以活下去,也是会放弃的;由此可知,〔有时候分明〕可以避免祸患,也仍会坚守的。所以说,有比生命更值得拥有的东西,也有比死亡更令人厌恶的东西。"

11·10-2 "非独贤者有是心也,人皆有之,贤者能勿丧耳。一箪食,一豆羹①,得之则生,弗得则死,嘑尔而与之②,行道之人弗受;蹴尔而与之③,乞人不屑也;万钟则不辨礼义而受之。万钟于我何加焉?为宫室之美、妻妾之奉、所识穷乏者得我与④?乡为身死而不受⑤,今为宫室之美为之;乡为身死而不受,今为妻妾之奉为之;乡为身死而不受,今为所识穷乏者得我而为之。是亦不可以已乎?此之谓失其本心。"

【注释】

①一豆羹:豆,盛羹汤的高脚盘;羹,煮熟带汤吃的肉。
②嘑:同"呼"。
③蹴尔:蹴,音 cù,踩,践踏;尔,动词、形容词、副词的词尾。
④得我:感激我;得,通"德";德我,对我感恩戴德。
⑤乡:通"向",以往,以前。

【译文】

"这种心不仅仅贤人有,人人都有,不过贤人能够保持它罢了。一筐饭,一盘肉,得到便能活下去,得不到死路一条,吆喝着给他,路过的饿人都不会接受;脚踏过给他,即使乞丐也不屑于接受;〔然而有人对〕万钟的俸禄却不管是否合于礼义而接受了。万钟的俸禄对我能增加些什么?是为了深院大宅、供养妻妾和所认识的贫苦人感恩戴德吗?过去宁肯死也不愿接受,今天却为了深院大宅而接受了;过去宁肯死也不愿接受,今天却为了供养妻妾而接受了;过去宁肯死也不愿接受,今天却为了所认识的贫苦人感恩戴德而接受了。这些个事儿,难道不能够悬崖勒马吗?这样做,就叫作丧失了人的本性。"

【评鉴】

这一章讲的是鱼和熊掌不可兼得舍鱼而求熊掌,生和义不可兼得舍生取义的典故,广为人知。孟子指出,有比生命更宝贵的东西,比如道德品质的高洁,比如人格的独立等,贤者之所以为贤者,在于能保持它而"勿丧"罢了。

11·11 孟子曰:"仁,人心也;义,人路也。舍其路而弗由,放其心而不知求,哀哉!人有鸡犬放[1],则知求之;有放心而不知求。学问之道无他,求其放心而已矣。"

【注释】

[1]放:走失。

【译文】

孟子说:"仁是人的良心,义是人的正路。放弃了那条正路不走,丢失了那颗良心而不晓得去追回,真可悲呀!一个人,有鸡和狗走失了,还晓得要去找回;有良心丢失了,却不晓得去追回。求学问道之路没有别的,就是把那丢失了的良心追回来罢了。"

【评鉴】

见本篇第十三章的评鉴。

11·12 孟子曰:"今有无名之指屈而不信①,非疾痛害事也,如有能信之者,则不远秦楚之路,为指之不若人也。指不若人,则知恶之;心不若人,则不知恶,此之谓不知类也②。"

【注释】

①信:通"伸"。

②不知类:不懂得触类旁通,举一反三。当时典籍中的"知类"均为此义。如:"今人曰:'某氏多货,其室培湿,守狗死,其势可穴也。'则必非之矣。曰:'某国饥,其城郭库,其守具寡,可袭而篡之。'则不非之。乃不知类矣。"(《吕氏春秋·有始览》)

【译文】

孟子说:"现在有个人,他无名指弯曲而不能伸直,虽然不痛也不妨碍做事,如果有人能够让它伸直,即使跑去秦国楚国才能见着那人,也不嫌远,为的是无名指比不上别人。无名指比不上别人,就知道厌恶;心性不及别人,竟不知道厌恶,这个就叫作不知轻重。"

【评鉴】

见本篇第十三章的评鉴。

11·13 孟子曰:"拱把之桐梓①,人苟欲生之,皆知所以养之者。至于身,而不知所以养之者,岂爱身不若桐梓哉?弗思甚也。"

【注释】

①拱把:拱,合两手拿;把,一只手拿。

【译文】

孟子说:"一两把粗的桐树、梓树,想要让它成活,人人都晓得如何去培养。至于人本身,却不晓得如何去培养,难道爱自己还赶不上爱桐树、梓树吗?真是太不爱动脑筋了。"

【评鉴】

以上三章痛心一般人追求小的利益,如鸡犬、无名指之伸以及"拱把之桐梓"等,却放弃了大的利益,如仁义和良心。孟子在两千多年前发出的如此痛心疾首的追问,身处当代的我们,难道不该好好回答一下吗?

11·14 孟子曰:"人之于身也,兼所爱。兼所爱,则兼所养也。无尺寸之肤不爱焉,则无尺寸之肤不养也。所以考其善不善者,岂有他哉?于己取之而已矣。体有贵贱,有小大。无以小害大,无以贱害贵。养其小者为小人,养其大者为大人。

"今有场师,舍其梧槚①,养其樲棘②,则为贱场师焉。养其一指而失其肩背,而不知也,则为狼疾人也③。饮食之人,则人贱之矣,为其养小以失大也。饮食之人无有失也,则口腹岂适为尺寸之肤哉④?"

【注释】

①梧槚:梧,梧桐;槚,音 jiǎ,即楸树;梧桐、楸树都是好木料。
②樲棘:樲(èr)、棘,都是酸枣。这是同义词连用。
③狼疾:同"狼藉"。
④适:恰恰。

【译文】

孟子说:"人们对于自己的身体,真是加倍珍惜。加倍珍惜,便加倍保养。没有一尺一寸的皮肤不珍惜,便没有一尺一寸的皮肤不保养。考察他养护得好或者不好,难道还有别的吗?只是观察他对于己身的养护何所取而已。身体四肢有重要的,也有次要的;有小的,也有大的。不要因为小的而损害大的,不要因为次要的而损害重要的。只知保养小的就是小人,力求保养大的便是君子。

"现在有一位园艺师,放弃梧桐、梓树,却去培养酸枣、荆棘,那就是位很糟的园艺师。如果有人只保养他的一根手指,却丢失了肩头背脊,自己还不明白,那便是糊涂蛋了。只晓得吃吃喝喝〔而不晓得培养心志〕的人,人家都轻视他;因为他只保养了小的,而丢失了大的。如果讲究吃喝的人并不影响心志的培养,那么,他的吃喝难道仅仅是为了满足身体的那一小部分吗?"

【评鉴】

见下一章的评鉴。

11·15 公都子问曰:"钧是人也①,或为大人,或为小人,何也?"

孟子曰:"从其大体为大人,从其小体为小人。"

曰:"钧是人也,或从其大体,或从其小体,何也?"

曰:"耳目之官不思,而蔽于物。物交物,则引之而已矣。心之官则思,思则得之,不思则不得也。此天之所与我者。先立乎其大者,则其小者不能夺也。此为大人而已矣。"

【注释】

①钧:同"均"。

【译文】

公都子问道:"人还是那些人,其中有些是君子,有些是小人,为什么呢?"

孟子答道:"放纵满足身体重要部分的是君子,放纵满足身体次要部分的是小人。"

问道:"同样是人,有人放纵满足重要部分的需要,有人放纵满足次要部分的欲望,又为了什么呢?"

答道:"耳朵、眼睛这类器官不会思考,故易为外物所蒙蔽。〔故耳目也不过是一物。它们〕一与外物接触,便被引向迷途了。心这个器官的功能是思考,一思考便可求得事物的真谛,不思考便得不到。思考能力是上天赋予我们的。因此,先把这重要的器官树立起来,次要的器官便不能喧宾夺主了。要成为君子,不过如此。"

【评鉴】

这两章指出,只知保养小的,便是小人;能够保养大的,才是正人君子。人的心性难道不比"尺寸之肤"重要多了吗?为什么不知道养护呢?心坏了,没了良心,或不会思考,即便使劲做面膜,涂护手霜,也只是表面功夫,作用怕也不大。

11·16 孟子曰:"有天爵者,有人爵者。仁义忠信,乐善不倦,此天爵也;公卿大夫,此人爵也。古之人修其天爵,而人爵从之。今之人修其天爵,以要人爵;既得人爵,而弃其天爵,则惑之甚者也,终亦必亡而已矣。"

【译文】

孟子说:"有上天赐予的爵位,有俗世认可的爵位。仁义忠信,好善不疲,这是上天赐予的爵位;公卿大夫,这是俗世认可的爵位。古代的人修养上天赐予的爵位,俗世认可的爵位也就跟着来了。现在的人修养上天赐予的爵位,为的是追求俗世认可的爵位;若已经得到俗世认可的爵位,便放弃上天赐予的爵位,真是糊涂透顶了,到头来连俗世认可的爵位也会丢掉的。"

【评鉴】

见下一章的评鉴。

11·17 孟子曰:"欲贵者,人之同心也。人人有贵于己者,弗思耳矣。人之所贵者,非良贵也。赵孟之所贵①,赵孟能贱之。《诗》云:'既醉以酒,既饱以德②。'言饱乎仁义也,所以不愿人之膏粱之味也③;令闻广誉施于身,所以不愿人之文绣也④。"

【注释】

①赵孟:晋国正卿赵盾,字孟,因而其子孙都称之为"赵孟"。
②"既醉"两句:见《诗经·大雅·既醉》。
③所以不愿人之膏粱之味也:愿,羡慕;膏,肥肉;粱,细粮。
④文绣:古时有爵位者所穿着的绣服。

【译文】

孟子说:"希望尊贵,是人同此心的。每个人都固有他可尊贵的东西,只是不去想它罢了。别人当成宝物的,不一定真的是宝物。赵孟当成宝物的,赵孟也能让它轻贱。《诗经》说:'酒已经喝多了,德已经满身了。'说的是既有仁义满身,也就不羡慕别人的肥肉精米了;人所共知的好名声集我一身,也就不羡慕别人的花团锦簇了。"

【评鉴】

这两章说,仁义忠信,好善不疲,是上天赐予的良贵,这些才是真正属于自己的(人性)。古人追求这些,世俗的富贵只是它们的附属品。

今人只晓得追求世俗的富贵,反倒把追求天之良贵当作手段。殊不知这些世俗的富贵并不真正是自己的,让你得到这些的人,也能让你失去这些,这些东西并不可靠。《论语·宪问》:"古之学者为己,今之学者为人。"正是这个意思。

11·18 孟子曰:"仁之胜不仁也,犹水胜火。今之为仁者,犹以一杯水救一车薪之火也;不熄,则谓之水不胜火,此又与于不仁之甚者也,亦终必亡而已矣。"

【译文】

孟子说:"仁胜过不仁,正像水可以扑灭火一样。如今行仁的人,好像用一杯水来扑灭一车木柴的火焰;火焰不熄灭,便说水不能扑灭火,这些人等于又和那很不仁的人为伍了,到头来连他们的那一点点仁都会消亡的。"

【评鉴】

这一章讲拥有的仁义若太少,不能战胜邪恶,反而会被邪恶湮灭;这又从反面证实了,邪恶之人并非没有一点仁义,只是正不胜邪罢了。

11·19 孟子曰:"五谷者,种之美者也;苟为不熟,不如荑稗①。夫仁,亦在乎熟之而已矣。"

【注释】

①荑稗:音 tí bài,即"稊稗";稊,稗类,结实甚小,可以作家畜饲料,古人也用来备凶年。

【译文】

孟子说:"五谷〔的种子〕是种子中的精品,但如果未能成熟,反而不及稊米和稗子。仁,也在于使它成熟罢了。"

【评鉴】

这一章紧接着上一章,讲仁义不成熟,也无济于事;要让仁义多起来,成熟起来,才能"沛然溢乎四海"。

11·20 孟子曰:"羿之教人射,必志于彀①;学者亦必志于彀。大匠诲人必以规矩,学者亦必以规矩。"

【注释】

①彀:音gòu,张满弓。

【译文】

孟子说:"羿教人射箭,一定期望学习射箭的人心志专一于拉满弓。优秀木匠教诲徒弟,一定要教会他们使用圆规和矩尺,学习的人也一定要学会'用圆规和矩尺'。"

【评鉴】

这一章通过学射箭、学木工来强调守规矩的重要,也即应当循序渐进,不应急于求成。

这一部分,除了少数几章,大致可归结为:1.仁义是内在抑或外在的,也即"性善"与否。2.外在环境对本性的影响。3.人应当追求什么,放弃什么。

告子章句下 凡十六章

12·1-1 任人有问屋庐子曰①:"礼与食孰重?"

曰:"礼重。"

"色与礼孰重?"

曰:"礼重。"

曰:"以礼食,则饥而死;不以礼食,则得食,必以礼乎?亲迎②,则不得妻;不亲迎,则得妻,必亲迎乎?"

屋庐子不能对,明日之邹以告孟子③。

【注释】

①任人有问屋庐子曰:任,古国名,故城在今山东济宁;屋庐子,孟子弟子,名连。

②亲迎(yíng):古代婚姻礼仪;新郎亲迎新妇,自诸侯至于老百姓都如此。

③邹:在今山东邹城市东南二十六里,与故任国相距约百里。

【译文】

有个任国人问屋庐子说:"礼和食哪个重要?"

答道:"礼重要。"

"女色和礼哪个重要?"

答道:"礼重要。"

问道:"如果守礼法找吃的,会饿死;不守礼法找吃的,能找到吃的,那一定要守礼法吗?如果行迎亲礼,得不到妻子;不行迎亲礼,能得到妻子,那一定要行迎亲礼吗?"

屋庐子答不上来,第二天去邹国时,把这话告诉了孟子。

12·1-2　孟子曰:"于答是也何有①?不揣其本②,而齐其末,方寸之木可使高于岑楼③。金重于羽者,岂谓一钩金与一舆羽之谓哉④?取食之重者与礼之轻者而比之,奚翅食重⑤?取色之重者与礼之轻者而比之,奚翅色重?往应之曰:'紾兄之臂而夺之食⑥,则得食;不紾,则不得食,则将紾之乎?逾东家墙而搂其处子⑦,则得妻;不搂,则不得妻;则将搂之乎?'"

【注释】

①于(於)答是也何有:赵岐《注》:"於,音乌,叹辞也。"因此一些《孟子》注本将这段话断作:"於(wū)!答是也何有。"(如中华书局《孟子正义》)朱熹《四书章句集注》却说:"於,如字。何有,不难也。"杨伯峻先生《孟子译注》因此断作:"于答是也,何有?"翻译为:"答复这个有什么困难呢?"朱熹的理解是正确的。1.叹词"於"在《孟子》中一般作"恶"。如:"恶!是何言也?"(《公孙丑上》《公孙丑下》)只是在《尚书》中才作"於"。如:"於,鲧哉!"(《尧典》)2.更为重要的是,"答是也何有"前边必须有一介词"于"(於),也即"答是也何有"在那一时代的语言中是不能存在的。"于……何有"是当时语言表示"不难"的一个固定结构。如:"苟正其身矣,于从政乎何有?"(《论语·子路》)。

②揣:音chuǎi,度量高度。

③岑楼:高锐似山的楼。

④一钩金:重当时的三分之一两。

⑤奚翅:何止;"翅"通"啻",止。

⑥紾:音zhěn,扭转。

⑦搂其处子：搂，拉扯。按，"搂"的搂抱义是晚起的，《孟子》成书的时候是不可能用上这一意义的。处子，处女。

【译文】

孟子说："回答这个有什么难呢？如果不度量底部，而只比较它的顶端，那一寸厚的木块〔若放在高处，〕可以让它高于尖角高楼。金子比羽毛重，难道说的是一小块金子和一大车羽毛吗？拿吃的重要方面和礼的细微末节来比较，何止说吃更重要？拿女色的重要方面和礼的细微末节来比较，何止说女色更重要？你回去这样回答他吧：'扭断哥哥的胳膊，去抢夺他的食物，就得到吃的；不去扭断，就得不到吃的，还会去扭断吗？爬过东邻的墙去拉扯处女，能得到老婆；不去拉扯，不能得到老婆，还会去拉扯吗？'"

【评鉴】

这一章提出了比较轻重的原则必须是同等体积的，比较高矮的原则必须站在同一高度。以此类推，比较"礼"与"食"孰轻孰重，不能拿食的重者去比较礼的轻者。孟子提出了科学研究中一个很重要的原则。比如主要证据很少，次要证据很多，后者的可证性也许会超过前者。

12·2　曹交问曰①："人皆可以为尧舜，有诸？"

孟子曰："然。"

"交闻文王十尺，汤九尺，今交九尺四寸以长，食粟而已，如何则可？"

曰："奚有于是？亦为之而已矣。有人于此，力不能胜一匹雏②，则为无力人矣；今曰举百钧，则为有力人矣。然则举乌获之任③，是亦为乌获而已矣。夫人岂以不胜为患哉？弗为耳。徐行后长者谓之弟④，疾行先长者谓之不弟。夫徐行者，岂人所不能哉？所不为也。尧舜之道，孝弟而已矣。子服尧之服，诵尧之言,行尧之行,是尧而已矣。子服桀之服,诵桀之言,行桀之行,是桀而已矣。"

曰:"交得见于邹君,可以假馆,愿留而受业于门。"

曰:"夫道若大路然,岂难知哉? 人病不求耳。子归而求之,有余师。"

【注释】

①曹交:不知何人。

②一匹雏:雏,小鸡;这里"匹"字疑有误,因为那时只有"马三匹"的表达法,没有"三匹马"的表达法,当然也不可能有"一匹雏"。

③乌获:上古的大力士。

④弟:通"悌",弟弟尊敬哥哥。

【译文】

曹交问道:"人人都可以做尧舜,有这说法吗?"

孟子答道:"有的。"

曹交问:"我听说文王十尺高,汤九尺高,如今我有九尺四寸多高,只会吃饭罢了,要怎样做才好呢?"

孟子说:"这不算什么,只要努力去做就行了。比如这里有个人,自认为一只小鸡都提不起来,便是毫无力气的人了;说自己能举起三千斤,便是很有力气的人了。那么,举得起乌获所举重量的,也就是乌获了。一个人怎能以不胜任为忧呢? 只是不去做罢了。慢点儿走,走在长者之后,便叫作'悌';飞步紧走,抢在长者之前,便叫'不悌'。慢点儿走,难道是人做不到的吗? 只是不做罢了。尧舜之道,不过是'孝'和'悌'而已。你穿尧的衣服,说尧的话,做尧所做的事,这就是尧了。你穿桀的衣服,说桀的话,做桀所做的事,这就是桀了。"

曹交说:"我准备去谒见邹君,向他借个地方住,情愿留在您门下学习。"

孟子说:"道就像大路一样,难道难于认清吗? 怕只怕人不去探求罢了。你回去自己探求吧,老师嘛有的是。"

【评鉴】

　　这一章说,想成为尧舜并不难,"尧舜之道,孝弟而已矣。子服尧之服,诵尧之言,行尧之行,是尧而已矣。"类似这样的"人人可以为尧舜"的说法,在《论语》《孟子》中颇不少,读者可留意及之。

　　12·3-1　公孙丑问曰:"高子曰,《小弁》[①],小人之诗也。"

　　孟子曰:"何以言之?"

　　曰:"怨。"

　　曰:"固哉,高叟之为诗也! 有人于此,越人关弓而射之,则己谈笑而道之;无他,疏之也。其兄关弓而射之,则己垂涕泣而道之;无他,戚之也[②]。《小弁》之怨,亲亲也。亲亲,仁也。固矣夫,高叟之为诗也!"

【注释】

　　①《小弁》:《诗经·小雅》中的一篇;弁,音 pán。
　　②戚之:为之悲戚;之,指"其兄关弓而射之"这事。

【译文】

　　公孙丑问道:"高子说,《小弁》是小人写的诗,是吗?"

　　孟子说:"为什么这样说呢?"

　　答道:"幽怨。"

　　孟子说:"太鄙陋了,高老先生的讲诗! 这里有个人,若是越国人张弓射他,事后他可以谈笑风生地讲述这事;没有别的,只是因为越国人和他关系疏远。要是他哥哥张弓射他,事后他会一把鼻涕一把泪地讲述这事;没有别的,为此伤心哪!《小弁》的幽怨,正由于依恋亲人哪! 依恋亲人,就是仁哪! 太鄙陋了吧,高老先生的讲诗!"

12·3-2 曰:"《凯风》何以不怨①?"

曰:"《凯风》,亲之过小者也;《小弁》,亲之过大者也。亲之过大而不怨,是愈疏也;亲之过小而怨,是不可矶也②。愈疏,不孝也;不可矶,亦不孝也。孔子曰:'舜其至孝矣,五十而慕③。'"

【注释】

①《凯风》:见于《诗经·国风·邶风》,是赞美孝子的。

②不可矶:意思是稍微刺激就发大脾气,也即今天常说的"开不起玩笑";矶,音jī,激怒。

③慕:依恋。

【译文】

公孙丑说:"《凯风》为什么不幽怨呢?"

答道:"《凯风》这篇诗,是由于母亲有小过失;《小弁》这一篇诗,却是由于父亲有大过失。父母的过失大,而不抱怨,那是更疏远父母;父母的过错小,却去抱怨,那是这人容易动怒。更疏远父母是不孝,对父母动辄发怒也是不孝。孔子说:'舜是最孝顺的人了,五十岁还依恋父母。'"

【评鉴】

这一章讲孝是发自肺腑的对父母的依恋。儒家的哲理出自于最日常的生活,并通过出乎情、入乎理的方式调理我们的生活。对父母的依恋是"孝"的动力,那么一个真正依恋父母的人会怎么做呢,难道会为了小事和父母发脾气吗?难道父母做了伤天害理的事情还置若罔闻吗?

12·4 宋牼将之楚①,孟子遇于石丘,曰:"先生将何之?"

曰:"吾闻秦楚构兵,我将见楚王说而罢之。楚王不悦,我将见秦王说而罢之。二王我将有所遇焉。"

曰:"轲也请无问其详,愿闻其指②。说之将何如?"

曰:"我将言其不利也。"

曰:"先生之志则大矣,先生之号则不可③。先生以利说秦楚之王,秦楚之王悦于利,以罢三军之师,是三军之士乐罢而悦于利也。为人臣者怀利以事其君,为人子者怀利以事其父,为人弟者怀利以事其兄,是君臣、父子、兄弟终去仁义④,怀利以相接,然而不亡者,未之有也。先生以仁义说秦楚之王,秦楚之王悦于仁义,而罢三军之师,是三军之士乐罢而悦于仁义也。为人臣者怀仁义以事其君,为人子者怀仁义以事其父,为人弟者怀仁义以事其兄,是君臣、父子、兄弟去利,怀仁义以相接也,然而不王者,未之有也。何必曰利?"

【注释】

①宋牼:宋国人,战国著名学者;牼,音 kēng。

②指:意指,意向,略同于"旨",大旨,宗旨。

③号:名号,名义,提法。

④终:至终,最终,最后。

【译文】

宋牼要到楚国去,孟子在石丘碰到了他,孟子问道:"先生准备打哪儿去?"

答道:"我听说秦楚两国交兵,我打算去谒见楚王,劝他罢兵。如果楚王不高兴我的话,我又打算去谒见秦王,劝他罢兵。在两位王中,我总会有所遇合。"

孟子说:"我不想问得太详细,只想知道你讲话的主旨,你将如何进言呢?"

答道:"我打算陈述交战如何不利。"

孟子说:"先生的志向固然很大,先生的主张却不可行。先生用利来向秦王、楚王进言,秦王、楚王因为喜欢有利,才停止军事行动,这就使得三军官兵乐于罢兵,而去喜欢利。做臣属的怀揣着利而服事君主,做儿子的怀揣着利而服事父亲,做弟弟的怀揣着利而服事兄长,这就会使君臣、父子、兄弟之间最终都丢弃仁义,为了利益而打交道;这样而国家不灭亡的,是从没有过的事。如果先生用仁义来向秦王、楚王进言,秦王、楚王因为喜欢仁义而停止军事行动,这就会使三军官兵乐于罢兵,而去喜欢仁义。做臣属的满怀仁义来服事君主,做儿子的满怀仁义来服事父亲,做弟弟的满怀仁义来服事兄长,这就会使君臣、父子、兄弟之间都放弃唯利是图,满怀仁义来打交道;这样的国家不以德政统一天下的,也是从没有的事。为什么定要言必称'利'呢?"

【评鉴】

这一章是《孟子》首章"王何必曰利?亦有仁义而已矣"的重申。

12·5 孟子居邹,季任为任处守①,以币交,受之而不报。处于平陆②,储子为相,以币交,受之而不报。他日,由邹之任,见季子;由平陆之齐,不见储子。屋庐子喜曰:"连得间矣。"问曰:"夫子之任,见季子;之齐,不见储子,为其为相与?"

曰:"非也;《书》曰③:'享多仪④,仪不及物曰不享,惟不役志于享。'为其不成享也。"

屋庐子悦。或问之,屋庐子曰:"季子不得之邹,储子得之平陆。"

【注释】

①季任:任国国君之弟。

②平陆:今山东汶上县。

③"《书》曰"等句:见《尚书·洛诰》。

④享多仪:享见之礼仪节繁多。

【译文】

孟子住在邹国时,季任留守任国,代理国政,送礼物来和孟子交友,孟子接受了,但不回报。孟子住在平陆时,储子做齐国的卿相,也送礼物来和孟子交友,孟子接受了,也不回报。过了些时候,孟子从邹国到任国,拜访了季子;从平陆到齐都,却不去拜访储子。屋庐子高兴地说:"我钻到老师的空子了。"便问道:"老师到任国,拜访季子;到齐都,不拜访储子,是因为储子只是卿相吗?"

答道:"不是;《尚书》说过:'享献之礼仪节很多,如果仪节的隆盛赶不上礼物的丰盛,便等于没有享献,因为他的心意没有用在享献上面。'这是因为他并没有真正完成享献的缘故。"

屋庐子听了很高兴。有人问他,他说:"季子做不到亲身去邹国,储子却能做到亲身去平陆。〔他为什么不亲自送礼去呢?〕"

【评鉴】

这一章讲送礼不在礼品的贵重,而在心意是否到;如心意不到,收礼者不必与送礼者见面道谢。因此,送礼主要是心意的表达(如有些国家的人送礼很轻,一束花,一瓶红酒等),而非礼品自身的商品价值。如果强调后者而忽视前者,就是一种"异化":不是送"礼"而是贿赂了。"焉有君子而可以货取乎?"(《公孙丑下》)

12·6-1 淳于髡曰:"先名实者,为人也;后名实者,自为也①。夫子在三卿之中②,名实未加于上下而去之,仁者固如此乎?"

孟子曰:"居下位,不以贤事不肖者,伯夷也;五就汤,五就桀者,伊尹也;不恶污君,不辞小官者,柳下惠也。三子者不同道,其趋一也。一者何也?曰,仁也。君子亦仁而已矣,何必同?"

曰:"鲁缪公之时,公仪子为政③,子柳、子思为臣④,鲁之削也滋甚;若是乎,贤者之无益于国也!"

【注释】

①名实:名,声誉;实,事功。
②三卿:上卿、亚卿、下卿。
③公仪子:即公仪休,鲁国博士。
④子柳:即泄柳。

【译文】

淳于髡说:"将道德之名和治国惠民之功放在首要地位的,是为了他人;将道德之名和治国惠民之功放在次要地位的,是为了自己。您贵为齐国三卿之一,名誉和功业都还没上达君主下及臣民,您就要离开,仁人原来是这样的吗?"

孟子说:"处在卑贱的地位,不以自己贤人之身服事不肖之人的,有伯夷在;五次去汤那儿,又五次去桀那儿的,有伊尹在;不讨厌污秽的君主,不拒绝卑微的职位,有柳下惠在。三个人的行为虽不相同,但趋向是一致的。这一致是什么呢?应该说,就是仁。君子只要仁就行了,为什么一定要相同呢?"

淳于髡说:"当鲁缪公的时候,公仪子主持国政,泄柳和子思都是臣子,鲁国的削弱却更厉害。贤人对国家的无用,竟是这样的呀!"

12·6-2 曰:"虞不用百里奚而亡,秦穆公用之而霸。不用贤则亡,削何可得与?"

曰:"昔者王豹处于淇①,而河西善讴②;绵驹处于高唐③,而齐右善歌④;华周杞梁之妻善哭其夫而变国俗。有诸内,必形诸外⑤。为其事而无其功者,髡未尝睹之也。是故无贤者也,有则髡必识之。"

曰:"孔子为鲁司寇,不用,从而祭,燔肉不至⑥,不税冕而行⑦。不知者以为为肉也,其知者以为为无礼也。乃孔子则欲以微罪行,不欲为苟去。君子之所为,众人固不识也。"

【注释】

①王豹处于淇:王豹,齐国的歌唱家;淇,音qí,水名,黄河支流,在河南境内。

②河西:指卫国,卫国在黄河西岸。

③緜驹处于高唐:緜驹,即绵驹,春秋时高唐的歌唱家;高唐,故城在今山东禹城市西南。

④齐右:高唐在齐之西部,西在右(以朝南论),所以叫齐右。

⑤有诸内,必形诸外:有之于内,必形之于外;有某个东西在里面,一定会显示出某些征象在外面。诸,"之于"的合音字。

⑥燔肉不至:燔,亦作"膰",音fán,祭肉;古礼,宗庙社稷祭祀,必分赐祭肉与同姓之国以及有关诸人,表示"同福禄"。

⑦不税冕而行:表示匆忙;税,音tuō。

【译文】

孟子说:"虞国不用百里奚,因而灭亡;秦穆公用了他,因而称霸。不用贤人即亡国,即便想要割地求和而苟且偷生,又如何做得到呢?"

淳于髡说:"从前王豹住在淇水之旁,河西的人都会唱歌;緜驹住在高唐之上,齐国西部的人都会唱歌;华周杞梁的妻子痛哭她的丈夫,因而改变了国家风尚。里面有什么,一定会显现于外面。如果从事某项工作,却没看到成绩的,我不曾见过这样的事。所以,要么是没有贤人,如果有贤人,我一定认识他。"

孟子说:"孔子任鲁国司寇,不被重用,跟随着去祭祀,祭肉也不见送来,便匆忙离开。不了解孔子的人以为他是为了祭肉,了解他的人明白他是为了鲁国失礼而离开。至于孔子,却是想要背着个小罪名而走,不想随便离开。君子的所作所为,芸芸众生本来就是弄不清楚的。"

【评鉴】

这一章,孟子面临功业未立而离去的指责和用贤则"鲁之削也滋甚"的风评,指出:1."不用贤则亡"。2."孔子则欲以微罪行,不欲为苟去。君子之所为,众人固不识也。"我的离去,和孔子相仿佛。

12·7-1 孟子曰:"五霸者①,三王之罪人也②;今之诸侯,五霸之罪人也;今之大夫,今之诸侯之罪人也。天子适诸侯曰巡狩,诸侯朝于天子曰述职。春省耕而补不足,秋省敛而助不给。入其疆,土地辟,田野治,养老尊贤,俊杰在位,则有庆③;庆以地。入其疆,土地荒芜,遗老失贤,掊克在位④,则有让⑤。一不朝,则贬其爵;再不朝,则削其地;三不朝,则六师移之⑥。是故天子讨而不伐,诸侯伐而不讨。五霸者,搂诸侯以伐诸侯者也⑦;故曰,五霸者,三王之罪人也。"

【注释】

①五霸:指齐桓公、晋文公、秦穆公、楚庄王、吴王阖闾;或指齐桓公、晋文公、秦穆公、宋襄公、楚庄王。

②三王:夏禹、商汤、周文王与周武王。

③庆:奖赏。

④掊克:搜刮,聚敛;这里指搜刮聚敛之人;掊,音 póu。

⑤让:责备,责罚。

⑥六师:即六军;周制,天子有六军,诸侯三军、二军、一军不等,每军12500人。

⑦搂诸侯:把诸侯牵引到一块儿;搂,牵引,拉扯。

【译文】

孟子说:"五霸,是三王的罪人;现在的诸侯,是五霸的罪人;现在的大夫,又是现在诸侯的罪人。天子巡行诸侯国叫作'巡狩',诸侯朝见天子叫作'述职'。〔天子的巡狩,〕春天考察耕种,补助不足的人;秋天考察收获,周济不够的人。一进到某国的疆界,看到土地已经开辟,田野整治得很好,赡养老人且尊敬贤者,俊杰能臣都有官位,那么就有赏赐;赏赐用土地。如果一进入某国疆界,土地抛荒,老人遭遗弃,贤者不任用,搜刮聚敛之人窃据要津,那么就有责罚。〔诸侯的述职,〕一次不朝,就降低爵位;两次不朝,就削减土地;三次不朝,就把军队派去。所以天子用兵是'讨'而不是'伐',诸侯则是'伐'而不是'讨'。五霸呢,是拉着一部分诸侯来攻伐另一部分诸侯的人;所以我说,五霸呢,是三王的罪人。"

12·7-2 "五霸,桓公为盛。葵丘之会①,诸侯束牲载书而不歃血②。初命曰,诛不孝,无易树子③,无以妾为妻。再命曰,尊贤育才,以彰有德。三命曰,敬老慈幼,无忘宾旅。四命曰,士无世官,官事无摄④,取士必得⑤,无专杀大夫。五命曰,无曲防⑥,无遏籴,无有封而不告⑦。曰,凡我同盟之人,既盟之后,言归于好。今之诸侯皆犯此五禁,故曰,今之诸侯,五霸之罪人也。长君之恶其罪小⑧,逢君之恶其罪大。今之大夫皆逢君之恶,故曰,今之大夫,今之诸侯之罪人也。"

【注释】

①葵丘:地名,春秋时属宋,在今河南兰考县。

②诸侯束牲载书而不歃血:束牲,不杀的牺牲,指束缚之而不杀;载,加以;书,即盟书;歃,音 shà,以口微吸之。

③无易树子:不要改立已经树立的世子;无,毋;易,改易。

④官事无摄:官事不要兼摄,不要一身二任。

⑤得:得贤。

⑥无曲防:防,堤;这里是说宜直其堤防,不要曲其堤防,以邻为壑。

⑦无有封而不告:意思是不要以私恩擅自封赏而不告盟主。

⑧长君之恶:扩大君主的过错。

【译文】

"五霸,齐桓公的事功最为盛大。在葵丘的盟会,捆绑了牺牲,把盟约放在它身上,〔因为相信诸侯不敢负约,〕没有歃血。第一条盟约说,诛责不孝之人,不要废立世子,不要立妾为妻。第二条盟约说,尊贵贤人,养育人才,来表彰有德者。第三条盟约说,恭敬老人,慈爱幼小,不要怠慢贵宾和旅客。第四条盟约说,士人的官职不要世代相传,公家职务不要兼任,录用士子要取贤人,不要独断专行杀戮大夫。第五条盟约说,不要弯曲堤防〔而以邻为壑〕,不要阻遏邻国来采购粮食,不要有所封赏而不报告〔盟主〕。最后说,所有参与盟会的人自订立盟约以后,都恢复旧日的友好。今日的诸侯都违犯了这五条禁令,所以说,今天的诸侯是五霸的罪人。臣下帮助君主干坏事,这罪行还算小;臣下迎合君主干坏事,〔为他寻找理由,使他无所忌惮,〕这罪行可就大了。而今天的大夫,都迎合君主干坏事。所以说,今天的大夫,又是诸侯的罪人。"

【评鉴】

这一章提出"五霸者,三王之罪人也;今之诸侯,五霸之罪人也;今之大夫,今之诸侯之罪人也",并给出了理由。7·14指出为了地盘打仗杀人是非正义的,故"善战者服上刑"。这一章内容与7·14相仿佛。孔孟都是反对打仗动武的,因为刀兵一开,就一定会牺牲大量无辜者,所以孟子说:"杀一不辜,而得天下,皆不为也。"(《公孙丑上》第二章)从这个角度来看,吊民伐罪的战争固然有其正当性,但不打仗自然是更好的,那么尧舜禹就更显得是圣王的顶点,故而此章没有提汤武。五霸开启了刀兵,但是毕竟以战止战,虽远不及三王,但比孟子之时为了争夺地盘而滥用武力的诸侯好太多了。孟子批评诸侯,同时也将那些逢迎、怂恿君主打仗的臣属视为罪人。

12·8 鲁欲使慎子为将军①。孟子曰:"不教民而用之,谓之殃民。殃民者,不容于尧舜之世。一战胜齐,遂有南阳^②,然且不可^③——"

慎子勃然不悦曰:"此则滑厘所不识也。"

曰:"吾明告子:天子之地方千里;不千里,不足以待诸侯。诸侯之地方百里;不百里,不足以守宗庙之典籍^④。周公之封于鲁,为方百里也;地非不足,而俭于百里^⑤。太公之封于齐也,亦为方百里也;地非不足也,而俭于百里。今鲁方百里者五,子以为有王者作,则鲁在所损乎,在所益乎?徒取诸彼以与此,然且仁者不为,况于杀人以求之乎?君子之事君也,务引其君以当道,志于仁而已。"

【注释】

①慎子:善用兵者,名滑厘。

②南阳:即汶阳,在泰山之西南,汶水之北,本属鲁,其后逐渐为齐所侵夺。

③然且不可:即便这样,也是不行的。

④典籍:重要文册。

⑤俭:少。

【译文】

鲁国打算让慎子做将军。孟子说:"不先教导训练百姓便用他们打仗,这叫作祸害老百姓。祸害老百姓的人,在尧舜的时代,是容不下他的。打一次仗便胜了齐国,因而得到了南阳,这样尚且不可以——"

慎子勃然脸色一变,不高兴地说:"这是我所不了解的了。"

孟子说:"我明白地告诉你吧:天子的土地纵横一千里;如果不到一千里,便不足以统领诸侯。诸侯的土地纵横一百里;如果不到一百里,便不足以奉守祖宗所传法度和典籍。周公被封于鲁,是应该纵横一百里的;土地并非不够,但还少于一百里。太公被封于齐,也应该是纵横一百里的;土地并非不够,但还少于一百里。如今鲁国有五个纵横一百里,你以为假如有圣明之王兴起,鲁国的土地会被减少呢?还是会被增加呢?白拿那一国土地来给这一国,仁人尚且不干,何况杀人来求得土地呢?君子的服事君王,务必引导他趋向正路,有志于仁罢了。"

【评鉴】

这一章宗旨与7·14及上一章相仿佛,提出"君子之事君也,务引其君以当道,志于仁而已",警示慎子不要引导鲁君做错事。

12·9　孟子曰:"今之事君者皆曰:'我能为君辟土地,充府库。'今之所谓良臣,古之所谓民贼也。君不乡道①,不志于仁,而求富之,是富桀也。'我能为君约与国②,战必克。'今之所谓良臣,古之所谓民贼也。君不乡道,不志于仁,而求为之强战,是辅桀也。由今之道,无变今之俗,虽与之天下,不能一朝居也。"

【注释】

①乡:通"向",向往。
②约与国:约,把……捆在一起,纠合;与,同类,同盟者。

【译文】

孟子说:"今天服事君主的人都说:'我能够替君主开拓土地,充实府库。'今天的所谓'良臣',正是古代的所谓'民贼'。君主不向往道德,无意于仁,却想让他富足,这等于让夏桀富足。〔又说:〕'我能够替君主纠合同盟国,每战必胜。'今天的所谓'良臣',正是古代的所谓'民贼'。君主不向往道德,无意于仁,却想为他努力作战,这等于辅助夏桀。顺着当今这条路走下去,也不改变当今的风俗习气,即便给他整个天下,他也是一天都坐不安稳的。"

【评鉴】

这一章认为"今之所谓良臣,古之所谓民贼也",因为"君不向道"而臣"富之""辅之",如同"富桀""辅桀",这与上两章一脉相承。可见,臣子的第一要务是引导君主向往仁义,也就是要把整个国家的政治倾向导向正确的方向,而不是迎合君主的喜好。这一章的内容与《论语·先进》的"小子鸣鼓而攻之可也"的意味相同。

12·10 白圭曰[1]:"吾欲二十而取一,何如?"

孟子曰:"子之道,貉道也[2]。万室之国,一人陶,则可乎?"

曰:"不可,器不足用也。"

曰:"夫貉,五谷不生,惟黍生之[3];无城郭、宫室、宗庙、祭祀之礼,无诸侯币帛饔飧[4],无百官有司,故二十取一而足也。今居中国,去人伦,无君子,如之何其可也?陶以寡[5],且不可以为国,况无君子乎?欲轻之于尧舜之道者,大貉小貉也;欲重之于尧舜之道者,大桀小桀也。"

【注释】

①白圭:人名,曾为相于魏,筑堤治水,促进生产,比孟子稍年轻。

②貉:同"貊(mò)",北方某国国名。

③黍:就是古人之所说的"稷",北方叫作"糜子"。

④饔飧:熟食,这里指以饮食招待客人之礼。

⑤陶以寡:做瓦器的因为太少。以,因为;寡,少。

【译文】

白圭说:"我想定税率为二十抽一,怎么样?"

孟子说:"你的办法是貉国的办法。一万户的国家,只有一个人制作瓦器,那做得到吗?"

答道:"做不到,瓦器会不够用的。"

孟子说:"貉国,各种谷类都不生长,只生长糜子;又没有城墙、房屋、祖庙和祭祀的礼节,也没有各国间的互相往来,送礼宴客,也没有各种衙门和官吏,所以二十抽一的税就够了。如今在中国,抛弃人间伦常,没有道德君子,那怎么能行呢?因为做瓦器的太少,尚且国将不国,何况没有道德君子呢?想要比尧舜的十分抽一的税率还轻的,是大貉小貉;想要比尧舜的十分抽一的税率还重的,是大桀小桀。"

【评鉴】

这一章提出,收税远远低于十分之一,将使得文明倒退;收税远远高于十分之一,就如同实行暴政。当然,收了税怎么用,也关乎仁政还是苛政。一般而言,税收高,百姓也享受高福利,这是当今世界的通则。

12·11 白圭曰:"丹之治水也愈于禹。"

孟子曰:"子过矣。禹之治水,水之道也,是故禹以四海为壑;今吾子以邻国为壑。水逆行谓之洚水——洚水者,洪水也——仁人之所恶也。吾子过矣。"

【译文】

白圭说:"我治理水患啊,比大禹还强呢。"

孟子说:"您错了!禹治理水患,是顺着水的路径疏导的,所以禹以四海为蓄水池。如今先生您却以邻国为蓄水池。水逆流而行叫作洚水——洚水就是洪水——是仁人所最厌恶的。先生您错了。"

【评鉴】

这一章说大禹的治水,是"以四海为壑";而"良臣"白圭的治水,不过是"以邻为壑"罢了。以邻为壑,损人利己,又有什么好夸耀的呢?

12·12 孟子曰:"君子不亮[1],恶乎执?"

【注释】

[1]亮:通"谅",信誉。焦循《正义》载何异孙《十一经对问》解作,君

子不讲求小信,因为厌恶固执。此说不可信。首先,"谅"有诚信义。其次,"恶乎"后总是接着动词性的成分,在这一"恶乎动词(宾语)"格式中,"恶"总是读作 wū 的。第三,战国中期,"执"是及物动词,其意义是拿着,或捉拿、拘捕;未见引申出"固执"之例。

【译文】

孟子说:"君子不讲诚信,那秉持什么呢?"

【评鉴】

这一章讲君子离不开诚信。离开了诚信,那君子还是君子吗?

12·13 鲁欲使乐正子为政①。孟子曰:"吾闻之,喜而不寐。"

公孙丑曰:"乐正子强乎?"

曰:"否。"

"有知虑乎?"

曰:"否。"

"多闻识乎?"

曰:"否。"

"然则奚为喜而不寐?"

曰:"其为人也好善②。"

"好善足乎?"

曰:"好善优于天下③,而况鲁国乎?夫苟好善,则四海之内皆将轻千里而来告之以善④,夫苟不好善,则人将曰:'訑訑,予既已知之矣⑤。'訑訑之声音颜色距人于千里之外⑥。士止于千里之外,则谗谄面谀之人至矣。与谗谄面谀之人居,国欲治,可得乎?"

298

【注释】

①乐正子:乐正克,就是孟子在《尽心下》二十五章所说的"善人""信人"。

②好善:爱好善的事物。

③优于天下:"优游于治天下"之意。

④轻千里而来:意思与"不远千里而来"相同。

⑤訑訑,予既已知之矣:訑訑,音 yí yí,感叹词,骄傲自满时发出的声音。赵岐注似乎认为"予既已知之矣"不是"则人将曰"的"人"说的,这样,标点时,这六个字应置于引号外。我们以为不确。因为,1."已知之矣"一般见于较短的对话中或较长对话的首句。如:"子路曰:'不仕无义。长幼之节,不可废也;君臣之义,如之何其废之?欲洁其身,而乱大伦。君子之仕也,行其义也。道之不行,已知之矣。'"(《论语·微子》)"简子曰:'吾举也,为不可知也。今既已知之矣,乃辍围卫也。'"(《说苑·权谋》)"(勃鞮)对曰:'吾以君为已知之矣,故入;犹未知之也,又将出矣……'"(《国语·晋语四》)"公玉丹答曰:'臣以王为已知之矣,王故尚未之知邪?王之所以亡也者,以贤也。天下之王皆不肖,而恶王之贤也,因相与合兵而攻王。此王之所以亡也。'"(《吕氏春秋·季秋纪·审己》)2."既已知之"的"之"所指一般是这句的上文,如将"予既已知之矣"置于引号外,该句"之"的所指则是该句的下文。

⑥距:同"拒",抗拒。

【译文】

鲁国打算叫乐正子治国理政。孟子说:"我听说这事儿,高兴得睡不着。"

公孙丑说:"乐正子坚强有力吗?"

答道:"不。"

"有智慧,有主意吗?"

答道:"不。"

"见多识广吗?"

答道:"不。"

"那你为什么高兴得睡不着呢?"

答道:"他的为人哪,就是喜好仁善。"

"喜好仁善就够了吗?"

答道:"喜好仁善,以此治理天下都绰绰有余,何况仅仅治理鲁国呢?假如喜好仁善,那四方之人都会不顾千里之遥赶来告诉他什么是仁善;假如不喜好仁善,那别人会〔模仿他的话〕说:'呵呵!我早就知道了!'说出'呵呵'的腔调、脸色就会把别人拒绝于千里之外了。士人在千里之外止步不来,那进谗言的、当面奉承的人就会来了。和进谗言的、当面奉承的人厮混在一块,国家想要治理好,做得到吗?"

【评鉴】

这一章讲"好善优于天下"的道理,因为"苟好善,则四海之内皆将轻千里而来告之以善"。这里给我们的启发是,要完成目标,首先得有好心思好动机。尤其是领导人要有好心思好动机,因为你心思纯正动机纯良,自然能用对人,对的人能办对事,领导自身是否博学强干是次要的。另外,也警示我们,当领导不能志得意满,你好像什么都知道了,有能力的人就不必来你跟前做事了,相反,那些逢迎拍马的人倒是找到了买主。

12·14 陈子曰[①]:"古之君子何如则仕?"

孟子曰:"所就三,所去三。迎之致敬以有礼;言,将行其言也,则就之。礼貌未衰[②],言弗行也,则去之。其次,虽未行其言也,迎之致敬以有礼,则就之。礼貌衰,则去之。其下,朝不食,夕不食,饥饿不能出门户,君闻之,曰:'吾大者不能行其道,又不能从其言也,使饥饿于我土地,吾耻之。'周之,亦可受也,免死而已矣。"

【注释】

①陈子:孟子弟子陈臻。

②礼貌:礼遇与容色(面部表情)。

【译文】

陈子说:"古代的君子要怎样才出去做官?"

孟子说:"就职的情况有三种,离职的情况也有三种。礼貌而恭敬地来迎接,他有所建言,就将实行他说的,这样便就职。礼遇容色虽未衰减,但其建言已不实行了,这样便离开。其次,虽然没有实行他的建言,还是礼貌而恭敬地来迎接,也便就职。礼遇容色已经衰减,这样便离开。最下等的是,早上没饭吃,晚上也没饭吃,饿极了连房门也走不出。君主知道了说:'我从大的方面说不能实行他的学说,〔从小的方面说〕又不能听从他的建言,让他饥肠辘辘地待在我国土地上,我引以为耻。'于是周济他,这也可以接受,不过免于一死罢了。"

【评鉴】

这一章讲古之君子要君主如何礼遇他才出仕,共分三等。虽然这里说的是古代君主对待君子的态度,对于现代的领导干部如何尊重知识、尊重人才,还是有些参考作用的。

12·15 孟子曰:"舜发于畎亩之中①,傅说举于版筑之间②,胶鬲举于鱼盐之中③,管夷吾举于士④,孙叔敖举于海⑤,百里奚举于市。故天将降大任于是人也,必先苦其心志,劳其筋骨,饿其体肤,空乏其身行⑥,拂乱其所为,所以动心忍性⑦,曾益其所不能⑧。人恒过,然后能改;困于心,衡于虑⑨,而后作;征于色,发于声,而后喻。入则无法家拂士,出则无敌国外患者⑩,国恒亡。然后知生于忧患而死于安乐也。"

【注释】

①舜发于畎亩之中:舜曾耕于历山,又见《万章上》。

②版筑:古人筑墙,用两版相夹,实土于其中,以杵筑之。

301

③胶鬲举于鱼盐之中:胶鬲见《公孙丑上》第一章。但他"举于鱼盐之中",故事不见于他书。

④管夷吾举于士:管夷吾,即管仲;"士"为狱官之长。

⑤孙叔敖:楚国令尹(宰相)。

⑥空乏其身行:一般断此句为"空乏其身","行"接下文为"行拂乱其所为"。但"身行"屡见《荀子》《晏子春秋》《吕氏春秋》,意义大致接近于"行为"。《吕氏春秋·季春纪》"赐贫穷,振乏绝"高诱注:"行而无资曰'乏',居而无食曰'绝'。"可见"空乏其身行"意谓"使他行事没有资材"。说见白平《杨伯峻〈孟子译注〉商榷》。

⑦忍性:坚忍其性,即使他的性格坚忍不拔。

⑧曾:同"增"。

⑨衡:横,指横塞其虑于胸臆之中。

⑩入则无法家拂士,出则无敌国外患者:入,指国内;出,指国外;拂,通"弼",辅弼。

【译文】

孟子说:"舜在田野之中发达起来,傅说在隔板筑墙时被提拔,胶鬲在打鱼晒盐时被提拔,管夷吾坐牢时被提拔,孙叔敖在海边被提拔,百里奚在市场被提拔。所以,当上天将要把大任务降临某人肩上时,必定要让他的内心痛苦,让他的筋骨疲乏,让他的身体饥饿,让他身无长物一贫如洗,总是干扰他的作为使他事事不如意。用这些来磨砺他的心性,坚韧他的意志,增强他的能力。一个人常犯错误,然后才能改正;心中困苦,思虑阻塞,然后才能崛起;〔这些困苦思虑〕反映在面色上,吐露于倾诉中,才能为他人所理解。〔一个国家,〕内无有法度的大臣和足以辅弼的士人,外无与我抗衡的邻国和外部的忧患,常常容易衰败灭亡。所有这些不难让人知晓,忧愁祸患能够让人生存,而安逸快乐足以导致死亡啊!"

【评鉴】

这一章就是著名的"天将降大任于是人也,必先苦其心志,劳其筋骨,饿其体肤……"这段话,不知激励了古今多少有志之士。《三国演义》第四十七回开篇:"大丈夫处世,不能建功立业,不几与草木同腐乎?"而要建功立业,不下一番苦功夫而轻松摘取桂冠,恐怕只是南柯一梦。

12·16 孟子曰:"教亦多术矣,予不屑之教诲也者,是亦教诲之而已矣。"

【译文】

孟子说:"教育也有多种方式,我不屑于去教诲他,这也算是教诲他呢。"

【评鉴】

这一章说,不屑于教育某人,这态度对某人也算是一种教育。在君子"知耻"的战国时期,这种教育也许能有些实效;而在今天,人们恐怕难以理解了。

这一部分,除了两三章,大致可归结为:1.如何践行仁义礼智孝悌等,包括其中的一些技术性问题。2.抨击"五霸""诸侯""今之大夫",抨击助纣为虐的"良将""良臣"。

尽心章句上 凡四十七章

13·1 孟子曰:"尽其心者,知其性也。知其性,则知天矣。存其心,养其性,所以事天也。夭寿不贰,修身以俟之,所以立命也。"

【译文】

孟子说:"能够费尽心思,并付诸实施于行善,就能了解自己的本性。能了解自己的本性,就能懂得天命。保持自己的本心,培养自己的本性,这是对待天命的方法。无论短命或长寿,自己都一心一意,只管培养身心,等待天命,这是安身立命的方法。"

【评鉴】

这一章传递的信息是,人性要通过内观法了解,也就是反躬自省,向自己的内心世界找寻;人性即是天道,或者说人性至少可以反映天道,所以知性能知天。人心人性在我们今天看来是主观面的东西,而天道是客观面的东西(比如春夏秋冬如何运转),但古人的思维方式没有那么强的主客对立。

要能顺应天道、承接天命,也要从自身下功夫,培养身心。但不是下了功夫天命就一定会到来,所以修养功夫要贯彻始终,等待天命,并以此来立命安身。

13·2 孟子曰:"莫非命也,顺受其正;是故知命者不立乎岩墙之下①。尽其道而死者,正命也;桎梏死者②,非正命也。"

【注释】

①岩墙:即将垮塌的墙。
②桎梏死者:因犯罪坐牢而死的人;桎,脚镣;梏,手铐。

【译文】

孟子说:"没有什么不取决于命运,但顺理而行,接受的便是正命;所以懂得命运的人不站在有倾覆之危的高墙下面。致力于行其正道而死的人,所受的是正命;作奸犯科而死的人,所受的不是正命。"

【评鉴】

这一章是对上一章的补充,讲自己内心世界以外的一切事物都受命运的影响,但人仍应尽可能把握自己能把握的那一部分,去做正确的事情。命固然有顺和不顺,但也应区分正与不正。致力行正道而死的人,接受的才是正命。

13·3 孟子曰:"求则得之,舍则失之,是求有益于得也。求在我者也①。求之有道,得之有命,是求无益于得也,求在外者也。"

【注释】

①求在我者也:这一追求取决于我自己。《孟子译注》译这句为"因为所探求的对象存在于我本身之内",恐为千虑之失。赵岐注"谓修仁行义,事在于我",是正确的。《滕文公上》:"孟子曰:'然,不可以他求者也……是在世子。'然友反命。世子曰:'然。是诚在我。'""是在世子"意为"这个取决于世子","是诚在我"意为"这个确实取决于我"。

【译文】

孟子说:"〔有些东西〕追求,就会得到;放弃,就会失掉,这样的追求,有益于获得,因为追求与否取决于我自己。追求有一定的方式,是否得到却听从命运,这种追求无益于获得,因为求得与否取决于外在的因素。"

【评鉴】

这一章紧接上两章,说求则得之不求不得的东西,追求才是有益的,因追求与否完全取决于自己,人的道德良知就属于这一类。但有些东西是否追求得到,不完全取决于自己,比如功名利禄,这些要听从命运的安排。人活在世上,必须自强不息,追求些什么,这样的生活才有意义;但有些东西追求不到,也不必自怨自艾,甚至一蹶不振。

13·4 孟子曰:"万物皆备于我矣。反身而诚,乐莫大焉。强恕而行①,求仁莫近焉。"

【注释】

①恕:《论语·颜渊》的"己所不欲,勿施于人"能够很好地解释什么叫作"恕"。

【译文】

孟子说:"天下万物的至理具备于我一身。反躬自问,自己是正心诚意的,便没有比这更大的快乐了。不懈地按照推己及人之道去做,达到仁德的道路没有比这更直捷的了。"

【评鉴】

"万物皆备于我"乃一名言,与"尽心—知性—知天"的内容相仿佛。这一章意在强调"诚""恕"的重要,只有正心诚意,才能掌握万物之理,而不被食色之性、口腹之欲带偏;宽容又有所坚持,才能把自己的仁德推扩到他人身上。

13·5 孟子曰:"行之而不著焉,习矣而不察焉,终身由之而不知其道者,众也①。"

【注释】

①"行之"诸句:可参考《论语·泰伯》:"民可使由之,不可使知之。"这两句话不是说"要让"民"由之","不要让"民"知之",而是说民的能力(或习性)"只能""使由之"而"不能""使知之"。这固然是"瞧不起"民众的,但却不是想要实行"愚民政策"。这是因为当时语言的"可"和现代汉语的"可"不一样:它表客观可能,不表主观意愿。

【译文】

孟子说:"每天都在做着,其中蕴含的道理却不明白;习惯了的东西却不察知其所以然;一生都在这条路上走着,却不了解这是条什么路的,是芸芸众生啊。"

【评鉴】

《论语·泰伯》"民可使由之,不可使知之"和这一章意义类似。其中"不可"是"做不到""难以做到"的意思。这一章则使得"不可使知之"形象化了。

13·6 孟子曰:"人不可以无耻,无耻之耻,无耻矣。"

【译文】

孟子说:"人不能没有羞耻心,不知羞耻的那份羞耻,真是无耻至极了。"

【评鉴】

这一章是"知耻而后勇"的意思。

13·7 孟子曰:"耻之于人大矣。为机变之巧者①,无所用耻焉。不耻不若人,何若人有②?"

【注释】

①机变:巧诈、诈术。

②何若人有:即"何'若人'之有",怎么会有"若人"的机会呢?此从邵永海先生说,见邵著《读古人书之〈孟子〉》。

【译文】

孟子说:"羞耻对于人关系重大。精于算计老于权谋者,羞耻对他是用不上的。不以赶不上别人为羞耻的人,又哪里会有赶上别人的机会呢?"

【评鉴】

这一章讲羞耻心的重要性,羞耻心驱使人向好的方面发展,从而摆脱耻辱。然而,孟子也发现,对于那些"精致的利己主义者",羞耻之心他是用不上的。

13·8 孟子曰:"古之贤王好善而忘势;古之贤士何独不然?乐其道而忘人之势,故王公不致敬尽礼,则不得亟见之。见且由不得亟,而况得而臣之乎?"

【译文】

孟子说:"古代的贤君追求嘉言懿行,而忘却了自己的权势;古代的贤士何尝不是这样呢?乐于走自己的正道,而忘却了他人的权势;所以天子诸侯不对他恭敬有加礼数用尽,就不能够多次和他相见。相见的次数尚且不能太多,何况要他作为臣下呢?"

【评鉴】

这一章一是讲古代贤君贤臣对权势不屑一顾,二是讲对权势无所用心无所顾忌的贤人,是不屑于臣服天子诸侯的。这也从侧面解释了为什么一到世道混乱的时候,隐士就多了起来,即使主张积极有为的孔子也说"邦无道则隐";而一到拨乱反正的时候,就首先要"举逸民"。

13·9 孟子谓宋勾践曰①:"子好游乎②?吾语子游。人知之,亦嚣嚣③;人不知,亦嚣嚣。"

曰:"何如斯可以嚣嚣矣?"

曰:"尊德乐义,则可以嚣嚣矣。故士穷不失义,达不离道。穷不失义,故士得己焉④;达不离道,故民不失望焉。古之人,得志,泽加于民;不得志,修身见于世。穷则独善其身,达则兼善天下。"

【注释】

①宋勾践:其人不可考。
②游:游历。
③嚣嚣:无欲而自得其乐的样子。
④得己:就是"自得"。

【译文】

孟子对宋勾践说:"你喜欢游历各国吗?我告诉你如何游历求仕吧。别人理解我,我也悠然自得;别人不理解我,我也悠然自得。"

宋勾践说:"要怎样才能悠然自得呢?"

答道:"崇尚德,乐于义,就可以悠然自得了。所以,士人穷愁潦倒时,不失掉正义,飞黄腾达时,不背离正道。不得志时不失掉正义,所以能够葆有善的本性;得志之时不离开正道,所以百姓不致丧失希望。古代的人,得志,恩泽普施于百姓;不得志,修养个人品德而表现于世间。不得志时,便独善其身;得志之时,便兼善天下。"

【评鉴】

这一章讲人若崇德尚义,就能悠然自得,不会患得患失。"穷则独善其身,达则兼善天下"的名言,是历代贤人的信条。

13·10 孟子曰:"待文王而后兴者[1],凡民也。若夫豪杰之士,虽无文王犹兴。"

【注释】

[1]兴:感动奋发。

【译文】

孟子说:"一定要等文王出来而后兴起的,是芸芸众生。至于豪杰之士,即使没有文王,也能兴起。"

【评鉴】

这一章讲豪杰之士,无须等待大人物提携教导,自己也能兴起于世。

13·11 孟子曰:"附之以韩魏之家[1],如其自视欿然[2],则过人远矣。"

【注释】

[1]附之以韩魏之家:附,增强;韩魏之家,春秋时晋国的韩、魏两家大臣。

[2]欿然:谦虚的样子;欿,音 kǎn。

【译文】

孟子说:"用韩、魏两家的财富来增强他,如果他仍然谦虚随和,那他就远远超过一般人了。"

【评鉴】

这一章讲富而不骄的人有过人之处,和本篇第二十八章"柳下惠不以三公易其介"意义相通。

13·12 孟子曰:"以佚道使民,虽劳不怨。以生道杀民,虽死不怨杀者。"

【译文】

孟子说:"为使百姓活得好而役使他们,百姓虽然疲劳,但不怨恨。在为百姓求活路的过程中,一些百姓可能失去生命,他们这样死去,不会怨恨〔为他们求活路而〕使他们可能失去生命的人。"

【评鉴】

这一章讲与民休息、为民谋活路的统治者能赢得民心。《孟子》中讲这一道理之处比比皆是,读者可留意及之。这与《论语·尧曰》中"惠而不费,劳而不怨"意义相通。

13·13 孟子曰:"霸者之民欢虞如也①,王者之民皞皞如也②。杀之而不怨,利之而不庸③,民日迁善而不知为之者。夫君子所过者化④,所存者神,上下与天地同流,岂曰小补之哉?"

【注释】

①欢虞:欢娱。
②皞皞:光明坦荡的样子。
③庸:酬谢。
④君子:此处指君王和圣人。

【译文】

孟子说:"霸主的百姓欢欣鼓舞,圣王的百姓光明坦荡。百姓要被杀了,也不怨恨;给了他好处,也不觉得应该酬谢;天天向好的方面发展,也不知道谁使他这样。圣人经过之处,人们潜移默化;驻足之处,春风化雨,有如神助;上与天、下与地同时运转,难道说只是小小的补益吗?"

311

【评鉴】

　　这一章描述圣人治下百姓因潜移默化而日益趋善。从这里我们可以得到启发,是否人人向善,是太平盛世的指标之一。人心险恶、道德沦丧的社会,显然不是"盛世"。

　　13·14　孟子曰:"仁言不如仁声之入人深也,善政不如善教之得民也。善政,民畏之;善教,民爱之。善政得民财,善教得民心。"

【译文】

　　孟子说:"仁德的言语赶不上仁德的音乐沁人心脾,良好的政治赶不上良好的教育深得民心。良好的政治,百姓敬畏它;良好的教育,百姓热爱它。良好的政治得到百姓的财富,良好的教育赢得百姓的内心。"

【评鉴】

　　这一章强调仁声善教之深入人心。好的政治,需要辅以好的教育;而好的教育,显然有赖于民众喜闻乐见的传播形式来展开。

　　13·15　孟子曰:"人之所不学而能者,其良能也;所不虑而知者,其良知也[1]。孩提之童,无不知爱其亲者[2];及其长也,无不知敬其兄也。亲亲,仁也;敬长,义也;无他,达之天下也。"

【注释】

　　[1]良能、良知:良,强烈的。
　　[2]孩提之童:孩,小儿笑声;提,怀抱。孩提之童,指嘿嘿笑着要父母抱着的一两岁小孩;按中国一贯流行的虚岁,则是两三岁。

【译文】

　　孟子说:"人不必学习便能做到的,是与生俱来的强烈的本能;不必思考便会知道的,是与生俱来的强烈的悟性。两三岁的小儿没有不知道爱他父母的;等到他长大,没有不知道敬爱兄长的。亲爱父母是仁,敬爱兄长是义,推行仁义没有别的办法,只是把对父母兄长的爱和敬扩展到天下人。"

【评鉴】

这一章指出良知良能发自本性,扩展之,就是践行仁义。

13·16 孟子曰:"舜之居深山之中,与木石居,与鹿豕游,其所以异于深山之野人者几希;及其闻一善言,见一善行,若决江河,沛然莫之能御也。"

【译文】

孟子说:"舜住在深山的时候,和木、石为伴,与鹿、猪同游,跟深山中野老村夫不同的地方极少;等到他听到一句好的言语,看到一桩好的行为,〔便采用推行,〕这种力量,好像江河决了口,汹涌澎湃,谁也阻挡不了。"

【评鉴】

这一章回顾大舜居深山时并无异于常人,而当他向善而行的时候,却是那样一往无前,这是因为他心中向善的力量强大啊!圣人与常人不同之处看似并不多,他们也没有三头六臂,只是他们善养自己的善性,因此向善的力量强大。

人固然不可貌相,杰出人士未脱颖而出时,往往与常人无异;当他脱颖而出时,有些人总是说,我认识他,他也并没有什么了不起,不过走狗屎运罢了……这些人脑袋里有他自己塑造的迥异于常人的"杰出人士",而面对真正的杰出人士时却因为他们与自己看似相差无几,而不愿意承认他们的优秀。

13·17 孟子曰:"无为其所不为,无欲其所不欲,如此而已矣。"

【译文】

孟子说:"别去做自己不想做的,别去想自己不想要的,这样就行了。"

【评鉴】

这一章讲不愿做的不做,不想要的不要。这就是本性和率真,在当代社会,要不戴面具做到这一点,真的很不容易。

13·18 孟子曰:"人之有德慧术知者①,恒存乎疢疾②。独孤臣孽子③,其操心也危④,其虑患也深,故达⑤。"

【注释】

①德慧术知:德行、智慧、道术、才智。
②疢:音 chèn,灾患。
③孽子:非嫡妻之子叫作庶子,也叫孽子,地位卑贱。
④危:不安。
⑤达:达于事理。

【译文】

孟子说:"人们变得有道德、智慧、本领、知识,总是在他久遭病痛折磨之时。只有孤立之臣、庶孽之子,他们时常警醒自己,深深地担忧祸患,所以才能事事通达。"

【评鉴】

这一章指出孤臣孽子常警醒、常遭受磨砺,才能事事通达。这启示我们,要想大有作为,必须时刻提醒自己,必须常处于艰难境地。

13·19 孟子曰:"有事君人者,事是君则为容悦者也;有安社稷臣者①,以安社稷为悦者也;有天民者②,达可行于天下而后行之者也；有大人者③，正己而物正者也。"

【注释】

①安社稷臣：大约就是《论语·季氏》的"社稷之臣"，即某国安危所倚重的重臣。《晏子春秋·内篇杂上》："晏子侍于景公，朝寒，公曰：'请进暖食。'晏子对曰：'婴非君奉馈之臣也，敢辞。'公曰：'请进服裘。'对曰：'婴非君茵席之臣也，敢辞。'公曰：'然夫子之于寡人何为者也？'对曰：'婴，社稷之臣也。'公曰：'何谓社稷之臣？'对曰：'夫社稷之臣，能立社稷，别上下之义，使当其理；制百官之序，使得其宜；作为辞令，可分布于四方。'"

②天民：本章的"天民"，指"熟知天道之人"。见于《万章上》第七章、《万章下》第一章的"天民"，我们则译为"百姓"。

③大人：高于"事君人者""安社稷臣者""天民者"的杰出卿大夫，或能"王天下"的诸侯。

【译文】

孟子说："有侍奉君主的人，就是侍奉某一君主，就曲意逢迎的人；有安定国家之臣，就是以安定国家为乐的人；有天民，就是他的学说方略能通达于天下时，便去实行的人；有大人，那是端正了自己，万事万物也随之端正了的人。"

【评鉴】

这一章讲述臣子的才能品行有高下之分。显然，一个希望有所作为者，必须立下成为"安社稷者""天民"和"大人"的志向。

13·20 孟子曰："君子有三乐，而王天下不与存焉①。父母俱存，兄弟无故②，一乐也；仰不愧于天，俯不怍于人③，二乐也；得天下英才而教育之，三乐也。君子有三乐，而王天下不与存焉。"

【注释】

①不与存焉:不参与这一存在,不算在这之内;与,音 yù,参与;焉,于此,此,指三乐。
②故:事故,灾患。
③怍:音 zuò,惭愧。

【译文】

孟子说:"君子有三件乐事,以仁德一统天下还没算进来。父母都健在,兄弟无灾殃,是第一件乐事;抬头不愧于天,低头不愧于人,是第二件乐事;得到天下优秀人才而教导他们培育他们,是第三件乐事。君子有三件乐事,以仁德一统天下还不包括在其中。"

【评鉴】

这一章说"君子三乐"除了以仁德统一天下之外,乃是"父母俱存,兄弟无故""仰不愧于天,俯不怍于人""得天下英才而教育之"。

13·21 孟子曰:"广土众民,君子欲之,所乐不存焉;中天下而立,定四海之民,君子乐之,所性不存焉。君子所性,虽大行不加焉,虽穷居不损焉,分定故也。君子所性,仁义礼智根于心,其生色也睟然①,见于面,盎于背②,施于四体③,四体不言而喻。"

【注释】

①睟然:清和润泽的样子;睟,音 cuì。
②盎:音 àng,显现。
③施:延及。

【译文】

孟子说:"广袤的土地,众多的人民,是君子希望拥有的,但不是他的乐趣所在；屹立于天下的中央，安定那四海的百姓，君子以此为乐，但不是他的理想所在。君子的本性，即便理想贯彻于天下，也并不会膨胀；即便艰难困苦地活着，也并不会减少。这是因为本分已定。君子的本性，仁义礼智根植于他心中，而表现在外的是和气安详；它表现在颜面，反映于肩背，延伸到手足四肢；手足四肢虽不说话，别人也一目了然。"

【评鉴】

这一章说，君子所乐并非广土众民，因为广土众民只是实现理想的手段，所以君子想要广土众民，但并不以得到它为乐。"中天而立，抚有四海"是理想成就的高峰，可得一乐，但终归是外在的荣耀，不是人性的内容。人性的快乐是仁义礼智植根心中而悠然自得其乐，这便是理义之乐，是修养自身道德的快乐，是谁也夺不走的。本章应和上一章共读，上一章说："君子有三乐，而王天下不与存焉。"本章则说："中天下而立，定四海之民，君子乐之。"则君子所乐有四。上一章细数君子除"王天下"一乐之外的三乐，这一章则强调君子的本性是什么。

13·22 孟子曰："伯夷辟纣，居北海之滨，闻文王作兴，曰：'盍归乎来，吾闻西伯善养老者。'太公辟纣，居东海之滨，闻文王作兴，曰：'盍归乎来，吾闻西伯善养老者。'天下有善养老，则仁人以为己归矣。五亩之宅，树墙下以桑，匹妇蚕之，则老者足以衣帛矣。五母鸡，二母彘，无失其时，老者足以无失肉矣。百亩之田，匹夫耕之，八口之家足以无饥矣。所谓西伯善养老者，制其田里，教之树畜，导其妻子使养其老。五十非帛不暖，七十非肉不饱，不暖不饱，谓之冻馁。文王之民无冻馁之老者，此之谓也。"

【译文】

孟子说："伯夷躲避纣王，住到北海海滨，听说文王兴起来了，便说：

'何不归向西伯呢？我听说他是善于赡养老者的人。'姜太公躲避纣王，住到东海海边，听说文王兴起来了，便说：'何不归向西伯呢！我听说他是善于赡养老者的人。'天下有善于赡养老者的人，那仁人便把他那儿作为自己的归宿了。五亩地的宅院，在墙下栽植桑树，妇女养蚕缫丝，老年人足以有丝棉穿了。五只母鸡，两只母猪，不要丧失它们繁殖的时机，老年人足以有肉吃了。百亩的土地，男子去耕种，八口之家足以吃饱了。所谓西伯善于赡养老者，是指他制定了土地制度，教育人民栽种畜牧，引导他们的妻子儿女去奉养自己家的老人。五十岁，没有丝棉衣穿便不暖和；七十岁，没有肉吃便感到饥饿。穿不暖，吃不饱，叫作挨冻受饿。文王的百姓中没有挨冻受饿的老人，就是这个意思。"

【评鉴】

这一章文字和7·13略同，讲行仁政不但须善待年长的贤人，也须善待一般的年长者。善待所有年长者，他们的子弟也会为我所用。

13·23 孟子曰："易其田畴①，薄其税敛，民可使富也。食之以时，用之以礼，财不可胜用也。民非水火不生活，昏暮叩人之门户求水火，无弗与者，至足矣。圣人治天下，使有菽粟如水火②。菽粟如水火，而民焉有不仁者乎？"

【注释】

①易其田畴：易，治；田畴，田地；畴，音chóu，已耕之田。
②菽：音shū，豆类的总称。

【译文】

孟子说："精耕细作，减轻税收，可以使百姓富足。取食于百姓有一定时候，依礼消费，财物是用不尽的。百姓没有水和火便活不下去，黄昏夜晚敲别人的门房来求水火，没有不给予的，是因为水火不是稀罕物。圣人治理天下，要使百姓的粮食多得就像水和火。粮食就像水火那样多了,百姓哪有不仁爱的呢?"

【评鉴】

这一章讲述"以粮为纲"的道理,提出要使粮食多得如同水火。这可视为后世君子通过"造产"也即"实业救国"来富民救国的滥觞。

13·24　孟子曰:"孔子登东山而小鲁①,登泰山而小天下,故观于海者难为水,游于圣人之门者难为言。观水有术,必观其澜。日月有明,容光必照焉②。流水之为物也,不盈科不行;君子之志于道也,不成章不达③。"

【注释】

①东山:即蒙山,在今山东蒙阴县南。
②容光:小缝隙。
③不成章不达:成章,事物达到一定的阶段,具有一定的规模;不达,不达目的。

【译文】

孟子说:"孔子登上东山之巅,便觉得鲁国渺小;登上泰山之巅,便觉得天下渺小;所以观赏过大海波澜壮阔的人,别的水波他便不屑一顾了;在圣人门下涵咏过浸染过的人,别的议论他便不屑一听了。观看水波有讲究,一定要看它汹涌澎湃的潮头。太阳月亮的光辉,一点小缝隙都不放过。水流的特点是,不把沟沟坎坎灌满,不再向前流;有志于道的君子,不成就一番事业,也就不会通达。"

【评鉴】

这一章中说出了著名的"孔子登东山而小鲁,登泰山而小天下",讲述曾经沧海难为水,曾亲炙于圣人之门者不轻易听信别人的议论这一道理。这启示我们,要想心中明白不易上当受骗,就应当多多学习,并求学于学问渊博的老师。

13·25 孟子曰:"闻鸡而起,孳孳为善者,舜之徒也;闻鸡而起,孳孳为利者,跖之徒也。欲知舜与跖之分,无他,利与善之间也①。"

【注释】

①利与善之间:利和善的中间;这是比喻的说法,在利和善的中间地带,即面临着对利和善的抉择。《孟子译注》说:"(间)音谏(jiàn)。《论语·先进》云:'人不间于其父母昆弟之言。'朱熹《孟子集注》以'异'字解之;异,不同也。"按,朱说不妥。"人不间于其父母昆弟之言"和"利与善之间"两"间"字所处的语法位置完全不同,不能以此例彼。《孟子》成书年代的语言中,"名词+名词+之间"是个常见结构,不烦枚举。"利""善"因为都是抽象名词,所以用了个连词"与"来连接;类似的如:"子罕言利与命与仁。"(《论语·子罕》)

【译文】

孟子说:"鸡一叫就起床,孜孜不倦行善的人,是舜一类人物;鸡一叫就起床,孜孜不倦求利的人,是跖一类的人。要想知道舜和跖的区别何在,不用到别处去找,它就在'利'和'善'的中间。"

【评鉴】

这一章讲好人坏人之分,无非看他追求义还是追求利。追求善的最大化的并能实践而且成功的,是大善人;追求自己利益最大化无所不用其极缺失底线的,是大恶人。

13·26 孟子曰:"杨子取为我①,拔一毛而利天下,不为也。墨子兼爱,摩顶放踵利天下②,为之。子莫执中③。执中为近之。执中无权,犹执一也。所恶执一者,为其贼道也,举一而废百也。"

【注释】

①杨子取为我:杨子,杨朱;取,采取(……的主张)。

②摩顶放(fàng)踵:赵岐《注》:"摩秃其顶,下至于踵。"放,同《梁惠王下》"放于琅邪"的"放"。

③子莫:有学者认为是《说苑·修文》的颛孙子莫。

【译文】

孟子说:"杨子主张为自己,拔一根汗毛而有利于天下,都不肯干。墨子主张兼爱,从摸秃头顶开始,一直摸到脚后跟,〔弄得全身上下没有一根毛,〕只要对天下有利,一切都干。子莫就主张中道。主张中道其实差不多对了。但是主张中道如果不知权变,便是拘执于一点。为什么厌恶拘执于一点呢?因为它有损于仁义之道,只是举其一点不及其余了。"

【评鉴】

这一章讲主张追求中道是对的,但不能拘执于一点;拘执于一点,便会损害仁义。这是我们见到的对教条主义即"本本主义"的较早的批判。当然,这里对于杨子和墨子的评述未必是中肯的。

13·27 孟子曰:"饥者甘食,渴者甘饮,是未得饮食之正也,饥渴害之也。岂惟口腹有饥渴之害?人心亦皆有害。人能无以饥渴之害为心害,则不及人不为忧矣。"

【译文】

孟子说:"肚子饿的人什么食物都觉着好吃,干渴的人任何饮料都觉着甘甜。这样是不能品尝到饮料食品正常滋味的——饥渴损害了他的味觉。难道只有口舌肚皮有饥渴的损害吗?人心也有这种损害。如果人们能够〔经常培养心志,〕不使人心遭受口舌肚皮那样的饥渴,那比不

321

上别人优秀的忧虑就会没有了。"

【评鉴】

这一章讲述人在不正常状态容易产生极端思想。如何避免极端思想,就是要通过心智的日常培养,避免这一不正常状态的产生。个人是这样,国家民族也是这样。

13·28　孟子曰:"柳下惠不以三公易其介①。"

【注释】

①介:耿介,有操守,不趋时。

【译文】

孟子说:"柳下惠不因为有大官做便改变他的操守。"

【评鉴】

这一章讲柳下惠不因为有大官做便改变他的操守。鲁迅诗云:"一阔脸就变。"如何能像柳下惠那样做了大官仍坚持操守,看来也是个古今永恒的话题。

13·29　孟子曰:"有为者辟若掘井,掘井九轫而不及泉①,犹为弃井也。"

【注释】

①轫:通"仞"(rèn),七尺为一仞。

【译文】

孟子说:"要有所作为譬如掘井,掘到六七丈深还不见泉水,〔若半途而废,〕就等于挖了一眼废井。"

【评鉴】

这一章讲有为者贵在持之以恒。也就是《论语·子罕》的"譬如平地,虽覆一篑,进,吾往也";也就是《公孙丑上》的"虽千万人,吾往矣";也就是《荀子·劝学》的"锲而不舍,金石可镂"。

13·30 孟子曰:"尧舜,性之也;汤武,身之也;五霸,假之也。久假而不归,恶知其非有也。"

【译文】

孟子说:"尧、舜的爱好仁德,是出于天然本性;商汤和周武王是身体力行;五霸是借来运用,以此匡正诸侯。但是,久借不还,又怎知他不会最终拥有呢?"

【评鉴】

这一章讲爱好仁德,有的君主出自天性,有的是为了实现某一正确的政治主张,有的则纯属作为招牌一用。但即使是后者,长期浸染,也可能最终拥有。也即,是否拥有仁德,不在乎说,而在乎做。

13·31 公孙丑曰:"伊尹曰:'予不狎于不顺,放太甲于桐,民大悦。太甲贤,又反之,民大悦。'贤者之为人臣也,其君不贤,则固可放与?"

孟子曰:"有伊尹之志,则可;无伊尹之志,则篡也。"

【译文】

公孙丑说:"伊尹说:'我不亲近违背义礼的人。便把太甲放逐到桐邑,百姓大为高兴。太甲变好了,又让他回来〔复位〕,百姓也大为高兴。'贤人作为臣属,君王不好,本来就可以放逐他吗?"

孟子说:"是伊尹那样的想法,就可以;不是伊尹那样的想法,就是篡夺了。"

【评鉴】

　　这一章讲只有伊尹那样的贤人，才能出于公心放逐君主。因为从后世看，这样做要甘冒身败名裂的危险，不出于大公之心不能为之。白居易诗："周公恐惧流言日，王莽谦恭未篡时。向使当初身便死，一生真伪复谁知？"

　　13·32　公孙丑曰："《诗》曰，'不素餐兮①。'君子之不耕而食，何也？"

　　孟子曰："君子居是国也，其君用之，则安富尊荣；其子弟从之，则孝悌忠信。'不素餐兮'，孰大于是？"

【注释】

　　①不素餐兮：见《诗经·魏风·伐檀》。

【译文】

　　公孙丑说："《诗经》说，'不白吃饭哪。'可是君子不种庄稼，也来吃饭，为什么呢？"

　　孟子说："君子居住在一个国家，君王用他，就会平安、富足、尊贵而有名誉；少年子弟信从他，就会孝父母、敬兄长、忠心而且信实。你说'不白吃饭哪'，〔我请问，〕贡献还有比这更大的吗？"

【评鉴】

　　这一章讲出仕而推行仁政，贡献极大，并非白吃饭。《孟子》中有许多这样的讨论。直到当代，管理是不是劳动，仍然还在讨论。由此可见这一章的意义。

　　13·33　王子垫问曰①："士何事？"

孟子曰:"尚志②。"

曰:"何谓尚志?"

曰:"仁义而已矣。杀一无罪非仁也,非其有而取之非义也。居恶在?仁是也;路恶在?义是也。居仁由义,大人之事备矣。"

【注释】

①王子垫:齐国王子,名垫。

②尚志:使想法高尚,使所想的高尚;志,想法。

【译文】

王子垫问道:"士应当做什么?"

孟子答道:"要使自己所想的高尚。"

问道:"什么叫作使自己所想的高尚?"

答道:"时刻想着仁和义而已。杀一个无罪的人,是不仁;不是自己所有,却拿了过来,是不义。住在哪里?仁就是;路在何方?义就是。住在仁的屋宇里,走在义的大路上,伟人的事业便齐备了。"

【评鉴】

这一章讲只有居仁由义,才能成为伟人。12·2中说"子服尧之服,诵尧之言,行尧之行,是尧而已矣"。"行尧之行"就是"居仁由义"。

13·34 孟子曰:"仲子①,不义与之齐国而弗受,人皆信之,是舍箪食豆羹之义也。人莫大焉亡亲戚君臣上下②。以其小者信其大者,奚可哉?"

【注释】

①仲子:即《滕文公下》第十章的陈仲子。

②人莫大焉亡亲戚君臣上下:即"亡亲戚君臣上下,人莫大焉";无

亲戚君臣上下,人之罪过莫大于此。

【译文】

孟子说:"陈仲子,不义而把齐国交给他,他都不会接受,别人都相信他。〔但是,〕他那种义也只是舍弃一筐饭一盘肉的义。人的罪过没有比不要父兄君臣尊卑还大的。因为他有小节操,便相信他的大节操,怎样可以呢?"

【评鉴】

这一章讲陈仲子的作为是放弃大义而追求小的操守。孔子、孟子认可的大义就是出仕推行自己的主张,他们认为隐居者是"欲洁其身而乱大伦"(《论语·微子》)。

13·35 桃应问曰[①]:"舜为天子,皋陶为士,瞽瞍杀人,则如之何?"

孟子曰:"执之而已矣。"

"然则舜不禁与?"

曰:"夫舜恶得而禁之?夫有所受之也。"

"然则舜如之何?"

曰:"舜视弃天下犹弃敝蹝也[②]。窃负而逃,遵海滨而处,终身䜣然[③],乐而忘天下。"

【注释】

①桃应:孟子弟子。
②蹝:音 xǐ,亦作"屣",没有脚跟的鞋子,类似现在的拖鞋。
③䜣:同"欣"。

【译文】

桃应问道:"舜做天子,皋陶做法官,如果瞽瞍杀了人,那怎么办?"

孟子答道:"把他逮捕起来罢了。"

"那么,舜不阻止吗?"

答道:"舜凭什么去阻止呢?皋陶那样做是有所依据的。"

"那么,舜该怎么办呢?"

答道:"舜把丢掉天子之位看作丢掉破拖鞋一般。偷偷地背着父亲而逃走,傍着海边住下来,一辈子逍遥快乐,忘记了他曾经君临天下。"

【评鉴】

　　这一章就是著名的"瞽瞍杀人"典故的出处了。"瞽瞍杀人"并不是历史叙述,而是为了讨论道德问题而设计出的道德情境。所谓道德情境,就是假定一个简单的情节(为了讨论的便利,排除复杂的干扰因素),然后根据这个情节来做道德判断。

　　"舜为天子,瞽瞍杀人"是一个典型的道德两难,同一系统内的两条道德原则在一个具体的情境中发生冲突了,该怎么办呢?孟子认为舜既不能利用天子职权阻止法官执法,也不能放任自己的父亲被杀,那么他只能抛弃天子之位(不在其位不谋其政),背负瞽瞍沿海滨逃匿。

　　这一问题目前仍争论不休,也即父母或子女遭遇到子女或父母犯罪,是包庇呢,还是举报?孔子的回答是"父为子隐,子为父隐"(《论语·子路》)。可见,对这一问题,孟子的态度是与孔子一致的。

13·36　孟子自范之齐[1],望见齐王之子,喟然叹曰:"居移气,养移体,大哉居乎!夫非尽人之子与[2]?"

【注释】

　　[1]自范之齐:范,地名,故城在今河南范县东南二十里,是从梁(魏)到齐的要道。

　　[2]夫:彼,那人。

【译文】

　　孟子从范邑到齐都,远远望见了齐王的儿子,长叹一声说:"环境改变气度,营养改变身体,环境真是重要哇!那人不也是人的儿子吗?〔为什么就显得特别不同了呢?〕"

【评鉴】

见本篇第三十七章的评鉴。

13·37 孟子曰:"王子宫室、车马、衣服多与人同,而王子若彼者,其居使之然也,况居天下之广居者乎①?鲁君之宋,呼于垤泽之门②。守者曰:'此非吾君也,何其声之似我君也?'此无他,居相似也。"

【注释】

①广居:指仁,见《滕文公下》第二章。
②垤泽之门:宋东城南门;垤,音 dié。

【译文】

孟子说:"王子的住所、车马和衣服多半和别人相同,为什么王子却像那样呢?是因为他的居住环境使他这样的;更何况是住在'仁'的广厦中的人呢?鲁君到宋国去,在宋国的东南城门下呼喊,守门的说:'这不是我的君主哇,为什么他的声音像我们的君主呢?'这没有别的缘故,环境相似罢了。"

【评鉴】

这二章均指出了环境对人的气质、风度所产生的影响。

13·38 孟子曰:"食而弗爱,豕交之也;爱而不敬,兽畜之也。恭敬者,币之未将者也①。恭敬而无实,君子不可虚拘。"

【注释】

①将:送。

【译文】

孟子说:"养活他而不怜爱他,等于养头肥猪;怜爱他而不恭敬他,等于养狗养马。恭敬之心是在致送礼物之前就具备了的。只有恭敬的外表,没有恭敬的实质,君子不会被这种虚情假意所拘束。"

【评鉴】

这一章主张要从心底爱之敬之,才是交往长者贤者的正道。前文谈到,由此看来,如今的许多送礼,并无恭敬之心,多是虚情假意,有求于人罢了。

13·39 孟子曰:"形色,天性也;惟圣人然后可以践形。"

【译文】

孟子说:"人的身体容貌是天生的,但只有圣人才能不辜负此大好天赋。"

【评鉴】

这一章说只有圣人才能不辜负爹妈给的这大好一身。如何才能不辜负此大好一身?隋炀帝杨广的回答是:"好头颈,谁当斫之?"当今许多人的回答是:"对自己好一点。"而孟子的回答是学圣人施行仁德于天下,也就是孔子高度评价的子贡所说"博施于民而能济众"(《论语·雍也》)。

13·40 齐宣王欲短丧。公孙丑曰:"为期之丧,犹愈于已乎?"

孟子曰:"是犹或纾其兄之臂,子谓之姑徐徐云尔,亦教之孝悌而已矣。"

王子有其母死者,其傅为之请数月之丧。公孙丑曰:"若此者何如也？"

曰："是欲终之而不可得也。虽加一日愈于已，谓夫莫之禁而弗为者也。"

【译文】

齐宣王想要缩短守孝的时间。公孙丑说："〔父母死了，〕守孝一年，不比停下完全不守强些吗？"

孟子说："这好比有个人在扭他哥哥的胳膊，你却对他说，暂且慢慢地扭吧，只要教导他孝顺父母尊敬兄长便行了。"

王子有死了母亲的，他的师傅为他请求守孝几个月。公孙丑问道："像这样的事，怎么样？"

孟子答道："这个是想要把三年的丧期守满事实上却做不到。〔我上次所讲，〕即便多守孝一天也比不守孝好，是对那些没人禁止他守孝却不去守的人说的。"

【评鉴】

这一章主张即使不能守满三年之孝，也应将守丧日期尽量延长。守丧是个形式，但内容有时需要形式来强化，来固化，因此也不可苟且应付。

13·41 孟子曰："君子之所以教者五：有如时雨化之者，有成德者，有达财者①，有答问者，有私淑艾者②。此五者，君子之所以教也。"

【注释】

①财：通"材"。

②私淑艾：淑，取善；艾，通"乂"（yì），治；私淑艾，就是私下自我完善。

【译文】

孟子说:"君子教育的方式有五种:有如春风化雨沾溉万物的,有成全品德的,有培养才能的,有解答疑问的,还有以其流风余韵让人私下自我完善的。这五种,就是君子教育的方式。"

【评鉴】

这一章介绍了君子的五种教育方式。这对我们当前的教育,无疑具有参考和示范作用。我们不妨反躬自问,我们当前的教育,与"有如时雨化之者""有成德者""有达材者"是否尚有距离?

13·42 公孙丑曰:"道则高矣,美矣,宜若登天然,似不可及也。何不使彼为可几及而日孳孳也?"

孟子曰:"大匠不为拙工改废绳墨,羿不为拙射变其彀率①。君子引而不发,跃如也。中道而立,能者从之。"

【注释】

①彀率:彀,音 gòu,张满弓;率,音 lǜ,法规,标准;彀率,指开弓的标准。

【译文】

公孙丑说:"道固然很高,很美好,大概像登天一样,似乎高不可攀,为什么不让攀登者为了几乎可攀上而每天努力呢?"

孟子说:"高明的工匠不因为拙劣工人而改变规矩,大羿也不因为拙劣射手变更拉弓的标准。君子〔教导他人如射箭手,〕张满了弓,却不发箭,做出跃跃欲试的样子。他在正确道路的正中站住,有能力的便会紧跟上来。"

【评鉴】

这一章说,高明的工匠不会为拙劣的工人降低标准,他树立标准,是使得有能力的人能跟上来。这大约相当于"好的目标是跳起来能够得着"。《论语·述而》讲的"不愤不启,不悱不发,举一隅不以三隅反,则不复也",也是这个道理。这对当今的人才培养,是具有参考作用的。

13·43 孟子曰:"天下有道,以道殉身①;天下无道,以身殉道;未闻以道殉乎人者也。"

【注释】

①以道殉身:意思是"道"为自己所运用。

【译文】

孟子说:"天下清明,以自己一身去贯彻'道';天下黑暗,君子则不惜为'道'而死;没有听说过牺牲'道'来迁就别人的。"

【评鉴】

这一章说,君子或贯彻道,或以身殉道,依据天下是否太平而定,但绝不会牺牲"道"来迁就某人,更不会为人量身定做一套所谓的"道"。

13·44 公都子曰:"滕更之在门也①,若在所礼,而不答,何也?"

孟子曰:"挟贵而问,挟贤而问,挟长而问,挟有勋劳而问,挟故而问,皆所不答也。滕更有二焉。"

【注释】

①滕更:滕国国君的弟弟,孟子的学生。

【译文】

公都子说:"滕更在您门下的时候,似乎在礼遇之列,可您不回答他,为什么呢?"

孟子说:"仗着地位来发问,仗着德才来发问,仗着年长来发问,仗着有功来发问,仗着故交来发问,都是我不回答的。滕更便占了两条。"

【评鉴】

这一章说,学生若仗着什么来发问,我不会回答(,其实这一态度就是身教)。求学问道必须心诚。依仗着什么来问道,则是心不诚,是不可能真正学到"道"的,所以孟子不回答。

13·45 孟子曰:"于不可已而已者①,无所不已。于所厚者薄,无所不薄也。其进锐者,其退速。"

【注释】

①已:停止。

【译文】

孟子说:"在不能停的时候却停止了,那他就没有什么停不下来的时候了;对于应厚待的人却薄待他,那就没有谁不可以薄待了。前进太猛的人,后退也会快。"

【评鉴】

这一章说,不能停止的事不要停止,不能薄待的人不要薄待,前进太猛的人后退也快。第一句强调持之以恒;第二句强调有些人必须厚待,比如老人;第三句就是咱们常说的"爬得高跌得惨",也就是"欲速则不达"的意思。这三句话也都透露了一条相同的经验,那就是《论语·里仁》所说的"观过知仁"。

13·46 孟子曰:"君子之于物也,爱之而弗仁;于民也,仁之而弗亲。亲亲而仁民,仁民而爱物。"

【译文】

孟子说:"君子对于万物,爱惜它,却不对它实行仁德;对于百姓,对他实行仁德,却不亲爱他。君子亲爱亲人,进而仁爱百姓;仁爱百姓,进而爱惜万物。"

【评鉴】

这一章提出了著名的"亲亲而仁民,仁民而爱物",发展到宋代张载的《西铭》,就成了:"民吾同胞,物吾与也。"这既体现了儒家爱有差等的原则,又体现了"万物一体""天人合一"的强大包容性。当今的环保主义者、动物保护主义者可从中汲取思想资源。

13·47 孟子曰:"知者无不知也,当务之为急;仁者无不爱也,急亲贤之为务。尧舜之知而不遍物,急先务也;尧舜之仁不遍爱人,急亲贤也。不能三年之丧,而缌、小功之察①;放饭流歠②,而问无齿决③,是之谓不知务。"

【注释】

①缌、小功之察:缌音 sī,指缌麻三月的孝服。缌麻三月是五种孝服(斩衰、齐衰、大功、小功、缌麻)中的最轻者,指用熟布为孝服,服丧三个月,如女婿为岳父母戴孝。小功,五月的孝服,如外孙为外祖父母戴孝。

②放饭流歠:放饭,大饭;流歠,长歠;歠,音 chuò,饮,喝。

③齿决:咬断干肉;在长者跟前咬断干肉,这是不大礼貌的。

【译文】

孟子说:"智者没有不知道的,但是急于解决当前事务;仁者没有不爱人的,但是务必先爱亲人和贤者。尧舜的智慧也不能遍知一切,因为他急于解决首要任务;尧舜的仁德不能遍爱所有人,因为他急于爱亲人和贤者。如果不能实行三年的丧礼,却对于缌麻三月、小功五月的丧礼仔细讲求；胡吃海喝，却讲究不用牙齿咬断干肉，这个叫作不识大体。"

【评鉴】

　　这一章提出应先解决当务之急，须先爱亲人和贤者。因为人的智慧和精力以及经济能力有限，只能先解决首要任务，先爱必须爱的人。所以，必须分清先后缓急；分不清先后缓急，把次要的放在前边，就叫作"不识大体"。

　　这一部分，以"修身"来总结它，大约是差不离的。

尽心章句下 凡三十八章

14·1 孟子曰:"不仁哉梁惠王也!仁者以其所爱及其所不爱,不仁者以其所不爱及其所爱。"

公孙丑问曰:"何谓也?"

"梁惠王以其土地之故,糜烂其民而战之,大败,将复之,恐不能胜,故驱其所爱子弟以殉之,是之谓以其所不爱及其所爱也。"

【译文】

孟子说:"太不仁义了,梁惠王这人哪!仁人把他给喜爱者的恩德推广到他不爱的人,不仁者却把他给不喜爱者的祸害推广到他喜爱的人。"

公孙丑问道:"这是什么意思呢?"

答道:"梁惠王为了争夺土地的缘故,驱使他的百姓去作战,暴尸荒野,骨肉糜烂。被打得大败了,预备再战,怕不能得胜,又驱使他所喜爱的子弟去决一死战,这个就叫作把他给不喜爱者的祸害推广到他喜爱的人。"

【评鉴】

这一章讲梁惠王不仁,他"以其所不爱及其所爱"。近代日本乃木希典是这种"不仁"的典型——日俄战争时期,他的长子乃木胜典在他所指挥的日军攻打旅顺俄军阵地时阵亡。孟子认为,仁人当"老吾老,以及人之老;幼吾幼,以及人之幼"(《梁惠王上》第七章),而不是给自己爱的人带来灾祸。

14·2 孟子曰:"春秋无义战。彼善于此,则有之矣。征者,上伐下也,敌国不相征也。"

【译文】

孟子说:"春秋时代没有正义战争。那一国的君主比这一国的君主好一点,那是有的。但是征讨的意思是在上的讨伐在下的,同等级的国家是不能互相征讨的。"

【评鉴】

这一章讲"春秋无义战",这也是《孟子》中的名言。对这种"无义战",战国另一思想家庄子用"触蛮之争"来形容:"有国于蜗之左角者,曰触氏;有国于蜗之右角者,曰蛮氏。时相与争地而战,伏尸数万,逐北旬有五日而后反。"(《庄子·则阳》)——地球之在宇宙,也不过是一个慢慢爬行的小蜗牛。

14·3 孟子曰:"尽信《书》,则不如无《书》。吾于《武成》①,取二三策而已矣②。仁人无敌于天下,以至仁伐至不仁,而何其血之流杵也?"

【注释】

①"尽信《书》"诸句:《书》,《尚书》;《武成》,《尚书》篇名,所叙大概是周武王伐纣时的事,有"血流漂杵"之说;今日的《尚书·武成》是伪古文。

②策:竹简;古代用竹简书写。

【译文】

孟子说:"完全相信《书》,那还不如没有《书》。我对于《武成》一篇,只采纳其中两三片简罢了。仁人无敌于天下,凭着周武王的大仁大德来讨伐商纣的不仁不德,怎么会让血流得使捣米槌都漂浮起来了呢?"

【评鉴】

这一章讲"尽信《书》,则不如无《书》"——同样是名言。后世把《书》理解为"书",指一切书本,也说得过去——上了书的东西,不一定都是真理,其中也有许多是荒谬的。

14·4　孟子曰:"有人曰:'我善为陈①,我善为战。'大罪也。国君好仁,天下无敌焉。南面而征,北狄怨②;东面而征,西夷怨,曰:'奚为后我?'武王之伐殷也,革车三百两,虎贲三千人。王曰:'无畏!宁尔也,非敌百姓也。'若崩厥角稽首③。'征'之为言'正'也,各欲正己也,焉用战?"

【注释】

①陈:同"阵"。

②北狄:有的本子作"北夷",应以"北狄"为是。1. 如作"北夷",除本章存疑外,先秦文献中未之一见;而作"北狄",除见于《孟子》其他两处外,又见于《左传》《管子》。2.《孟子》书中其他两处(《梁惠王下》《滕文公下》)均为"东面而征,西夷怨;南面而征,北狄怨"。

③厥角:顿首,磕头;厥,通"蹶",顿,叩;角,额角。

【译文】

孟子说:"有人说:'我很会布阵,我很会打仗。'这是大罪。国君若喜爱仁德,打遍天下无敌手。〔商汤〕往南征讨,北狄便埋怨;往东征讨,西夷便埋怨,说:'为什么把我排在后面?'周武王讨伐殷商,兵车三百辆,勇士三千人。武王〔对殷商的百姓〕说:'不要害怕!我是来安定你们的,不是和百姓为敌的。'百姓都额头碰地磕起头来。'征'的意思是'正',若各人都希望端正自己,哪里用得着战争呢?"

338

【评鉴】

这一章讲"善战"是大罪,因为这是不义之战,而像武王那样吊民伐罪之战(义战)无疑是正义的,并且人心所向的战争是很容易取胜的。在这一点上,孟子与庄子是不同的,后者认为人类之间的一切战争都是"触蛮之争"。

14·5 孟子曰:"梓匠轮舆能与人规矩①,不能使人巧。"

【注释】

①与人规矩:字面意思是给人圆规和曲尺。

【译文】

孟子说:"木工和专做车轮、车箱的人只能够把规矩准则传授给别人,却不能够让别人一定有技巧。"

【评鉴】

这一章讲各种工匠能把规矩准则传授给人,技巧的掌握却靠那个人自己苦练——一切知识的掌握都是如此。

14·6 孟子曰:"舜之饭糗茹草也①,若将终身焉;及其为天子也,被袗衣②,鼓琴,二女果③,若固有之。"

【注释】

①饭糗茹草:饭,吃饭;糗,音 qiǔ,干饭;茹,音 rú,吃。
②被袗衣:被,音 pī,披在或穿在身上;袗衣,单衣;袗,音 zhěn。
③果:音 wǒ,就是《说文解字》的"婐",侍候的意思。

【译文】

孟子说:"舜吃干粮啃野菜的时候,似乎是要终身如此了;等他做了天子,穿着麻葛单衣,弹着琴,尧的两个女儿侍候着,又好像这些本来就是他的了。"

【评鉴】

这一章讲大舜既能吃干粮啃野菜,也能安然享受富贵——含着"金钥匙"出生的人们,应该好好向大舜学习。不是说硬要吃干粮啃野菜,而是说当需要的时候,干粮野菜也能吃得下去。

14·7 孟子曰:"吾今而后知杀人亲之重也:杀人之父,人亦杀其父;杀人之兄,人亦杀其兄。然则非自杀之也,一间耳①。"

【注释】

①一间:意思是相距甚近;间,音 jiàn。今湖南宁乡方言所谓"只消粒米子了",与之相近。

【译文】

孟子说:"我今天才知道杀戮别人亲人有多严重了:杀了别人的父亲,别人也就会杀他的父亲;杀了别人的哥哥,别人也就会杀他的哥哥。那么,〔虽然父亲和哥哥〕不是被自己杀掉的,但也就只是差之毫厘了。"

【评鉴】

这一章讲"杀人之父,人亦杀其父",和自己杀了父亲也差不多。因果报应屡试不爽,孝顺父母,就不要做坏事陷他们于危难之中。《晋书·周颛传》有句话叫"吾虽不杀伯仁,伯仁由我而死",和这一章意思差不多。

14·8 孟子曰:"古之为关也,将以御暴;今之为关也,将以为暴。"

【译文】

孟子说:"古代设立关卡是打算抵御残暴,今天设立关卡却是打算实行残暴。"

【评鉴】

这一章讲当今设立关卡不是为了抵御残暴,而是为了实行残暴。我们不妨扩大一点儿说说。比如为了货畅其流而修筑高速公路,需要筹措资金,因而收费,这是行仁政;但如果已经收够当初建设的费用还继续收费,就不是行仁政了。

14·9　孟子曰:"身不行道,不行于妻子;使人不以道,不能行于妻子。"

【译文】

孟子说:"本人不依道而行,道在妻子儿女身上都行不通;使唤别人不合于道,要去使唤妻子儿女都不可能。"

【评鉴】

这一章讲本人胡作非为,就连老婆孩子都不会听信自己。

14·10　孟子曰:"周于利者凶年不能杀[1],周于德者邪世不能乱。"

【注释】

[1]周于利者凶年不能杀:周,这里指考虑周到;杀,丧命。

【译文】

孟子说:"对利害考虑周全的人荒年不会丧生,把心思用于道德的人乱世不会迷惑。"

【评鉴】

这一章讲有备无患的道理。如果你义精仁熟,道德根植于心中,那么即使是在乱世之中,异端邪说包装得再好,由再权威的人推出,你也不会被迷惑。

14·11 孟子曰:"好名之人能让千乘之国,苟非其人,箪食豆羹见于色①。"

【注释】

①"好名之人"诸句:好名之人,指珍惜名誉之人,非沽名钓誉者,当时文献中的"好名者"都如此;苟非其人,指和"好名之人"相反的人,当时文献中"其人"的语义指向往往都是前文的主语,则本章"苟非其人"意为"苟非好名之人"。

【译文】

孟子说:"珍惜名誉的人,可以把有千辆兵车国家的君位让给他人;如果不是珍惜名誉的人,即便要他让一筐饭、一盘肉,一张脸也会扯得老长。"

【评鉴】

这一章讲珍惜名誉的人让国都在所不惜,不珍惜名誉的人请他给人一点吃的却老大不高兴。刘邦项羽争天下而刘胜项败,很关键的一点是刘舍得封赏立功者,项羽则很有些舍不得——"为人刻印,刓(音 wán,圆钝无棱角的样子)而不能授。"(《史记·郦生陆贾列传》)

14·12 孟子曰:"不信仁贤,则国空虚①;无礼义,则上下乱;无政事,则财用不足。"

【注释】

①国空虚:指国内用度缺乏,尤其是粮食缺乏。《晏子春秋·内篇谏下第二》:"景公春夏游猎,又起大台之役。晏子谏曰:'春秋起役,且游猎,夺民农时,国家空虚,不可。'"

【译文】

孟子说:"不信任仁德贤能的人,那国家就会缺乏粮食;没有礼义,上下的关系就会混乱;国政荒废,国家的用度就会不够。"

【评鉴】

这一章讲不信仁贤而无礼义,国家就会缺乏粮食和用度——暴政必然导致国家衰败,人民贫困,古今中外莫不如此。

14·13 孟子曰:"不行仁而得国者,有之矣;不行仁而得天下者,未之有也。"

【译文】

孟子说:"不行仁道却能得到国家的,有这样的事;不行仁道却能得到天下的,从没有这样的事。"

【评鉴】

这一章讲不行仁道,不可能取得天下。在孟子所处的时代,在他们那一代士人的知识体系中,的确是没有不行仁政而取得天下的。孟子不会认为嬴政的取得天下是行仁政而得来的,蒙古人的取得天下建立元朝则肯定不是行仁政而得来的。

14·14 孟子曰:"民为贵,社稷次之①,君为轻。是故得乎丘民而为天子②,得乎天子为诸侯,得乎诸侯为大夫。诸侯危社稷,则变置③。牺牲既成,粢盛既洁,祭祀以时,然而旱干水溢,则变置社稷。"

【注释】

①社稷:土神和谷神,引申指国家、政权。本章第一、第二个"社稷"指国家、政权,第三个"社稷"指土神、谷神。
②丘民:众民。
③变置:改立。

【译文】

孟子说:"百姓最为重要,国家政权次之,君主最轻。所以得到百姓的拥护便做天子,得到天子的拥护便做诸侯,得到诸侯的拥护便做大夫。诸侯危害国家,那就改立。牺牲既已肥壮,祭品又已清洁,祭祀也按时进行,但还是遭受旱灾水灾,那就改立土谷之神。"

【评鉴】

这一章讲"民为贵,社稷次之,君为轻",治国理政的重点当以此为顺序。即便在今天,虽然已无君主,多数人也是认同"民为贵,社稷次之"的。

14·15 孟子曰:"圣人,百世之师也,伯夷、柳下惠是也。故闻伯夷之风者,顽夫廉,懦夫有立志;闻柳下惠之风者,薄夫敦,鄙夫宽。奋乎百世之上,百世之下,闻者莫不兴起也。非圣人而能若是乎?——而况于亲炙之者乎[①]?"

【注释】

①亲炙:亲身接受熏陶;亲,亲身,亲自;炙,本义为烤,引申为熏陶。

【译文】

孟子说:"圣人是百代的老师,伯夷和柳下惠便是这样。所以听到伯夷风操的人,贪得无厌的人也清廉起来了,懦弱的人也想着要独立不移了;听到柳下惠风操的人,刻薄的人也厚道起来了,胸襟狭小的人也宽大起来了。他们在百代以前发奋有为,而百代之后,听到的人没有不奋发鼓舞的。不是圣人,能够像这样吗?〔百代以后还能如此,〕何况是亲身接受熏陶的人呢?"

【评鉴】

这一章讲圣人是百世之师,后世之人闻风而能兴起——榜样的力量是无穷的。

14·16 孟子曰:"仁也者,人也①。合而言之,道也。"

【注释】

①仁也者,人也:古音"仁"与"人"相同;《中庸》也说:"仁者,人也。"

【译文】

孟子说:"'仁'的意思就是'人','人'和'仁'合起来说,就是'道'。"

【评鉴】

这一章一是从"仁"的得名之由讲"仁"是做人的道理,二是说"人""仁"相合,也即做好人的道理,扶助他人的道理,就是"道"。

14·17 孟子曰:"孔子之去鲁,曰:'迟迟吾行也,去父母国之道也。'去齐,接淅而行——去他国之道也。"

【译文】

孟子说:"孔子离开鲁国,说:'我们慢慢走吧,这是离开祖国的态度。'离开齐国,便不等把米淘完沥干就走——这是离开别国的态度。"

【评鉴】

　　这一章的文字在《万章下》首章已经出现过,讲孔子离开故国和离开他国的不同态度。从这里,我们可以看出,孔子虽然"周游各国",对故土故国,依然难以割舍。

14·18　孟子曰:"君子之厄于陈、蔡之间①,无上下之交也。"

【注释】

　　①君子之厄于陈蔡之间:君子指孔子,《论语·卫灵公》:"在陈绝粮,从者病,莫能兴。"即是此事。

【译文】

　　孟子说:"孔子被困在陈国、蔡国之间,是由于与两国君臣没有交往的缘故。"

【评鉴】

　　这一章讲孔子之"厄于陈蔡",缘于两国君臣缺乏沟通。这大约是指孔子一行困于"负函"的事儿,详情可读拙著《论语应该这样读——杨逢彬给中学生讲〈论语〉》第一讲中的《孔子的一生》之《漂泊在宋、陈、蔡、楚》。

14·19　貉稽曰①:"稽大不理于口②。"

　　孟子曰:"无伤也。士憎兹多口。《诗》云:'忧心悄悄,愠于群小③。'孔子也。'肆不殄厥愠,亦不殒厥问④。'文王也。"

【注释】

　　①貉稽:姓貉名稽的一位官员。
　　②不理于口:赵岐注:"理,赖也。谓孟子曰,稽大不赖人之口。"貉

稽听说别人说他坏话,对孟子说,我不依赖别人说我好。

③"忧心"两句:见《诗经·邶风·柏舟》。

④"肆不殄"两句:见《诗经·大雅·绵》;肆,故,所以;殄,音 tiǎn,灭绝;厥,那个;愠,恼怒,怨恨;问,通"闻",声誉。

【译文】

貉稽说:"别人对我说三道四,我可无所谓!"

孟子说:"没关系的。士人讨厌这种多嘴多舌。《诗经》说过:'烦恼沉沉压在心,小人当我眼中钉。'这是形容孔子一类的人。又说:'所以不消除别人的怨恨,也不失去自己的名声。'这是说的文王。"

【评鉴】

这一章讲不必以流言蜚语为虑,因为孔子、文王都曾遭遇过流言蜚语。看来,遭遇流言蜚语是有志之士成长的代价。

14·20 孟子曰:"贤者以其昭昭使人昭昭,今以其昏昏使人昭昭。"

【译文】

孟子说:"贤人用自己的明白来让别人明白,现在有些人自己还稀里糊涂,却企图让别人明白。"

【评鉴】

这一章讲要使他人明白,自己先要弄明白;而那时的有些人自己还稀里糊涂,却想要让别人明白。今天有没有这样的人呢?我看是大有人在的。随便上上网,就可发现许多好为人师的人,自己并不怎么清楚,却在那里使劲教导别人。

14·21 孟子谓高子曰:"山径之蹊间①,介然用之而成路②；为间不用③，则茅塞之矣。今茅塞子之心矣。"

【注释】

①山径之蹊间：径，通"陉"，山坡；蹊，音 xī，小路。
②介然：意志专一的样子。
③为间：即"有间"，为时不久之意。

【译文】

孟子对高子说："山坡上的小路间，经常去走它就变成了一条路；只要有一个时候不去走它，又会被茅草堵塞了。现在茅草也把你的心给堵塞了。"

【评鉴】

这一章次要的是讲"地上本没有路，走的人多了，也便成了路"（鲁迅《故乡》）的道理，主要的是讲如同茅草可以阻塞小路，心志也可以被某些东西蒙蔽——有志之士不可不注意这一点。

14·22 高子曰："禹之声尚文王之声①。"

孟子曰："何以言之？"

曰："以追蠡②。"

曰："是奚足哉？城门之轨，两马之力与③？"

【注释】

①禹之声尚文王之声：尚，略同"上"，多表达抽象意义；禹之声上于文王之声，禹的音乐超过文王的音乐。
②追蠡：追，旧读 duī，就是钟纽（钮），即古钟悬挂之处；蠡，音 lí，要断的样子。
③两马：大夫所乘车用两匹马。

348

【译文】

高子说:"禹的音乐好过文王的音乐。"

孟子说:"为什么这样说呢?"

答曰:"因为禹传下来的钟钮都快断了。"

孟子说:"这个何足以证明呢?城门下车迹那样深,难道只是拉车的马的力量所致吗?〔那是由于日子长久车马经过多的缘故。禹的钟钮要断了,也是由于日子长久了的缘故呢。〕"

【评鉴】

这一章的意思和前一章相仿佛,说钟钮因年代久远,所以快磨断了。这不就是"水滴石穿""铁杵磨成针"的道理吗?同时也启发人们,不同时代的人和事不适宜直接拿来比较,否则难免"关公战秦琼"。

14·23 齐饥。陈臻曰:"国人皆以夫子将复为发棠①,殆不可复。"

孟子曰:"是为冯妇也②。晋人有冯妇者,善搏虎。卒为善,士则之③。野有众逐虎④,虎负嵎,莫之敢撄。望见冯妇,趋而迎之,冯妇攘臂下车,众皆悦之,其为士者笑之。"

【注释】

①发棠:发,开仓赈济;棠,地名,今山东青岛即墨区南八十里有甘棠社。

②冯妇:冯,姓;妇,名。

③则:取法,以……为榜样。

④野有众逐虎:这句及前两句一般《孟子》注本常标点为"卒为善士。则之野,有众逐虎"。我们这样标点,一是考虑到"则"连接复句中的前后两个分句,没有上面三句那样的用法(台湾梅广《上古汉语语法纲要》也是这样认为的)。二是考虑到动词"之"的宾语带有方向性,如

349

"之齐""之楚""之市",没有"之郊""之野"这种不带方向性的用法。

【译文】

齐国遭了饥荒,陈臻对孟子说:"国内的人都以为老师会再度劝请齐王打开棠地的仓库来赈济灾民,大概不可以再做一次吧。"

孟子说:"再做一次就成冯妇了。晋国有个人叫冯妇,善于和老虎搏斗。后来变好了,〔不再打虎了,〕士人都以他为榜样。有次野地里有许多人正追逐老虎。老虎背靠着山角,没有人敢于去触犯它。他们望到冯妇了,便快步向前去迎接。冯妇也就撸起袖子,伸出胳膊,走下车来。在场的人都喜欢他,可是当地的士人却在讥笑他。"

【评鉴】

这一章讲冯妇不能善始善终,为世人所笑。老虎吃人,冯妇打虎,和后世武松差不多,至少不是什么大恶,但一些人改恶从善,却不能坚持下去,依旧滑向深渊,又远不如冯妇了!

14·24 孟子曰:"口之于味也,目之于色也,耳之于声也,鼻之于臭也①,四肢之于安佚也②,性也,有命焉,君子不谓性也。仁之于父子也,义之于君臣也,礼之于宾主也,知之于贤者也,圣人之于天道也,命也,有性焉,君子不谓命也。"

【注释】

①臭:读作"嗅(xiù)",气味,这里指芬芳之气。
②安佚:今写作"安逸",不勤劳,舒服;佚,音 yì,通"逸"。

【译文】

孟子说:"口对于美味,眼对于美色,耳对于好听的声音,鼻对于芬芳的气味,手足四肢喜欢舒服,都是人的天性使然,但是得到与否,却属于命运,所以君子不会以天性为借口而强求它们。仁对于父子,义对于君臣,礼对于宾主,智慧对于贤者,圣人对于天道,能够实现与否,属于命运,但也是天性使然,所以君子不会以命运为借口而不去顺从天性。"

【评鉴】

　　这一章是在讲性与命的认定问题。如前所述,告子说"生之谓性",那么人的一切与生俱来的属性就都能放到人性这个篮子里。孟子不同意告子的观点,在这里他提出了他的人性认定标准。那就是那些人与生俱来且不受命运左右,始终由人自己把握的东西才可以算作是人性。而对于命运,他认为,虽然命运的影响遍及我们生活的各个领域,但人的努力所能把握的领域,不能委之于命运,不能拿命运作为托词。

14·25　浩生不害问曰[①]:"乐正子何人也?"

孟子曰:"善人也,信人也。"

"何谓善?何谓信?"

曰:"可欲之谓善,有诸己之谓信,充实之谓美,充实而有光辉之谓大,大而化之之谓圣,圣而不可知之之谓神。乐正子,二之中、四之下也。"

【注释】

　　①浩生不害:齐人;浩生,姓;不害,名。

【译文】

　　浩生不害问道:"乐正子是何等人物呢?"

　　孟子答道:"善良的人,实在的人。"

　　"什么叫作善良?什么叫作实在?"

　　答道:"美好的事物叫作'善',拥有这些善叫作'实在';把那善和实在充实扩大便叫作'美好';充实扩大之,使之光辉洋溢,叫作'伟大';将那伟大光辉化育天下众生,便叫作'圣';圣而臻于妙不可言便叫作'神'。乐正子是介于'善良'和'实在'两者之中,'美好''伟大''圣'

'神'四者之下的人物。"

【评鉴】

这一章通过对乐正子的评价讲仁义礼智的追求,对君子而言,乃天性使然。君子的追求,是善良、实在、美好、伟大、圣以及神。化妆品、汽车、房子、票子固然可以追求,但人的一生如果都是在追求这些东西,未免可惜。美好、伟大、圣、神或许遥不可及,但善良实在,或许是力所能及的。

14·26 孟子曰:"逃墨必归于杨,逃杨必归于儒。归,斯受之而已矣。今之与杨、墨辩者,如追放豚——既入其苙①,又从而招之②。"

【注释】

①既入其苙:入,纳;苙,音lì,畜养牲畜的栏。
②招:羁绊其足。

【译文】

孟子说:"逃离墨子一派的,一定归向杨朱一派;逃离杨朱一派的,一定归向儒家一派。只要他回归,接受他就算完了。今天跟杨、墨两家辩论的人,好像追逐走失的猪一般——已经送回猪圈了,还要把它的脚给绊住。"

【评鉴】

这一章表述信仰是自由的,不必以强力约束。某人如果不信仰某一学说了,可以离开,不必"制裁",更不能"消灭"他。这一章可以和本篇三十章共读。

14·27 孟子曰:"有布缕之征,粟米之征,力役之征。君子用其一,缓其二。用其二而民有殍,用其三而父子离。"

【译文】

孟子说:"有征收布帛的,有征收谷米的,还有征发人力的。君子只采用其中一种,其余两种暂缓征用。如果同时用两种,百姓就会有饿死的;如果三种同时用,那连父子之间也只能离散各奔东西了。"

【评鉴】

这一章说,取之于民要缓,急则使人民或死或逃。取之于民的目的何在? 自然应当用之于民。如果取之于民而使民众饿死或流离失所,这就是暴政,就失去了"取之于民"的资格或正当性了。

14·28　孟子曰:"诸侯之宝三:土地、人民、政事。宝珠玉者,殃必及身。"

【译文】

孟子说:"诸侯的宝贝有三件:土地、百姓和政治。把珍珠美玉当作宝贝的,灾祸一定会降临到他身上。"

【评鉴】

这一章讲诸侯之宝是土地、人民、政事,这些都是公事;把珠宝美玉当宝贝的,那是因私废公,责任如此重大还敢玩物丧志,怎么可能有好下场;可和本篇第十四章"民为贵,社稷次之,君为轻"共读。

14·29　盆成括仕于齐[①],孟子曰:"死矣,盆成括!"
盆成括见杀,门人问曰:"夫子何以知其将见杀?"
曰:"其为人也小有才,未闻君子之大道也,则足以杀其躯而已矣。"

【注释】

①盆成括:盆成,姓;括,名。

【译文】

盆成括在齐国做官,孟子说:"盆成括要死了!"

盆成括被杀,学生问道:"老师怎么会知道他将被杀?"

答道:"他这个人只有小聪明,但是未曾闻知君子的大道理,那便足以招来杀身之祸了。"

【评鉴】

这一章认为某人若"小有才",而"未闻君子之大道也,则足以杀其躯"。在孟子的时代,有些人仗着才能铤而走险,结果杀身殒命。《左传》《国语》《战国策》中,这种事例颇不少。

14·30 孟子之滕,馆于上宫。有业屦于牖上①,馆人求之弗得。或问之曰:"若是乎从者之廋也②?"

曰:"子以是为窃屦来与?"

曰:"殆非也。夫子之设科也,往者不追,来者不拒。苟以是心至,斯受之而已矣。"

【注释】

①业屦:未织成的鞋。

②若是乎从者之廋也:这句话《孟子译注》译为:"像这样,是跟随您的人把它藏起来了吧?"恐非。其实这一类的句子都是感叹句。"若是乎""如此乎"有的在前,如:"若是乎,贤者之无益于国也!"(《告子下》)"如此乎礼之急也。"(《礼记·礼运》)有的在后:"美哉周之盛也其若此乎!"(《左传·襄公二十九年》)"君子之无耻也若此乎?"(《庄子·杂篇·让王》)。

【译文】

孟子到了滕国,住在上宫。有一双没有织成的鞋放在窗台上,旅馆中人去取,却不见了。有人便问孟子说:"跟随你的人,竟连这样的东西也藏起来吗?"

孟子说:"你以为他们是为了偷鞋而来的吗?"

答道:"大概不是的。〔不过〕您老人家开设的课程,〔对学生的态度是〕已去的不追问,将来的不拒绝,只要他们怀着您不会深究的心思而来,便也就接受了〔,那难免良莠不齐呢〕。"

【评鉴】

这一章说孟子收徒"往者不追,来者不拒"。虽未免良莠不齐,但符合"有教无类"的教育宗旨。

14·31 孟子曰:"人皆有所不忍,达之于其所忍,仁也;人皆有所不为,达之于其所为,义也。人能充无欲害人之心,而仁不可胜用也;人能充无穿逾之心,而义不可胜用也;人能充无受尔汝之实①,无所往而不为义也。士未可以言而言,是以言餂之也②;可以言而不言,是以不言餂之也;是皆穿逾之类也。"

【注释】

①无受尔汝之实:"尔""汝"为古代尊长对卑幼的称呼,如果平辈用之,除非至交好友,便表示对他的轻视贱视;孟子这话的意思是,若要不受别人的轻贱,自己便先应有不受轻贱的言语行为。

②餂:音 tiǎn,取。

【译文】

孟子说:"每个人都有所不忍心的人和事,把它延伸到所忍心的人的事上,便是仁;每个人都有不肯干的事,把它延伸到所肯干的事上,便是义。〔换言之，〕人能够扩充不想害人的心，仁便取之不尽用之不竭了；人能够扩充不挖洞跳墙的心，义便取之不尽用之不竭了；人能够扩充不受鄙视的言行举止，那就无往而不合于义了。一个士人，不可以跟他谈论却去跟他谈论，这是用言语来挑逗他，以便自己取利；可以跟他谈论却不跟他谈论，这是用沉默来挑逗他，以便自己取利；这些都是和挖洞跳墙类似的。"

【评鉴】

这一章认为仁和义其实很简单，把对家人才肯做的扩展到其他人身上，就是仁和义了。这一章可和上一篇第十五章以及本篇第一章共读。前者讲推行仁义没有别的办法，只是把对父母兄长的爱和敬扩展到天下人，后者批评梁惠王"以其所不爱及其所爱"。前者是仁义，后者是邪恶。本章讲的，就是如何践行仁义。

14·32 孟子曰："言近而指远者，善言也；守约而施博者①，善道也。君子之言也，不下带而道存焉②；君子之守，修其身而天下平。人病舍其田而芸人之田——所求于人者重，而所以自任者轻。"

【注释】

①施：施恩。
②不下带：带，束腰之带；不下带，指人通常所看到的在自己的腰带以上，也就是通常所见、目力所及的事情。

【译文】

孟子说："言语浅近，意义却深远的，这是'善言'；操守简单，效果却广大的，这是'善道'。君子的言语，讲的虽是浅近的事情，可是'道'就在其中；君子的操守，从修养自己开始，最终可以使天下太平。做人最怕是放弃自己的田地，而去给别人耘田——要求别人的很重，自己负担的却很轻。"

【评鉴】

　　上一章认为仁和义只是把对家人才肯做的好事扩展到其他人身上,这一章说的有些类似,讲平天下只要从修身做起——所谓"不下带而道存焉"。

14·33　孟子曰:"尧舜,性者也;汤武,反之也。动容周旋中礼者,盛德之至也。哭死而哀,非为生者也。经德不回①,非以干禄也。言语必信,非以正行也。君子行法,以俟命而已矣。"

【注释】

　　①经德不回:经,行,贯彻;回,邪,不正。

【译文】

　　孟子说:"尧舜的美德是出于本性,汤、武则是通过修身而将美德加之于己身的。一举一动一颦一蹙无不合于礼的,是美德中达到了顶点的。为死者而哭的悲哀,不是做给生者看的。贯彻道德,远离邪僻,不是为了谋求一官半职。言语一定信实,不是为了让人知道我行为端正。君子依法度而行,只是等待天命罢了。"

【评鉴】

　　这一章言简义丰,讲的都是如何修身。人伦日用中的小事,每一件做起来都对着自己的良心负责,以此来等待天命。可和上一篇第三章共读。

14·34　孟子曰:"说大人,则藐之,勿视其巍巍然①。堂高数仞,榱题数尺②,我得志弗为也。食前方丈,侍妾数百人,我得志弗为也。般乐饮酒,驱骋田猎,后车千乘,我得志弗为也。在彼者,皆我所不为也;在我者,皆古之制也,吾何畏彼哉?"

【注释】

①勿视其巍巍然:不要把他那高高在上的样子放在眼里。
②榱题:本义是房椽子,此处指屋檐;榱,音 cuī,椽子;题,物体的一端。

【译文】

孟子说:"游说诸侯,就要藐视他,不要把他高高在上的样子放在眼里。殿堂几丈高,屋檐几尺宽,我如果得志,不这样干。菜肴满桌,姬妾几百,我如果得志,不这样干。饮酒作乐,驰驱畋猎,跟随的车子多达千辆,我如果得志,不这样干。那人所干的,都是我所不干的;我所干的,都符合古代制度,我为什么要怕那人呢?"

【评鉴】

这一章说,游说诸侯,就要藐视他,不要把他高高在上的样子放在眼里,因为他干的那些事儿,我都不屑于干。这说明两个道理:1. 行得正,自信心就足;2. 不要畏惧权威。本章应和《滕文公上》第一章共读。

14·35 孟子曰:"养心莫善于寡欲。其为人也寡欲,虽有不存焉者,寡矣;其为人也多欲,虽有存焉者①,寡矣。"

【注释】

①不存,存:不存,指死去;存,指活着。赵岐注:"虽有少欲而亡者,谓遭横暴,若单豹卧深山而遇饥虎之类也。然亦寡矣。"赵岐的意思是说,清心寡欲的人,即使有短命的,这样的人也比较少。当时语言,如果"存"的主体是人时,一般都指这人活着。例如:"宦三年矣,未知母之存否。"(《左传·宣公二年》)所以赵岐注是不应随便推翻的。

【译文】

孟子说:"修养心性的方法没有比减少物欲更好的。某人清心寡欲,纵然不排除早死,可能性也不会太大;某人欲望强烈,纵然不排除长寿,可能性也会极低。"

【评鉴】

这一章认为,寡欲之人多长寿,多欲之人多短寿。这符合现代医学和中医学的原理:心态是长寿最重要的因素。孟子说这话是有底气的,他活了八十四岁。这在当时,是非常罕见的。也可以这样理解,这一章是孟子传授他的养生经验。

14·36 曾晳嗜羊枣[1],而曾子不忍食羊枣。公孙丑问曰:"脍炙与羊枣孰美[2]?"

孟子曰:"脍炙哉!"

公孙丑曰:"然则曾子何为食脍炙而不食羊枣?"

曰:"脍炙所同也,羊枣所独也。讳名不讳姓[3],姓所同也,名所独也。"

【注释】

①羊枣:小柿子,现在叫作牛奶柿。
②脍炙:脍,肉糜;炙,烤肉、烧肉。
③讳名:古代对于父母君上的名字,讲不得,写不得,叫作避讳。

【译文】

曾晳喜欢吃羊枣,曾子因而自己舍不得吃羊枣。公孙丑问道:"烧肉末和羊枣哪一种好吃?"

孟子答道:"烧肉末呀!"

公孙丑又问:"那么,曾子为什么吃烧肉末却不吃羊枣?"

答道:"烧肉末是大家都喜欢吃的,羊枣只是个别人喜欢吃的。就好比父母之名要避讳,姓却不避讳一样;因为姓是许多人相同的,名却是他一个人的。"

【评鉴】

　　这一章说,长辈喜欢吃的东西,无论贵贱,如果太少,就只留给长辈吃。试想一下,留给长辈贵重的但他并不太喜欢吃的好呢?还是留下他喜欢吃的好呢?后者的心可能更实诚一点儿,但旁人看了未必会理解。当然,在现代社会,还得考虑食品的健康、营养等因素。

　　14·37-1　万章问曰:"孔子在陈曰:'盍归乎来!吾党之小子狂简,进取,不忘其初①。'孔子在陈,何思鲁之狂士?"

　　孟子曰:"孔子'不得中道而与之,必也狂狷乎②!狂者进取,狷者有所不为也'。孔子岂不欲中道哉?不可必得,故思其次也。"

　　"敢问何如斯可谓狂矣?"

　　曰:"如琴张③、曾晳、牧皮者④,孔子之所谓狂矣。"

　　"何以谓之狂也?"

　　曰:"其志嘐嘐然⑤,曰,'古之人,古之人。'夷考其行⑥,而不掩焉者也。狂者又不可得,欲得不屑不洁之士而与之,是獧也,是又其次也。孔子曰:'过我门而不入我室,我不憾焉者,其惟乡原乎⑦!乡原,德之贼也。'"

【注释】

　　①"盍归乎来"数句:《论语·公冶长》:"子在陈曰:'归与归与!吾党之小子狂简,斐然成章,不知所以裁之。'"和万章所说略有不同。

　　②不得中道而与之:《论语·子路》:"子曰:'不得中行而与之,必也狂狷乎!狂者进取,狷者有所不为也。'"中行,即不左不右,不偏不倚,一切都恰合于仁义道德;狂狷,狂放和狷介;狷介,即洁身自好。

　　③琴张:不知何人。

　　④牧皮:不知何人。

⑤嘐嘐:志大言大者;嘐,音 xiāo。

⑥夷:此字暂不可解。

⑦乡原:原,通"愿";乡愿,就是好好先生;按,"乡愿"的"愿"无繁体,不能写作"願"。

【译文】

万章问道:"孔子在陈国说:'何不回去呢!我们那里的学生狂放而耿直,进取而不忘本。'孔子在陈国,为什么思念鲁国那些狂放的人?"

孟子答道:"孔子说过,'不能得到中行之士和他相交,又硬要交友的话,那总要交到狂放和狷介的人吧,狂放的人敢于进取,狷介者还不至于做坏事。'孔子难道不想结交中行之士吗?未必一定得到,所以只想次一点的了。"

"请问,怎么样的人才能叫作狂放的人呢?"

答道:"像琴张、曾晳、牧皮这类人就是孔子所说的狂放的人。"

"为什么说他们是狂放的人呢?"

答道:"他们志大而好夸夸其谈,总在说,'古人哪!古人哪!'可是一考察他们的行为,却做不到说的那么多。假如这种狂放的人还是得不到,便想结交不屑于做坏事的人,这就是狷介之士,这又是次一等的。孔子说:'从我家大门经过,而不进到我屋里来,我也并不遗憾的,那只有好好先生吧。好好先生,是戕害道德的人。'"

14·37-2 曰:"何如斯可谓之乡原矣?"

曰:"'何以是嘐嘐也?言不顾行,行不顾言,则曰,古之人,古之人。行何为踽踽凉凉①?生斯世也,为斯世也,善斯可矣。'阉然媚于世也者②,是乡原也。"

万子曰:"一乡皆称原人焉,无所往而不为原人,孔子以为德之贼,何哉?"

曰:"非之无举也,刺之无刺也,同乎流俗,合乎污世,居之似忠信,行之似廉洁,众皆悦之,自以为是,而不可与入尧舜之道,故曰'德之贼'也。孔子曰:恶似而非者:恶莠,恐其乱苗也;恶佞,恐其乱义也;恶利口,恐其乱信也;恶郑声,恐其乱乐也;恶紫,恐其乱朱也;恶乡原,恐其乱德也。君子反经而已矣③。经正,则庶民兴;庶民兴,斯无邪慝矣。"

【注释】

①踽踽凉凉:落落寡欢的样子;踽,音jǔ。

②阉然:昏暗混沌的样子。

③反经:归于经常;反,同"返"。

【译文】

问道:"怎样的人才可以叫他好好先生呢?"

答道:"〔好好先生总是议论狂放之人说:〕'为什么如此志大而夸夸其谈呢?说的挨不着做的,做的也挨不着说的。只是说,古人哪,古人哪。'〔又议论狷介之士说:〕'又为什么这样落落寡欢愁眉苦脸呢?'〔又说:〕'生在这个世界上,为这个世界做事,只要过得去便行了。'这样浑浑噩噩只求取媚于俗世的人就是好好先生。"

万章说:"全乡的人都说他是个诚谨善良的人,他也到处表现为是个诚谨善良的人,孔子竟把他看作戕害道德的人。为什么呢?"

答道:"这种人,要非难他,却又举不出什么大错误来;要讥刺他,却也没什么可讥刺,他只是向世间通行的恶俗看齐,和这个污秽的世界合流,居家好像忠诚老实,行动好像清正廉洁,大家也都喜欢他,他自己也以为正确,但是不能和他一道走上尧舜的大道,所以说他是戕害道德的人。孔子说过,厌恶那种似是而非的东西:厌恶狗尾巴草,因为怕它把禾苗弄乱了;厌恶满嘴仁义行为相反的人,因为怕他把义搞乱了;厌恶巧舌如簧辩才无碍的人,因为怕他把信实搞乱了;厌恶郑国的乐曲,因为怕它把雅乐搞乱了;厌恶紫色,因为怕它把大红色搞乱了;厌恶好好先生,就因为怕他把道德搞乱了。君子使一切事物回到经常正道就可以了。经常正道不被歪曲,老百姓就会振奋兴起;老百姓振奋兴起,就没有邪恶了。"

【评鉴】

这一章,一是说,如果交友交不到中行之士,就找狂放和狷介的人好了,这些人至少是真诚的、向善的;二是阐述为何乡愿是败坏道德的人。比较一下当今"情商甚高"的"精致的利己主义者",似乎乡愿也没有那么不堪。

14·38 孟子曰:"由尧舜至于汤,五百有余岁;若禹、皋陶,则见而知之;若汤,则闻而知之。由汤至于文王,五百有余岁,若伊尹、莱朱①,则见而知之;若文王,则闻而知之。由文王至于孔子,五百有余岁,若太公望、散宜生②,则见而知之;若孔子,则闻而知之。由孔子而来至于今,百有余岁,去圣人之世若此其未远也,近圣人之居若此其甚也,然而无有乎尔,则亦无有乎尔。"

【注释】

①莱朱:商汤的贤臣。
②散宜生:周文王的贤臣,"散宜"为氏,"生"为名。

【译文】

孟子说:"从尧舜那儿到达汤那儿,经历了五百多年,像禹、皋陶这些人便是亲眼见到尧舜之道从而了解其道理的;像汤,便是只听到尧舜之道从而了解其道理的。从汤那儿到达文王那儿,又有五百多年,像伊尹、莱朱那些人,便是亲眼见到从而了解其道理的,像文王,便只是听到从而了解其道理的。从文王那儿到达孔子那儿,又有五百多年,像太公望、散宜生那些人,便是亲眼见到从而了解其道理的;像孔子,便只是听到从而了解其道理的。从孔子一直到今天,有一百多年了,离开圣人的年代竟然像这样地为时不远,距离圣人的故居竟然像这样地触手可及,但是没有继承的人,那就真是没有继承的人了。"

【评鉴】

  这一章讲述,根据历史,五百年必有王者兴;孔子至今,有一百多年了,未见有圣人兴起,那大概也就没有了。

  以此作为全书结尾,颇耐人寻味,是否希望后起的有志之士见此而奋起呢?这一部分,除了"修身",还有如何"治国""平天下",以及对人物的评骘,对事物的看法。

"崇文国学经典"书目

诗经	古诗十九首 乐府诗选
周易	世说新语
道德经	茶经
左传	资治通鉴
论语	容斋随笔
孟子	了凡四训
大学 中庸	徐霞客游记
庄子	菜根谭
孙子兵法	小窗幽记
吕氏春秋	古文观止
山海经	浮生六记
史记	三字经 百家姓 千字文 弟子规
楚辞	声律启蒙 笠翁对韵
黄帝内经	格言联璧
三国志	围炉夜话